U0577967

〔唐〕魏徵 等撰

點校本
二十四史
修訂本

隋書

第五册
卷四六至卷六六

中華書局

2019 年 1 月第 1 版　　2025 年 5 月第 4 次印刷

ISBN 978-7-101-13628-9

隋書卷四十六

列傳第十一

趙煚

趙煚字賢通，天水西人也。祖超宗，魏河東太守。父仲懿，尚書左丞。煚少孤，養母至孝。年十四，有人盜伐其父墓中樹者〔一〕，煚對之號慟，因執送官。見魏右僕射周惠達，長揖不拜，自述孤苦，涕泗交集，惠達爲之隕涕，歎息者久之。及長，沉深有器局〔二〕，略涉書史。周太祖引爲相府參軍事。尋從破洛陽。及太祖班師，煚請留撫納亡叛，太祖從之。煚於是帥所領與齊人前後五戰，斬郡守、鎮將、縣令五人，虜獲甚衆，以功封平定縣男，邑三百户。累轉中書侍郎。

閔帝受禪，遷硤州刺史〔三〕。蠻酋向天王聚衆作亂，以兵攻信陵、秭歸。煚勒所部五百人，出其不意，襲擊破之，二郡獲全。時周人於江南岸置安蜀城以禦陳，屬霖雨數旬，城頹者百餘步。蠻酋鄭南鄉叛，引陳將吴明徹欲掩安蜀。議者皆勸煚益修守禦，煚曰：「不然，吾自有以安之。」乃遣使説誘江外生蠻向武陽，令乘虚掩襲所居，獲其南鄉父母妻子。南鄉聞之，其黨各散，陳兵遂退。明年，吴明徹屢爲寇患，煚勒兵禦之，前後十六戰，每挫其鋒。獲陳裨將覃冏、王足子、吴朗等三人，斬首百六十級。以功授開府儀同三司，遷荆州總管長史。入爲民部中大夫。

武帝出兵鞏、洛，欲收齊河南之地。煚諫曰：「河南洛陽，四面受敵，縱得之，不可以守。請從河北，直指太原，傾其巢穴，可一舉以定。」帝不納，師竟無功。尋從上柱國于翼率衆數萬，自三鵶道以伐陳，克陳十九城而還。以讒毁，功不見録，除益州總管長史。未幾，入爲天官司會，累遷御正上大夫。煚與宗伯斛斯徵素不協，徵後出爲齊州刺史，坐事下獄，自知罪重，遂踰獄而走。帝大怒，購之甚急。煚上密奏曰：「徵自以負罪深重，懼死遁逃，若不北竄匈奴，則南投吴越。徵雖愚陋，久歷清顯，奔彼敵國，無益聖朝。今者炎旱爲災，可因茲大赦。」帝從之。徵賴而獲免，煚卒不言。

高祖爲丞相，加上開府，復拜天官都司會。俄遷大宗伯。及踐阼，煚授璽紱，進位大將軍，賜爵金城郡公，邑二千五百户〔四〕，拜相州刺史。朝廷以煚曉習故事，徵拜尚書右僕射。視事未幾，以忤旨，尋出爲陜州刺史，俄轉冀州刺史，甚有威德。叜嘗有疾，百姓奔馳，爭爲祈禱，其得民情如此。冀州俗薄，市井多姦詐，叜爲銅斗鐵尺，置之於肆，百姓便之。上聞而嘉焉，頒告天下，以爲常法。嘗有人盜叜田中蒿者，爲吏所執。叜曰：「此乃刺史不能宣風化，彼何罪也。」慰諭而遣之，令人載蒿一車以賜盜者，盜者愧恧，過於重刑。其以儉化民〔五〕，皆此類也。上幸洛陽，叜來朝，上勞之曰：「冀州大藩，民用殷實，卿之爲政，深副朕懷。」開皇十九年卒，時年六十八。子義臣嗣，官至太子洗馬。後同楊諒反，誅。

趙芬

趙芬字士茂，天水西人也。父演〔六〕，周秦州刺史。芬少有辯智，頗涉經史。周太祖引爲相府鎧曹參軍，歷記室，累遷熊州刺史。撫納降附，得二千户，加開府儀同三司。大冢宰宇文護召爲中外府掾，俄遷吏部下大夫。芬性强濟，所居之職，皆有聲績。武帝親總萬機，拜内史下大夫，轉少御正。芬明習故事，每朝廷有所疑議，衆不能決者，芬輒爲評斷，莫不稱善。後爲司會。申國公李穆之討齊也，引爲行軍長史，封淮安縣男，邑五百户。復出爲淅州刺史，轉東京小宗伯，鎮洛陽。

高祖爲丞相，尉迥與司馬消難陰謀往來，芬察知之，密白高祖。由是深見親委，遷東京左僕射，進爵郡公。開皇初，罷東京官，拜尚書右僕射〔七〕，與郢國公王誼修律令。俄兼内史令，上甚信任之。未幾，以老病出拜蒲州刺史，加金紫光禄大夫，仍領關東運漕，賜錢百萬、粟五千石而遣之。後數年，上表乞骸骨，徵還京師。賜以二馬軺車、几杖被褥，歸于家。皇太子又致巾帔。後數年，卒。上遣使致祭，鴻臚監護喪事。

子元恪嗣，官至揚州總管司馬，左遷候衞長史。少子元楷，與元恪皆明幹世事。元楷，大業中爲歷陽郡丞，與廬江郡丞徐仲宗，皆竭百姓之産〔八〕，以貢于帝。仲宗遷南郡丞，元楷超拜江都郡丞，兼領江都宫使。

楊尚希

楊尚希，弘農人也。祖真，魏天水太守。父承賓，商、直、淅三州刺史。尚希齠齓而孤。年十一，辭母請受業長安。涿郡盧辯見而異之，令入太學，專精不倦，同輩皆共推伏。周太祖嘗親臨釋奠，尚希時年十八，令講孝經，詞旨可觀。太祖奇之，賜姓普六茹氏，擢爲國子博士。累轉舍人。仕明、武世，歷太學博士、太子宫尹、計部中大夫，賜爵高都縣侯，東京司憲中大夫。宣帝時，令尚希撫慰山東、河北，至相州而帝崩，與相州總管尉迥發喪於館。尚希出謂左右曰：「蜀公哭不哀而視不安，將有他計。吾不去，將及於難。」遂夜中從捷徑而遁。遲明，迥方覺，令數十騎自驛路追之〔九〕，不及，遂歸京師。高祖以尚希宗室之望，又背迥而至，待之甚厚。及迥屯兵武陟，遣尚希督宗室兵三千人鎮潼關。尋授司會中大夫。

高祖受禪，拜度支尚書，進爵爲公。歲餘，出爲河南道行臺兵部尚書，加銀青光祿大夫。尚希時見天下州郡過多，上表曰：「自秦并天下，罷侯置守，漢、魏及晉，邦邑屢改。竊見當今郡縣，倍多於古，或地無百里，數縣並置，或户不滿千，二郡分領。具寮以衆，資費日多，吏卒又倍〔一〇〕，租調歲減。清幹良才，百分無一，動須數萬，如何可覓？所謂民少官多，十羊九牧。琴有更張之義，瑟無膠柱之理。今存要去閑，併小爲大，國家則不虧粟帛，選舉則易得賢才。敢陳管見，伏聽裁處。」帝覽而嘉之，於是遂罷天下諸郡。尋拜瀛州刺史，未之官，奉詔巡省淮南。還除兵部尚書。俄轉禮部尚書，授上儀同。

尚希性弘厚，兼以學業自通，甚有雅望，爲朝廷所重。上時每旦臨朝，日側不倦，尚希諫曰：「周文王以憂勤損壽，武王以安樂延年。願陛下舉大綱，責成宰輔，繁碎之務，非人主所宜親也。」上懽然曰：「公愛我者。」尚希素有足疾，上謂之曰：「蒲州出美酒，足堪養病，屈公卧治之。」於是出拜蒲州刺史，仍領本州宗團驃騎。尚希在州，甚有惠政，復引瀵水，立隄防，開稻田數千頃，民賴其利。開皇十年卒官，時年五十七。謚曰平。子旻嗣，後改封丹水縣公，官至安定郡丞〔一〕。

長孫平

長孫平字處均，河南洛陽人也。父儉，周柱國。平美容儀，有器幹，頗覽書記。仕周，釋褐衞王侍讀。時武帝逼於宇文護，謀與衞王誅之，王前後常使平往來通意於帝。及護伏誅，拜開府、樂部大夫。宣帝即位，置東京官屬〔二〕，以平爲小司寇，與小宗伯趙芬分掌六府。

高祖龍潛時，與平情好款洽，及爲丞相，恩禮彌厚。尉迥、王謙、司馬消難並稱兵内侮，高祖深以淮南爲意。時賀若弼鎮壽陽，恐其懷二心，遣平馳驛往代之。弼果不從，平麾壯士執弼，送于京師。

開皇二年〔三〕，徵拜度支尚書。平見天下州縣多罹水旱，百姓不給，奏令民間每秋家出粟麥一石已下，貧富差等，儲之閭巷，以備凶年，名曰義倉。因上書曰：「臣聞國以民爲本，民以食爲命，勸農重穀，先王令軌。古者三年耕而餘一年之積，九年作而有三年之儲，雖水旱爲災，而民無菜色，皆由勸導有方，蓄積先備者也。去年亢陽，關右飢餒，陛下運山東之粟，置常平之官，開發倉廩，普加賑賜，大德鴻恩，可謂至矣。然經國之道，義資遠筭，請勒諸州刺史、縣令，以勸農積穀爲務。」上深嘉納。自是州里豐衍，民多賴焉。

後數載，轉工部尚書，名爲稱職。時有人告大都督邴紹非毁朝廷爲憒憒者，上怒，將斬之。平進諫曰：「川澤納汙，所以成其深，山岳藏疾，所以就其大。臣不勝至願，願陛下弘山海之量，茂寬裕之德。鄙諺曰：『不癡不聾，未堪作大家翁。』此言雖小，可以喻大。邴紹之言，不應聞奏，陛下又復誅之，臣恐百代之後，有虧聖德。」上於是赦紹。因勑羣臣，誹謗之罪，勿復以聞。

其後突厥達頭可汗與都藍可汗相攻，各遣使請援。上使平持節宣諭，令其和解，賜縑三百匹，良馬一匹而遣之。平至突厥所，爲陳利害，遂各解兵。可汗贈平馬二百匹。及還，平進所得馬，上盡以賜之。

未幾，遇讒，以尚書檢校汴州事。歲餘，除汴州刺史。其後歷許、貝二州，俱有善政。鄴都俗薄，舊號難治，前後刺史多不稱職。朝廷以平所在善稱，轉相州刺史，甚有能名。在州數年，會正月十五日，百姓大戲，畫衣裳爲鍪甲之象，上怒而免之。俄而念平鎮淮南時事，進位大將軍，拜太常卿，判吏部尚書事。仁壽中卒〔一四〕。謚曰康。

子師孝，性輕狡好利，數犯法。上以其不克負荷，遣使弔平國官。師孝後爲渤海郡主簿，屬大業之季，政教陵遲，師孝恣行貪濁，一郡苦之。後爲王世充所害。

元暉

元暉字叔平，河南洛陽人也。祖琛，魏恒、朔二州刺史。父翌，尚書左僕射。暉鬚眉如畫，進止可觀，頗好學，涉獵書記。少得美名於京下，周太祖見而禮之，命與諸子遊處，每同席共硯，情契甚厚。弱冠，召補相府中兵參軍，尋遷武伯下大夫。于時突厥屢爲寇患，朝廷將結和親，令暉齎錦綵十萬，使于突厥。暉説以利害，申國厚禮，可汗大悦，遣其名王隨獻方物。俄拜儀同三司、賓部下大夫。保定初，大冢宰宇文護引爲長史，會齊人來結盟好，以暉多才辯[一五]，與千乘公崔睦俱使于齊[一六]。遷振威中大夫。武帝之娉突厥后也，令暉致禮焉。加開府，轉司憲大夫。及平關東，使暉安集河北，封義寧子，邑四百户。

高祖總百揆，加上開府，進爵爲公。開皇初，拜都官尚書，兼領太僕。奏請決杜陽水灌三時原，溉舄鹵之地數千頃，民賴其利。明年，轉左武候將軍，太僕卿如故。尋轉兵部尚書，監漕渠之役。未幾，坐事免。頃之，拜魏州刺史，頗有惠政。在任數年，以疾去職。

歲餘，卒于京師，時年六十。上嗟悼久之，勑鴻臚監護喪事。謚曰元。子肅嗣，官至光祿少卿。肅弟仁器，性明敏，官至日南郡丞。

韋師

韋師字公穎，京兆杜陵人也。父瑱，周驃騎大將軍。師少沉謹，有至性。初就學，始讀孝經，捨書而歎曰：「名教之極，其在茲乎！」少丁父母憂，居喪盡禮，州里稱其孝行。及長，略涉經史，尤工騎射。周大冢宰宇文護引爲中外府記室，轉賓曹參軍。師雅知諸蕃風俗及山川險易，其有夷狄朝貢，師必接對，論其國俗，如視諸掌。夷人驚服，無敢隱情。齊王憲爲雍州牧，引爲主簿，本官如故。及武帝親總萬機，轉少府大夫。及平高氏，詔師安撫山東，徙爲賓部大夫。

高祖受禪，拜吏部侍郎，賜爵井陘侯，邑五百户。數年，遷河北道行臺兵部尚書，詔爲山東河南十八州安撫大使。奏事稱旨，賜錢三百萬，兼領晉王廣司馬。其族人世康，爲吏部尚書，與師素懷勝負。于時晉王爲雍州牧，盛存望第，以司空楊雄、尚書左僕射高熲並爲州都〔一七〕，引師爲主簿。而世康弟世約爲法曹從事。世康恚恨不能食，又恥世約在師之下，召世約數之曰：「汝何故爲從事？」遂杖之。

後從上幸醴泉宫，上召師與左僕射高熲、上柱國韓擒等，於卧内賜宴，令各敍舊事，以爲笑樂。平陳之役，以本官領元帥掾，陳國府藏，悉委於師，秋毫無所犯，稱爲清白。後上爲長寧王儼納其女爲妃。除汴州刺史，甚有治名，卒官。謚曰定。子德政嗣，大業中，仕至給事郎。

楊异

楊异字文殊，弘農華陰人也。祖鈞，魏司空。父儉，侍中。异美風儀，沉深有器局。髫齔就學，日誦千言，見者奇之。九歲丁父憂，哀毁過禮，殆將滅性。及免喪之後，絶慶弔，閉户讀書。數年之間，博涉書記。周閔帝時，爲寧都太守，甚有能名。賜爵昌樂縣子。後數以軍功，進爲侯。

高祖作相，行濟州事。及踐阼，拜宗正少卿，加上開府。蜀王秀之鎮益州也，朝廷盛選綱紀，以异方直，拜益州總管長史，賜錢二十萬，縑三百匹，馬五十匹而遣之。尋遷西南道行臺兵部尚書。數載，復爲宗正少卿。未幾，擢拜刑部尚書〔一八〕。歲餘，出除吴州總管，甚有能名。時晉王廣鎮揚州，詔令昇每歲一與王相見，評論得失，規諷疑闕。數載，卒官，時年六十二。子虔遜。

蘇孝慈 兄子沙羅

蘇孝慈，扶風人也。父武周〔一九〕，周兗州刺史。孝慈少沉謹，有器幹，美容儀。周初爲中侍上士。後拜都督，聘于齊，以奉使稱旨，遷大都督。其年又聘于齊，還受宣納上士〔二〇〕。後從武帝伐齊，以功進位開府，賜爵文安縣公，邑千五百户。尋改封臨水縣公，增邑千二百户，累遷工部上大夫。

高祖受禪，進爵安平郡公，拜太府卿。于時王業初基，百度伊始，徵天下工匠，纖微之巧，無不畢集。孝慈總其事，世以爲能。俄遷大司農，歲餘，拜兵部尚書，待遇踰密。時皇太子勇頗知時政，上欲重宫官之望，多令大臣領其職。於是拜孝慈爲太子右衞率，尚書如故。明年，上於陝州置常平倉，轉輸京下。以渭水多沙，流乍深乍淺，漕運者苦之，於是決渭水爲渠以屬河，令孝慈督其役。渠成，上善之。又領太子右庶子，轉授左衞率，仍判工部、民部二尚書，稱爲幹理。數載，進位大將軍，轉工部尚書，率如故。先是，以百寮供費不足，臺省府寺咸置廨錢，收息取給。孝慈以爲官民爭利，非興化之道，上表請罷之，請公卿以下給職田各有差，上並嘉納焉。開皇十八年，將廢太子，憚其在東宮，出爲淅州刺史。太子以孝慈去，甚不平，形於言色。其見重如此。仁壽初，遷洪州總管，俱有惠政。其後桂林山越相聚爲亂，詔孝慈爲行軍總管，擊平之。其年卒官。有子會昌。

孝慈兄子沙羅，字子粹。父順，周眉州刺史。沙羅仕周，釋褐都督。後從韋孝寬破尉迥，以功授開府儀同三司，封通秦縣公〔二〕。開皇初，蜀王秀鎮益州，沙羅以本官從，拜資州刺史。八年，冉尨羌作亂，攻汶山、金川二鎮，沙羅率兵擊破之，授邛州刺史。後數載，檢校利州總管事。從史萬歲擊西爨，累戰有功，進位大將軍，賜物千段。尋檢校益州總管長史。會越嶲人王奉舉兵作亂，沙羅從段文振討平之，賜奴婢百口。會蜀王秀廢，吏案奏沙羅云：「王奉爲奴所殺，秀廼詐稱左右斬之。又調熟獠，令出奴婢，沙羅隱而不奏。」由是除名，卒於家。有子康。

李雄

李雄字毗盧，趙郡高邑人也。祖榼，魏太中大夫。父徽伯，齊陝州刺史，陷于周，雄因隨軍入長安。雄少慷慨，有大志。家世並以學業自通，雄獨習騎射。其兄子旦讓之曰：「棄文尚武，非士大夫之素業。」雄答曰：「竊覽自古誠臣貴仕，文武不備而能濟其功業者鮮矣。雄雖不敏，頗觀前志，但不守章句耳。既文且武，兄何病焉！」子旦無以應之。

周太祖時，釋褐輔國將軍。從達奚武平漢中，定興州，又討汾州叛胡，録前後功，拜驃騎大將軍、儀同三司。閔帝受禪，進爵爲公，遷小賓部。其後復從達奚武與齊人戰於芒山，諸軍大敗，雄所領獨全。武帝時，從陳王純迎后於突厥，進爵奚伯，拜硤州刺史。數歲，徵爲本府中大夫。尋出爲涼州總管長史。從滕王逌破吐谷渾於青海，以功加上儀同。宣帝嗣位，從行軍總管韋孝寬略定淮南〔二二〕。雄以輕騎數百至硤口〔二三〕，説下十餘城，拜豪州刺史〔二四〕。

高祖總百揆，徵爲司會中大夫。以淮南之功，加位上開府。及受禪，拜鴻臚卿，進爵高都郡公，食邑貳千户。後數年，晉王廣出鎮并州，以雄爲河北行臺兵部尚書。上謂雄曰：「吾兒既少，更事未多，以卿兼文武才，今推誠相委，吾無北顧之憂矣。」雄頓首而言曰：「陛下不以臣之不肖，寄臣以重任。臣雖愚固，心非木石，謹當竭誠效命，以答鴻恩。」歔欷流涕，上慰諭而遣之。雄當官正直，侃然有不可犯之色，王甚敬憚，吏民稱焉。歲餘，卒官。子公挺嗣。

張煚　劉仁恩　郭均　馮世基　庫狄嶔

張煚字士鴻，河間鄚人也。父羨，少好學，多所通涉，仕魏爲蕩難將軍。從武帝入關，累遷銀青光禄大夫。周太祖引爲從事中郎，賜姓叱羅氏。歷司織大夫〔一五〕、雍州治中、雍州刺史〔一六〕、儀同三司，賜爵虞鄉縣公。復入爲司成中大夫，典國史。周代公卿，類多武將，唯羨以素業自通，甚爲當時所重。後以年老，致仕于家。及高祖受禪，欽其德望，以書徵之曰："朕初臨四海，思存政術，舊齒名賢，實懷勤佇。儀同昔在周室，德業有聞，雖云致仕，猶克壯年。即宜入朝，用副虛想。"及謁見，勑令勿拜，扶升殿，上降榻執手，與之同坐，宴語久之，賜以几杖。會遷都龍首，羨上表勸以儉約，上優詔答之。俄而卒，時年八十四。贈滄州刺史，謚曰定。撰老子、莊子義，名曰道言，五十二篇。

煚好學，有父風。在魏釋褐奉朝請，遷員外侍郎。周太祖引爲外兵曹。閔帝受禪，加前將軍。明、武世，歷膳部大夫、冢宰司録，賜爵北平縣子，邑四百户。宣帝時，加儀同，進爵爲伯。

高祖爲丞相，煚深自推結，高祖以其有幹用，甚親遇之。及受禪，拜尚書右丞，進爵爲侯。俄遷太府少卿，領營新都監丞。丁父憂去職，柴毀骨立。未朞，起令視事，固讓不許，授儀同三司，襲爵虞鄉縣公，增邑通前千五百户。尋遷太府卿，拜民部尚書。晉王廣爲揚州總管，授煚司馬，加銀青光禄大夫。煚性和厚，有識度，甚有當時之譽。後拜冀州刺史，晉王廣頻表請之，復爲晉王長史，檢校蔣州事。及晉王爲皇太子，復爲冀州刺史，進位上開府，吏民悦服，稱爲良二千石。仁壽四年卒官，時年七十四。子慧寶，官至絳郡丞。

開皇時有劉仁恩者，不知何許人也。倜儻，有文武幹用。初爲毛州刺史，治績號天下第一，擢拜刑部尚書。又以行軍總管從楊素伐陳，與素破陳將呂仲肅於荆門〔一七〕，仁恩之計居多，授上大將軍，甚有當時之譽。馮翊郭均、上黨馮世基，並明悟有幹略，相繼爲兵部尚書。代人庫狄嶔，性弘厚，有局度，官至民部尚書。此四人俱顯名於當世，然事行闕落，史莫能詳。

史臣曰：二趙明習故事，當世所推，及居端右，無聞殊績。固知人之才器，各有分限，大小異宜，不可踰量。長孫平諫赦誹謗之罪，可謂仁人之言，高祖悦而從之，其利亦已博矣。元暉以明敏顯達，韋師以清白成名，楊尚希、楊异，宗室之英，譽望隆重，蘇孝慈、李雄、張煚，内外所履，咸稱貞幹，並任開皇之初，蓋當時之選也。

校勘記

〔一〕有人盜伐其父墓中樹者　「盜」字原闕，據宋甲本、至順本補。按，北史卷七五趙煚傳亦有「盜」字。

〔二〕沉深有器局　「沉深」，原作「深沉」，據宋甲本、至順本改。按，北史卷七五趙煚傳作「沈深」。

〔三〕遷硤州刺史　「硤州」，原作「陜州」，據册府卷六九四牧守部武功改。按，北史卷七五趙煚傳，張森楷校勘記：「『陜』疑當作『硤』，以下所行事皆在今夔巫地，不在陜州也。」

〔四〕邑二千五百户　「百」，原作「伯」，據宋甲本、至順本、南監本、北監本、汲本、殿本改。

〔五〕其以儉化民　「儉」，北監本、殿本作「德」。

〔六〕父演　「演」，尉遲廓墓誌：「本姓趙氏，（中略）周初賜姓尉遲，祖演。」文館詞林卷四五二大將軍趙芬碑銘一首并序作「脩演」。「演」乃「脩演」省稱。

〔七〕拜尚書右僕射　「右僕射」，原作「左僕射」，據北史卷七五趙芬傳改。按，唐長孺讀隋書札記考訂開皇年間任尚書左僕射者僅高熲一人，此處疑因涉上文「東京左僕射」致誤。

〔八〕皆竭百姓之産　「皆」，宋甲本、至順本、汲本、殿本作「俱」。按，北史卷七五趙芬傳亦作「俱」。

〔九〕令數十騎自驛路追之　「令」，原作「分」，據宋甲本、大德本、至順本、南監本、北監本、汲本、殿本改。按，册府卷六五五奉使部智識亦作「令」。

〔一〇〕吏卒又倍　「又」，宋甲本作「人」。

〔一一〕官至安定郡丞　「郡」，原作「縣」，據宋甲本、至順本、汲本改。按，北史卷七五楊尚希傳亦作「郡」。

〔一二〕置東京官屬　「東京」，原作「東宫」，據宋甲本改。按，北史卷二二長孫嵩傳附長孫平傳亦作「東京」。

〔一三〕開皇二年　「二年」，原作「三年」，據本書卷一高祖紀上改。

〔一四〕仁壽中卒　宋甲本此下有「官」字。

〔一五〕以暉多才辯　「多」，宋甲本、至順本、汲本作「有」。

〔一六〕與千乘公崔睦俱使于齊　宋甲本此下有「還」字。

〔一七〕以司空楊雄尚書左僕射高熲並爲州都　「州都」，原作「州都督」，錢大昕考異卷四〇北史三「韋師傳」條，稱魏晉以後，諸州置大中正，隋避諱，改爲州都。唐長孺讀隋書札記，稱州都，晉時已見，北朝後期已見於碑刻，非僅因諱「中」字而改。本書卷二八百官志下，雍州牧屬官有州都。今據改。

〔一八〕擢拜刑部尚書　「刑部」，本書卷二高祖紀下開皇九年四月、開皇十一年九月、楊异墓誌作

「工部」。

〔一九〕父武周　「武周」，北史卷七五蘇孝慈傳、蘇慈墓誌作「武」。

〔二〇〕還受宣納上士　「受」，宋甲本、至順本、汲本、殿本作「授」。

〔二一〕封通秦縣公　「通秦」，北史卷七五蘇孝慈傳、册府卷三八三將帥部褒異作「通泰」。

〔二二〕從行軍總管韋孝寬略定淮南　「行」字原闕，據宋甲本補。按，北史卷三三李裔傳附李子雄傳、册府卷三八三將帥部褒異、卷四二六將帥部招降亦有「行」字。

〔二三〕雄以輕騎數百至硤口　「硤口」，宋甲本作「硤石」。

〔二四〕拜豪州刺史　「豪州」，北史卷三三李裔傳附李子雄傳、册府卷三八三將帥部褒異作「亳州」。王仲犖北周地理志卷六，疑作「豪州」是。

〔二五〕歷司織大夫　「司織」，原作「司職」，據北史卷七五張煚傳改。按，唐六典卷二二少府監織染署「後周有司織下大夫一人」。

〔二六〕雍州刺史　「雍州」，宋甲本作「應州」。按，北史卷七五張煚傳亦作「應州」。

〔二七〕與素破陳將吕仲肅於荆門　「吕仲肅」，張森楷校勘記：「陳書（卷一五）陳慧紀傳作『吕忠肅』，南史作『吕肅』，蓋本是『忠肅』，隋人諱改或省。」

隋書卷四十七

列傳第十二

韋世康 弟洸 藝 沖 從父弟壽

韋世康，京兆杜陵人也，世爲關右著姓。祖旭，魏南幽州刺史。父夐，隱居不仕，魏、周二代，十徵不出〔一〕，號爲逍遥公。世康幼而沉敏，有器度。年十歲，州辟主簿。在魏，弱冠爲直寢，封漢安縣公，尚周文帝女襄樂公主〔二〕，授儀同三司。後仕周，自典祠下大夫，歷沔、硤二州刺史。從武帝平齊，授司州總管長史。于時東夏初定，百姓未安，世康綏撫之，士民胥悦。歲餘，入爲民部中大夫，進位上開府，轉司會中大夫。

尉迥之作亂也，高祖憂之，謂世康曰：「汾、絳舊是周、齊分界，因此亂階，恐生摇動。今以委公，善爲吾守。」因授絳州刺史，以雅望鎮之，闔境清肅。世康性恬素好古，不以得喪干懷。在州，嘗慨然有止足之志，與子弟書曰：「吾生因緒餘，夙霑纓弁，驅馳不已，四紀於茲。亟登衮命，頻沿方岳，志除三惑，心慎四知，以不貪而爲寶，處膏脂而莫潤。如斯之事，頗爲時悉。今耄雖未及，壯年已謝，霜早梧楸，風先蒲柳。眼闇更劇，不見細書，足疾彌增，非可趨走。禄豈須多，防滿則退，年不待暮，有疾便辭。況孃春秋已高，温清宜奉，晨昏有闕，罪在我躬。今世穆、世文並從戎役，吾與世沖復嬰遠任，陟岵瞻望，此情彌切，桓山之悲，倍深常戀。意欲上聞，乞遵養禮，未訪汝等，故遣此及。興言遠慕，感咽難勝。」諸弟報以事恐難遂，於是乃止。

在任數年，有惠政，奏課連最，擢爲禮部尚書。世康寡嗜欲，不慕貴勢，未嘗以位望矜物。聞人之善，若己有之，亦不顯人過咎，以求名譽。尋進爵上庸郡公，加邑至二千五百户。其年轉吏部尚書，餘官如故。四年，丁母憂去職。未朞，起令視事。世康固請，乞終私制，上不許。世康之在吏部，選用平允，請托不行。開皇七年，將事江南，議重方鎮，拜襄州刺史。坐事免。未幾，授安州總管，尋遷爲信州總管。十三年，入朝，復拜吏部尚書。前後十餘年間，多所進拔，朝廷稱爲廉平。嘗因休暇，謂子弟曰：「吾聞功遂身退，古人常道。今年將耳順，志在懸車，汝輩以爲云何？」子福嗣答曰：「大人澡身浴德，名立官成，盈滿之誡，先哲所重。欲追蹤二疏，伏奉尊命。」後因侍宴，世康再拜陳讓曰：「臣無尺寸之功，位亞台鉉。今犬馬齒載，不益明時，恐先朝露，無以塞責。願乞骸骨，退避賢能。」上曰：「朕夙夜庶幾，求賢若渴，冀與公共治天下，以致太平。今之所請，深乖本望，縱令筋骨衰謝〔三〕，猶屈公臥治一隅。」於是出拜荆州總管。時天下唯置四大總管，并、揚、益三州，並親王臨統，唯荆州委於世康，時論以爲美。世康爲政簡靜，百姓愛悦，合境無訟。十七年，卒于州，時年六十七。上聞而痛惜之，贈賻甚厚〔四〕。贈大將軍，謚曰文。

世康性孝友，初以諸弟位並隆貴，獨季弟世約宦途不達，共推父時田宅，盡以與之，世多其義。

長子福子，官至司隸别駕。次子福嗣，仕至内史舍人，後以罪黜。楊玄感之作亂也，以兵逼東都，福嗣從衛玄戰於城北，軍敗，爲玄感所擒。令作文檄，辭甚不遜。尋背玄感還東都，帝銜之不已，車裂於高陽。少子福獎，通事舍人，在東都，與玄感戰没。

洸字世穆，性剛毅，有器幹，少便弓馬。仕周，釋褐主寢上士〔五〕。數從征伐，累遷開府，賜爵衛國縣公，邑千二百户。高祖爲丞相，從季父孝寬擊尉迥於相州，以功拜柱國，進封襄陽郡公，邑二千户。時突厥寇邊，皇太子屯咸陽，令洸統兵出原州道，與虜相遇，擊破之。尋拜江陵總管。未幾，以母疾徵還。俄拜安州總管。

伐陳之役，領行軍總管。及陳平，拜江州總管，率步騎二萬，略定九江。陳豫章太守徐璒據郡持兩端，洸遣開府吕昂、長史馮世基以兵相繼而進。既至城下，璒僞降，其夜率所部二千人襲擊昂。昂與世基合擊，大破之，擒璒於陣。高梁女子洗氏率衆迎洸〔六〕，遂進圖嶺南。上遣洸書曰：「公鴻勳大業，名高望重，率將戎旅，撫慰彼方，風行電掃，咸應稽服。若使干戈不用，兆庶獲安，方副朕懷，是公之力。」至廣州，説陳渝州都督王猛下之，嶺表皆定。上聞而大悦，許以便宜從事。洸所綏集二十四州，拜廣州總管。

歲餘，番禺夷王仲宣聚衆爲亂，以兵圍洸。洸勒兵拒之，中流矢而卒。贈上柱國，賜綿絹萬段，謚曰敬。子協嗣。

協字欽仁，好學，有雅量。起家著作佐郎，後轉祕書郎。開皇中，其父在廣州有功，上令協齎詔書勞問，未至而父卒。上以其父身死王事，拜協柱國。後歷定、息、秦三州刺史，皆有能名，卒官。

藝字世文，少受業國子。周武帝時，數以軍功，致位上儀同，賜爵脩武縣侯，邑八百户。授左旅下大夫。出爲魏郡太守。

及高祖爲丞相，尉迥陰圖不軌，朝廷微知之。遣藝季父孝寬馳往代迥。孝寬將至鄴，因詐病，止傳舍，從迥求藥，以察其變。迥遣藝迎孝寬。孝寬問迥所爲，藝黨於迥，不以實答。孝寬怒，將斬之，藝懼，乃言迥反狀。孝寬於是將藝西遁，每至亭驛，輒盡驅傳馬而去。復謂驛司曰：「蜀公將至，宜速具酒食。」迥尋遣騎追孝寬，追人至驛，輒逢盛饌，又無馬，遂遲留不進，孝寬與藝由是得免。高祖以孝寬故，弗問藝之罪，加授上開府，即從孝寬擊迥，及破尉惇，平相州，皆有力焉。以功進位上大將軍，改封武威縣公，邑千户。以脩武縣侯別封一子。

高祖受禪，進封魏興郡公。歲餘，拜齊州刺史。爲政清簡，士庶懷惠。在職數年，遷營州總管。藝容貌瓌偉，每夷狄參謁，必整儀衞，盛服以見之，獨坐滿一榻。番人畏懼，莫敢仰視。而大治產業，與北夷貿易，家資鉅萬，頗爲清論所譏。開皇十五年卒官，時年五十八。謚曰懷。

沖字世沖，少以名家子，在周釋褐衞公府禮曹參軍。後從大將軍元定渡江伐陳，爲陳人所虜，周武帝以幣贖而還之。帝復令沖以馬千匹使於陳，以贖開府賀拔華等五十人及元定之柩而還。沖有辭辯，奉使稱旨，累遷少御伯下大夫，加上儀同。于時稽胡屢爲寇亂，沖自請安集之，因拜汾州刺史。

高祖踐阼，徵爲兼散騎常侍，進位開府，賜爵安固縣侯。歲餘，發南汾州胡千餘人北築長城，在塗皆亡。上呼沖問計，沖曰：「夷狄之性，易爲反覆，皆由牧宰不稱之所致也。臣請以理綏靜，可不勞兵而定。」上然之，因命沖綏懷叛者。月餘皆至，並赴長城，上下書勞勉之。尋拜石州刺史，甚得諸胡歡心。以母憂去職。俄而起爲南寧州總管，持節撫慰。復遣柱國王長述以兵繼進。沖上表固讓。詔曰：「西南夷裔，屢有生梗，每相殘賊，朕甚愍之，已命戎徒，清撫邊服。以開府器幹堪濟，識略英遠，軍旅事重，故以相任。知在艱疚，日月未多，金革奪情，蓋有通式。宜自抑割，即膺往旨。」沖既至南寧，渠帥爨震及西爨首領皆詣府參謁。上大悦，下詔褒揚之。其兄子伯仁，隨沖在府，掠人之妻，士卒縱暴，邊人失望。上聞而大怒，令蜀王秀治其事。益州長史元巖性方正，案沖無所寬貸，沖竟坐免。其弟太子洗馬世約譖巖於皇太子。上謂太子曰：「古人有沽酒酸而不售者，爲噬犬耳。今何用世約乎？適累汝也。」世約遂除名。

後數載，令沖檢校括州事。時東陽賊帥陶子定、吴州賊帥羅慧方並聚衆爲亂，攻圍婺州永康、烏程諸縣，沖率兵擊破之。改封義豐縣侯，檢校泉州事。尋拜營州總管。沖容貌都雅，寬厚得衆心。懷撫靺鞨、契丹，皆能致其死力。奚、霫畏懼，朝貢相續。高麗嘗入寇，沖率兵擊走之。仁壽中，高祖爲豫章王暕納沖女爲妃，徵拜民部尚書。未幾，卒，時年六十六。少子挺，最知名。

壽字世齡。父孝寬，周上柱國、鄖國公。壽在周，以貴公子，早有令譽，爲右侍上士。遷千牛備身。趙王爲雍州牧，引爲主簿。尋遷少御伯。武帝親征高氏，拜京兆尹，委以後事。以父軍功，賜爵永安縣侯，邑八百户。高祖爲丞相，以其父平尉迥，拜壽儀同三司，進封滑國公，邑五千户。俄以父喪去職。高祖受禪，起令視事，尋遷恒、毛二州刺史，頗有治名。開皇十年，以疾徵還。卒于家，時年四十二。謚曰定。仁壽中，高祖爲晉王昭納其女爲妃〔七〕。以其子保巒嗣。

壽弟霽，位至太常少卿，安邑縣伯。津位至内史侍郎，判民部尚書事。

世康從父弟操，字元節，剛簡有風槩。仕周，致位上開府、光州刺史。高祖爲丞相，以平尉迥功，進位柱國，封平桑郡公，歷青、荆二州總管，卒官。謚曰静。

柳機

子述　機弟旦　肅　從弟雄亮　從子謇之　族兄昂　昂子調

柳機字匡時，河東解人也。父慶，魏尚書左僕射。機偉儀容，有器局，頗涉經史。年十九，周武帝時爲魯公，引爲記室。及帝嗣位，自宣納上士累遷少納言、太子宫尹，封平齊縣公。從帝平齊，拜開府，轉司宗中大夫。宣帝時，遷御正上大夫。機見帝失德，屢諫不聽，恐禍及己，託於鄭譯，陰求出外，於是拜華州刺史。

及高祖作相，徵還京師。時周代舊臣皆勸禪讓，機獨義形於色，無所陳請。俄拜衛州刺史。及踐阼，進爵建安郡公，邑二千四百户，徵爲納言。機性寬簡，有雅望，然當近侍，無所損益，又好飲酒，不親細務，在職數年，復出爲華州刺史，奉詔每月朝見。尋轉冀州刺史。後徵入朝，以其子述尚蘭陵公主，禮遇益隆。

初，機在周，與族人文城公昂俱歷顯要。及此，機、昂並爲外職，楊素時爲納言，方用事，因上賜宴，素戲機曰：「二柳俱摧，孤楊獨聳。」坐者歡笑，機竟無言。未幾，還州。前後作牧，俱稱寬惠。後數年，以疾徵還京師，卒於家，時年五十六。贈大將軍、青州刺史，謚曰簡。子述嗣。

柳述字業隆，性明敏，有幹略，頗涉文藝。少以父蔭，爲太子親衛。後以尚主之故，拜開府儀同三司，内史侍郎。上於諸壻中，特所寵敬。歲餘，判兵部尚書事。丁父艱去職。未幾，起攝給事黄門侍郎事，襲爵建安郡公。仁壽中，判吏部尚書事。

述雖職務修理，爲當時所稱，然不達大體，暴於馭下，又怙寵驕豪，無所降屈。楊素時稱貴倖，朝臣莫不讋憚，述每陵侮之，數於上前面折素短。判事有不合素意，素或令述改之，輒謂將命者曰：「語僕射，道尚書不肯。」素由是銜之。俄而楊素亦被疎忌，不知省務。述任寄踰重，拜兵部尚書，參掌機密。述自以無功可紀，過叨匪服，抗表陳讓。上許之，令攝兵部尚書〔八〕。

上於仁壽宮寢疾，述與楊素、黄門侍郎元巖等侍疾宫中。時皇太子無禮於陳貴人，上知而大怒，因令述召房陵王。述與元巖出外作勑書，楊素聞之，與皇太子協謀，便矯詔執述、巖二人，持以屬吏。及煬帝嗣位，述竟坐除名，與公主離絶。徙述于龍川郡。公主請與述同徙，帝不聽，事見列女傳。述在龍川數年，復徙寧越，遇瘴癘而死，時年三十九。

旦字匡德，工騎射，頗涉書籍。起家周左侍上士，累遷兵部下大夫。頃之，益州總管王謙起逆，拜爲行軍長史，從梁睿討平之，以功授儀同三司。開皇元年，加授開府，封新城縣男，遷授掌設驃騎。歷羅、淅、魯三州刺史，並有能名。大業初，拜龍川太守。民居山洞，好相攻擊，旦爲開設學校，大變其風。帝聞而善之，下詔褒美。四年，徵爲太常少卿，攝判黄門侍郎事。卒官，年六十一。子燮，官至河内掾。

肅字匡仁，少聰敏，閑於占對。起家周齊王文學，武帝見而異之，召拜宣納上士。高祖作相，引爲賓曹參軍。開皇初，授太子洗馬。陳使謝泉來聘，以才學見稱，詔肅宴接，時論稱其華辯。轉太子內舍人，遷太子僕。太子廢，坐除名爲民。大業中，帝與段達語及庶人罪惡之狀，達云：「柳肅在宮，大見疎斥。」帝問其故，答曰：「學士劉臻嘗進章仇太翼於宮中，爲巫蠱事。肅知而諫曰：『殿下帝之冢子，位當儲貳，誡在不孝，無患見疑。劉臻書生，鼓搖脣舌，適足以相詿誤，願殿下勿納之。』庶人不懌，他日謂臻曰：『汝何故漏泄，使柳肅知之，令面折我？』自是後，言皆不用。」帝曰：「肅橫除名，非其罪也。」召守禮部侍郎，轉工部侍郎，大見親任。每行幸遼東，常委之於涿郡留守。十一年卒，時年六十二。

雄亮字信誠。父檜，仕周華陽太守。遇黃衆寶作亂，攻陷華陽，檜爲賊所害。雄亮時年十四，哀毁過禮，陰有復讎之志。武帝時，衆寶率其所部歸於長安，帝待之甚厚。雄亮手斬衆寶於城中，請罪闕下，帝特原之。尋治梁州總管記室，遷湖城令，累遷內史中大夫，賜爵汝陽縣子。

司馬消難作亂江北，高祖令雄亮聘于陳，以結鄰好。及還，會高祖受禪，拜尚書考功侍郎〔九〕，尋遷給事黄門侍郎。尚書省凡有奏事，雄亮多所駁正，深爲公卿所憚。俄以本官檢校太子左庶子，進爵爲伯。秦王俊之鎮隴右也，出爲秦州總管府司馬，領山南道行臺左丞。卒官，時年五十一〔一〇〕。有子贊。

謇之字公正。父蔡年，周順州刺史。謇之身長七尺五寸，儀容甚偉，風神爽亮，進止可觀。爲童兒時，周齊王憲嘗遇謇之於塗，異而與語，大奇之，因奏入國子，以明經擢第，拜宗師中士，尋轉守廟下士。武帝嘗有事太廟，謇之讀祝文，音韻清雅，觀者屬目。帝善之，擢爲宣納上士。及高祖作相，引爲田曹參軍，仍諮典籤事。

開皇初，拜通事舍人，尋遷内史舍人，歷兵部、司勳二曹侍郎。朝廷以謇之有雅望，善談謔，又飲酒至石不亂，由是每梁、陳使至，輒令謇之接對。後遷光禄少卿。出入十餘年，每參掌敷奏。會吐谷渾來降，朝廷以宗女光化公主妻之，以謇之兼散騎常侍，送公主於西域。俄而突厥啓民可汗求結和親，復令謇之送義成公主於突厥。謇之前後奉使，得二國所贈馬千餘匹〔一一〕，雜物稱是，皆散之宗族，家無餘財。仁壽中，出爲肅州刺史，尋轉息州刺史，俱有惠政。後二歲，以母憂去職。

煬帝踐阼，復拜光禄少卿。大業初，啓民可汗自以内附，遂畜牧於定襄、馬邑間，帝使謇之諭令出塞。及還，奏事稱旨，拜黃門侍郎。

時元德太子初薨，朝野注望，皆以齊王當立。帝方重王府之選，大業三年，車駕還京師，拜爲齊王長史。帝法服臨軒，備儀衛，命齊王立於西朝堂之前，北面。遣吏部尚書牛弘、內史令楊約、左衛大將軍宇文述等，從殿廷引謇之詣齊王所，西面立。牛弘宣勑謂齊王曰：「我昔階緣恩寵，啓封晉陽，出藩之初，時年十二。先帝立我於西朝堂，乃令高熲、虞慶則、元旻等，從內送王子相於我。于時誡我曰：『以汝幼沖，未更世事，今令子相作輔於汝，事無大小，皆可委之。無得昵近小人，疎遠子相。若從我言者，有益於社稷，成立汝名行。如不用此言，唯國及身，敗無日矣。』吾受勑之後，奉以周旋，不敢失墜。微子相之力，吾無今日矣。若與謇之從事，一如子相也。」又勑謇之曰：「今以卿作輔於齊，善思匡救之理，副朕所望。若齊王德業脩備，富貴自當鍾卿一門。若有不善，罪亦相及。」時齊王正擅寵，左右放縱，喬令則之徒，深見昵狎。謇之雖知其罪失，不能匡正。及王得罪，謇之竟坐除名。

帝幸遼東，召謇之檢校燕郡事。及帝班師，至燕郡，坐供頓不給，配戍嶺南，卒於洭口，時年六十。子威明。

昂字千里。父敏，有高名，好禮篤學，治家如官。仕周，歷職清顯。開皇初，爲太子太保。昂有器識，幹局過人。周武帝時，爲大內史，賜爵文城郡公，致位開府，當塗用事，百寮皆出其下。宣帝嗣位，稍被疎遠，然不離本職。

及高祖爲丞相，深自結納。高祖大悦之，以爲大宗伯。昂受拜之日，遂得偏風，不能視事。高祖受禪，昂疾愈，加上開府，拜潞州刺史。昂見天下無事，可以勸學行禮，因上表曰：

臣聞帝王受命，建學制禮，故能移既往之風，成惟新之俗。自魏道將謝，分割九區，關右、山東，久爲戰國，各逞權詐，俱殉干戈，賦役繁重，刑政嚴急。蓋救焚拯溺，無暇從容，非朝野之願，以至於此。晚世因循，遂成希慕，俗化澆漱，流宕忘反。自非天然上哲，挺生於時，則儒雅之道，經禮之制，衣冠民庶，莫肯用心。世事所以未清，軌物由茲而壞。

伏惟陛下稟靈上帝，受命昊天〔二〕，合三陽之期，膺千祀之運。往者周室頹毁，區宇沸騰，聖策風行，神謀電發〔三〕，端坐廊廟，蕩滌萬方，俯順幽明，君臨四海。擇萬古之典，無善不爲，改百王之弊，無惡不盡。至若因情緣義，爲其節文，故以三百三千，事高前代。然下土黎獻，尚未盡行。臣謬蒙獎策，從政藩部，人庶軌儀，實見多闕，儒風以墜，禮教猶微，是知百姓之心，未能頓變。仰惟深思遠慮，情念下民，漸被以儉，使至於道。臣恐業淹事緩，動延年世。若行禮勸學，道教相催，必當靡然向風，不遠而就。家知禮節，人識義方，比屋可封，輒謂非遠。

上覽而善之，因下詔曰：

建國重道，莫先於學，尊主庇民，莫先於禮。自魏氏不競，周、齊抗衡，分四海之民，鬬二邦之力，遞爲强弱，多歷年所。務權詐而薄儒雅，重干戈而輕俎豆，民不見德，唯爭是聞。朝野以機巧爲師，文吏用深刻爲法，風澆俗弊，化之然也。雖復建立庠序，兼啓黌塾，業非時貴，道亦不行。其間服膺儒術，蓋有之矣，彼衆我寡，未能移俗。然其維持名教，獎飾彝倫，微相弘益，賴斯而已。王者承天，休咎隨化，有禮則祥瑞必降，無禮則妖孽興起。人稟五常，性靈不一，有禮則陰陽合德，無禮則禽獸其心。治國立身，非禮不可。

朕受命於天，財成萬物，去華夷之亂，求風化之宜。戒奢崇儉，率先百辟，輕徭薄賦，冀以寬弘。而積習生常，未能懲革，閭閻士庶，吉凶之禮，動悉乖方，不依制度。執憲之職，似塞耳而無聞，莅民之官，猶蔽目而不察。宣揚朝化，其若是乎？古人之學，且耕且養。今者民丁非役之日，農畝時候之餘，若敦以學業，勸以經禮，自可家慕大道，人希至德。豈止知禮節，識廉恥，父慈子孝，兄恭弟順者乎？始自京師，爰及州郡，宜祗朕意，勸學行禮。自是天下州縣皆置博士習禮焉。昂在州，甚有惠政。數年，卒官。

子調，起家秘書郎，尋轉侍御史。左僕射楊素嘗於朝堂見調，因獨言曰：「柳條通體弱，獨搖不須風。」調斂板正色曰：「調信無取者，公不當以爲侍御史；調信有可取，不應發此言。公當具瞻之秋，樞機何可輕發！」素甚奇之。煬帝嗣位，累遷尚書左司郎。時王綱不振，朝士多贓貨，唯調清素守常，爲時所美。然於幹用，非其所長。

史臣曰：韋氏自居京兆，代有人物。世康昆季，餘慶所鍾，或入處禮闈，或出總方岳，朱輪接軫，旟旆成陰，在周暨隋，勳庸並茂，盛矣！建安風韻閑雅，望重當時。述恃寵驕人，終致傾敗。旦屢有惠政，肅每存誠讜。雄亮名節自立，忠正見稱，謇之神情開爽，頗爲疎放。文城歷仕二朝，咸見推重，獻書高祖，遂興學校，言能弘道，其利博哉！

校勘記

〔一〕十徵不出　「出」，宋甲本作「屈」。按，隋書詳節卷一二韋世康傳亦作「屈」。

〔二〕尚周文帝女襄樂公主　「周文帝」，北史卷六四韋孝寬傳、册府卷三〇〇外戚部選尚俱載魏文帝以女妻世康。

〔三〕縱令筋骨衰謝　「筋骨」，宋甲本、至順本、汲本作「筋力」。按，北史卷六四韋孝寬傳附韋世康傳、册府卷七八帝王部委任、卷四六四臺省部謙退亦作「筋力」。

〔四〕贈賻甚厚　「贈」，宋甲本作「賵」。

〔五〕釋褐主寢上士　「主寢」，北史卷六四韋孝寬傳附韋洸傳作「直寢」。

〔六〕高梁女子洗氏率衆迎洸　隋書求是稱「梁」、「涼」二字常混用，「高梁」，應作「高涼」。

〔七〕高祖爲晉王昭納其女爲妃　「昭」，原作「廣」，據宋甲本、大德本、至順本、汲本改。按，北史卷七一隋宗室諸王煬帝三子元德太子昭傳「乃娶滑國公京兆韋壽女爲妃」。

〔八〕令攝兵部尚書　宋甲本、至順本、汲本此下有「事」字。

〔九〕拜尚書考功侍郎　「拜」，原作「梁」，據宋甲本、至順本、北監本、汲本、殿本改。

〔一〇〕時年五十一　「五十一」，柳雄亮墓誌作「五十」。

〔一一〕得二國所贈馬千餘匹　「千餘匹」，北史卷六四柳虯傳附柳謇之傳、元刻元明遞修本通志卷一六二柳機傳附柳謇之傳作「二千餘匹」，十通本通志作「二十餘匹」。

〔三〕受命昊天　「昊天」，原作「旻天」，據宋甲本、至順本、汲本、殿本改。按，册府卷六〇三學校部奏議亦作「昊天」。

〔三〕神謀電發　「神謀」，宋甲本、至順本、汲本作「神謨」。按，册府卷六〇三學校部奏議亦作「神謨」。

隋書卷四十八

列傳第十三

楊素 弟約 從父文思 文紀

楊素字處道，弘農華陰人也。祖暄，魏輔國將軍、諫議大夫。父敷，周汾州刺史，没於齊。素少落拓，有大志，不拘小節，世人多未之知，唯從叔祖魏尚書僕射寬深異之，每謂子孫曰：「處道當逸羣絶倫，非常之器，非汝曹所逮也。」後與安定牛弘同志好學，研精不倦，多所通涉。善屬文，工草隸，頗留意於風角。美鬚髯，有英傑之表。周大冢宰宇文護引爲中外記室，後轉禮曹，加大都督。武帝親總萬機，素以其父守節陷齊，未蒙朝命，上表申理。帝不許，至於再三。帝大怒，命左右斬之。素乃大言曰：「臣事無道天子，死其分也。」帝壯其言，由是贈敷爲大將軍，謚曰忠壯。拜素爲車騎大將軍、儀同三司，漸見禮遇。

帝命素爲詔書，下筆立成，詞義兼美。帝嘉之，顧謂素曰：「善自勉之，勿憂不富貴。」素應聲答曰：「臣但恐富貴來逼臣，臣無心圖富貴。」

及平齊之役，素請率父麾下先驅。帝從之，賜以竹策，曰：「朕方欲大相驅策，故用此物賜卿。」從齊王憲與齊人戰於河陰，以功封清河縣子，邑五百户。其年授司城大夫。明年，復從憲拔晉州。憲屯兵雞棲原，齊主以大軍至，憲懼而宵遁，爲齊兵所躡，衆多敗散。素與驍將十餘人盡力苦戰，憲僅而獲免。其後每戰有功，及齊平，加上開府，改封成安縣公〔一〕，邑千五百户，賜以粟帛、奴婢、雜畜。從王軌破陳將吳明徹於呂梁，治東楚州事。封弟慎爲義安侯。陳將樊毅築城於泗口，素擊走之，夷毅所築。

宣帝即位，襲父爵臨貞縣公，以弟約爲安成公。尋從韋孝寬徇淮南，素别下盱眙、鍾離。及高祖爲丞相，素深自結納，高祖甚器之，以素爲汴州刺史。行至洛陽，會尉迥作亂，滎州刺史宇文胄據武牢以應迥，素不得進。高祖拜素大將軍，發河内兵擊胄，破之。遷徐州總管，進位柱國，封清河郡公，邑二千户。以弟岳爲臨貞公。高祖受禪，加上柱國。開皇四年，拜御史大夫。其妻鄭氏性悍，素忿之曰：「我若作天子，卿定不堪爲皇后。」鄭氏奏之，由是坐免。

上方圖江表，先是，素數進取陳之計，未幾，拜信州總管，賜錢百萬、錦千段、馬二百匹而遣之。素居永安，造大艦，名曰五牙，上起樓五層，高百餘尺，左右前後置六拍竿，並高五十尺，容戰士八百人，旗幟加於上。次曰黃龍，置兵百人。自餘平乘、舴艋等各有差。及大舉伐陳，以素爲行軍元帥，引舟師趣三硤。軍至流頭灘，陳將戚欣，以青龍百餘艘、屯兵數千人守狼尾灘，以遏軍路。其地險峭，諸將患之。素曰：「勝負大計，在此一舉。若晝日下船，彼則見我，灘流迅激，制不由人，則吾失其便。」乃以夜掩之。素親率黃龍數千艘，銜枚而下，遣開府王長襲引步卒從南岸擊欣別柵，令大將軍劉仁恩率甲騎趣白沙北岸，遲明而至，擊之，欣敗走。悉虜其衆，勞而遣之，秋毫不犯，陳人大悅。素率水軍東下，舟艫被江，旌甲曜日。素坐平乘大船，容貌雄偉，陳人望之懼曰：「清河公即江神也。」陳南康內史呂仲肅屯岐亭，正據江峽，於北岸鑿岩，綴鐵鎖三條，橫截上流，以遏戰船。素與仁恩登陸俱發，先攻其柵。仲肅軍夜潰，素徐去其鎖。仲肅復據荆門之延洲。素遣巴蜑卒千人，乘五牙四艘，以拍檣碎賊十餘艦，遂大破之，俘甲士二千餘人，仲肅僅以身免。陳主遣其信州刺史顧覺鎮安蜀城，荆州刺史陳紀鎮公安，皆懼而退走。巴陵以東，無敢守者。湘州刺史、岳陽王陳叔慎遣使請降。素下至漢口，與秦孝王會。及還，拜荆州總管，進爵郢國公，邑三千户，真食長壽縣千户。以其子玄感爲儀同，玄獎爲清河郡公。賜物萬段，粟萬石，加以金寶，又賜陳主妹及女妓十四人。素言於上曰：「里名勝母，曾子不入，逆人王誼，前封於郢，臣不願與之同。」於是改封越國公。尋拜納言。歲餘，轉内史令。

俄而江南人李稜等聚衆爲亂，大者數萬，小者數千，共相影響，殺害長吏。以素爲行軍總管，帥衆討之。賊朱莫問自稱南徐州刺史，以盛兵據京口。素率舟師入自楊子津，進擊破之。晉陵顧世興自稱太守，與其都督鮑遷等復來拒戰。素逆擊破之，執遷，虜三千餘人。進擊無錫賊帥葉略〔二〕，又平之。吴郡沈玄懀、沈傑等以兵圍蘇州，刺史皇甫績頻戰不利。素率衆援之，玄懀勢迫，走投南沙賊帥陸孟孫。素擊孟孫於松江，大破之，生擒孟孫、玄懀。黟、歙賊帥沈雪、沈能據柵自固，又攻拔之。浙江賊帥高智慧自號東揚州刺史，船艦千艘，屯據要害，兵甚勁。素擊之，自旦至申，苦戰而破。智慧逃入海，素躡之，從餘姚泛海趣永嘉。智慧來拒戰，素擊走之，擒獲數千人。賊帥汪文進自稱天子，據東陽，署其徒蔡道人爲司空，守樂安。進討，悉平之。又破永嘉賊帥沈孝徹。於是步道向天台，指臨海郡，逐捕遺逸寇。前後百餘戰，智慧遁守閩越。

上以素久勞於外，詔令馳傳入朝。加子玄感官爲上開府，賜綵物三千段。素以餘賊未殄，恐爲後患，又自請行。乃下詔曰：「朕憂勞百姓，日旰忘食，一物失所，情深納隍。江外狂狡，妄構妖逆，雖經殄除，民未安堵。猶有賊首凶魁，逃亡山洞，恐其聚結，重擾蒼生。内史令、上柱國、越國公素，識達古今，經謀長遠，比曾推轂，舊著威名，宜任以大兵，總爲元帥。宣布朝風，振揚威武，擒剪叛亡，慰勞黎庶，軍民事務，一以委之。」素復乘傳至會稽。先是，泉州人王國慶，南安豪族也，殺刺史劉弘，據州爲亂，諸亡賊皆歸之。自以海路艱阻，非北人所習，不設備伍。素汎海掩至，國慶遑遽，棄州而走，餘黨散入海島，或守溪洞。素分遣諸將，水陸追捕。乃密令人謂國慶曰：「爾之罪狀，計不容誅。唯有斬送智慧，可以塞責。」國慶於是執送智慧，斬於泉州。自餘支黨，悉來降附，江南大定。上遣左領軍將軍獨孤陀至浚儀迎勞。比到京師，問者日至。拜素子玄獎爲儀同，賜黃金四十斤，加銀瓶，實以金錢，縑三千段，馬二百匹，羊二千口，公田百頃，宅一區。代蘇威爲尚書右僕射，與高熲專掌朝政。

素性疎而辯，高下在心，朝臣之内，頗推高熲，敬牛弘，厚接薛道衡，視蘇威蔑如也。自餘朝貴，多被陵轢。其才藝風調，優於高熲，至於推誠體國，處物平當，有宰相識度，不如熲遠矣。

尋令素監營仁壽宮，素遂夷山堙谷，督役嚴急，作者多死，宮側時聞鬼哭之聲。及宮成，上令高熲前視，奏稱頗傷綺麗，大損人丁，高祖不悦。素憂懼，計無所出，即於北門啓獨孤皇后曰：「帝王法有離宮別館，今天下太平，造此一宮，何足損費！」后以此理諭上，上意乃解。於是賜錢百萬緡，絹三千段〔三〕。

十八年，突厥達頭可汗犯塞，以素爲靈州道行軍總管，出塞討之，賜物二千段，黄金百斤。先是，諸將與虜戰，每慮胡騎奔突，皆以戎車步騎相參，轝鹿角爲方陣，騎在其内。素謂人曰：「此乃自固之道，非取勝之方也。」於是悉除舊法，令諸軍爲騎陣。達頭聞之大喜，曰：「此天賜我也。」因下馬仰天而拜，率精騎十餘萬而至。素奮擊，大破之，達頭被重創而遁，殺傷不可勝計，羣虜號哭而去。優詔褒揚，賜縑二萬匹，及萬釘寶帶。加子玄感位大將軍，玄獎、玄縱、積善並上儀同。

素多權略，乘機赴敵，應變無方，然大抵馭戎嚴整，有犯軍令者，立斬之，無所寬貸。每將臨寇，輒求人過失而斬之，多者百餘人，少不下十數。流血盈前，言笑自若。及其對陣，先令一二百人赴敵，陷陣則已，如不能陷陣而還者，無問多少，悉斬之。又令二三百人復進，還如向法。將士股慄，有必死之心，由是戰無不勝，稱爲名將。素時貴倖，言無不從，其從素征伐者，微功必録，至於他將，雖有大功，多爲文吏所譴却。故素雖嚴忍，士亦以此願從焉。

二十年，晉王廣爲靈朔道行軍元帥，素爲長史。王卑躬以交素。及爲太子，素之謀也。仁壽初，代高熲爲尚書左僕射，賜良馬百匹，牝馬二百匹，奴婢百口。其年，以素爲行軍元帥，出雲州擊突厥，連破之。突厥退走，率騎追躡，至夜而及之。將復戰，恐賊越逸，令其騎稍後。於是親將兩騎，并降突厥二人，與虜並行，不之覺也。候其頓舍未定，趣後騎掩擊，大破之。自是突厥遠遁，磧南無復虜庭。以功進子玄感位爲柱國，玄縱爲淮南郡公。賞物二萬段。

及獻皇后崩，山陵制度，多出於素。上善之，下詔曰：

君爲元首，臣則股肱，共治萬姓，義同一體。上柱國、尚書左僕射、仁壽宮大監、越國公素，志度恢弘，機鑒明遠，懷佐時之略，包經國之才。王業初基，霸圖肇建，策名委質，受脤出師，擒剪凶魁，克平虢、鄭。頻承廟筭，揚旆江表，每禀戎律，長驅塞陰，南指而吴越肅清，北臨而獯獫摧服。自居端揆，參贊機衡，當朝正色，直言無隱。論文則詞藻縱横，語武則權奇間出，既文且武，唯朕所命，任使之處，夙夜無怠。

獻皇后奄離六宫，遠日云及，塋兆安厝，委素經營。然葬事依禮，唯卜泉石，至如吉凶，不由於此。素義存奉上，情深體國，欲使幽明俱泰，寶祚無窮。以爲陰陽之書，聖人所作，禍福之理，特須審慎。乃徧歷川原，親自占擇，纖介不善，即更尋求，志圖元吉，孜孜不已。心力備盡，人靈協贊，遂得神皋福壤，營建山陵。論素此心，事極誠孝，豈與夫平戎定寇，比其功業？非唯廊廟之器，實是社稷之臣，若不加褒賞，何以申茲勸勵？可別封一子義康郡公，邑萬户，子子孫孫，承襲不絶。餘如故。

并賜田三十頃，絹萬段，米萬石，金鉢一，實以金，銀鉢一，實以珠，并綾錦五百段。

時素貴寵日隆，其弟約、從父文思、弟文紀，及族父异，並尚書列卿。諸子無汗馬之勞，位至柱國、刺史。家僮數千，後庭妓妾曳綺羅者以千數。第宅華侈，制擬宮禁。有鮑亨者，善屬文，殷胄者，工草隸，並江南士人，因高智慧没爲家奴。親戚故吏，布列清顯，素之貴盛，近古未聞。煬帝初爲太子，忌蜀王秀，與素謀之，構成其罪，後竟廢黜。朝臣有違忤者，雖至誠體國，如賀若弼、史萬歲、李綱、柳彧等，素皆陰中之。若有附會及親戚，雖無才用，必加進擢。朝廷靡然，莫不畏附。唯兵部尚書柳述，以帝壻之重，數於上前面折素。大理卿梁毗，抗表上言〔四〕，素作威作福。上漸疎忌之，後因出勅曰：「僕射國之宰輔，不可躬親細務，但三五日一度向省，評論大事。」外示優崇，實奪之權也。終仁壽之末，不復通判省事。上賜王公以下射，素箭爲第一，上手以外國所獻金精盤，價直鉅萬，以賜之。四年，從幸仁壽宮，宴賜重疊。

及上不豫，素與兵部尚書柳述、黄門侍郎元巖等入閤侍疾。時皇太子入居大寶殿，慮上有不諱，須豫防擬，乃手自爲書，封出問素。素録出事狀以報太子〔五〕。宮人誤送上所，上覽而大恚。所寵陳貴人，又言太子無禮。上遂發怒，欲召庶人勇。太子謀之於素，素矯詔追東宮兵士帖上臺宿衛，門禁出入，並取宇文述、郭衍節度，又令張衡侍疾。上以此日崩，由是頗有異論。

漢王諒反，遣茹茹天保來據蒲州，燒斷河橋。又遣王聃子率數萬人并力拒守〔六〕。素將輕騎五千襲之，潛於渭口宵濟，遲明擊之，天保敗走，聃子懼而以城降。有詔徵還。初，素將行也，計日破賊，皆如所量。帝於是以素爲并州道行軍總管、河北安撫大使，率衆數萬討諒。時晉、絳、呂三州並爲諒城守，素各以二千人縻之而去。諒遣趙子開擁衆十餘萬，策絶徑路，屯據高壁，布陣五十里。素令諸將以兵臨之，自引奇兵潛入霍山，緣崖谷而進，直指其營，一戰破之，殺傷數萬。諒所署介州刺史梁脩羅屯介休，聞素至，懼，棄城而走。進至清源〔七〕，去并州三十里，諒率其將王世宗、趙子開、蕭摩訶等，衆且十萬，來拒戰。又擊破之，擒蕭摩訶。諒退保并州，素進兵圍之，諒窮蹙而降，餘黨悉平。帝遣素弟脩武公約齎手詔勞素曰：

我有隋之御天下也，于今二十有四年，雖復外夷侵叛，而内難不作，脩文偃武，四海晏然。朕以不天，銜恤在疚，號天叩地，無所逮及。朕本以藩王，謬膺儲兩，復以庸虚，纂承鴻業。天下者，先皇之天下也，所以戰戰兢兢，弗敢失墜，況復神器之重，生民之大哉！

賊諒苞藏禍心，自幼而長，羊質獸心〔八〕，假託名譽，不奉國諱，先圖叛逆，違君父之命，成莫大之罪。誑惑良善，委任奸回，稱兵内侮，毒流百姓。私假署置，擅相謀戮，小加大，少凌長，民怨神怒，衆叛親離，爲惡不同，同歸於亂。朕寡兄弟，猶未忍及言，是故開關門而待寇，戢干戈而不發。朕聞之，天生蒸民，爲之置君，仰惟先旨，每以子民爲念，朕豈得枕伏苫廬，顛而不救也！大義滅親，春秋高義，周旦以誅二叔，漢啓乃戮七藩，義在茲乎？事不獲已，是以授公戎律，問罪太原。且逆子賊臣，何代不有，豈意今者，近出家國。所歎荼毒甫爾，便及此事。由朕不能和兄弟，不能安蒼生，德澤未弘，兵戈先動，賊亂者止一人，塗炭者乃衆庶。非唯寅畏天威，亦乃孤負付囑，薄德厚恥，愧乎天下。

公乃先朝功臣，勳庸克茂。至如皇基草創，百物惟始，便匹馬歸朝，誠識兼至。汴部、鄭州，風卷秋籜，荆南、塞北，若火燎原，早建殊勳，夙著誠節。及獻替朝端，具瞻惟允，爰弼朕躬，以濟時難。昔周勃、霍光，何以加也！賊乃竊據蒲州，關梁斷絶，公以少擊衆，指期平殄。高壁據嶮，抗拒官軍，公以深謀，出其不意，霧廓雲除，冰消瓦解，長驅北邁，直趣巢窟。晉陽之南，蟻徒數萬，諒不量力，猶欲舉斧。公以稜威外討，發憤於内，忘身殉義，親當矢石。兵刃蹔交，魚潰鳥散〔九〕，僵屍蔽野，積甲若山。諒遂守窮城，以拒鈇鉞。公董率驍勇，四面攻圍，使其欲戰不敢，求走無路，智力俱盡，面縛軍門。斬將搴旗，伐叛柔服，元惡既除，東夏清晏，嘉庸茂績，於是乎在。昔武安平趙，淮陰定齊，豈若公遠而不勞，速而克捷者也。朕殷憂諒闇，不得親御六軍，未能問道於上庠，遂使劬勞於行陣。言念於此，無忘寢食。公乃建累世之元勳，執一心之確志。古人有言曰：「疾風知勁草，世亂有誠臣。」公得之矣。乃銘之常鼎〔一〇〕，豈止書勳竹帛哉！功績克諧，哽歎無已。稍冷，公如宜。軍旅務殷，殊當勞慮，故遣公弟，指宣往懷。迷塞不次。

素上表陳謝曰：

臣自惟虛薄，志不及遠，州郡之職，敢憚劬勞，卿相之榮，無階覬望。然時逢昌運，王業惟始，雖涓流赴海，誠心屢竭，輕塵集岳，功力蓋微。徒以南陽里閭，豐、沛子弟，高位重爵，榮顯一時。遂復入處朝端，出總戎律，受文武之任，預帷幄之謀。豈臣才能，實由恩澤。欲報之德，義極昊天〔一一〕。伏惟陛下照重離之明，養繼天之德，牧臣於疎遠，照臣以光暉，南服降枉道之書，春官奉肅成之旨。然草木無識，尚榮枯候時，況臣有心，實自効無路。晝夜迴徨，寢食慙惕，常懼朝露奄至，虛負聖慈。

賊諒包藏禍心，有自來矣，因幸國哀，便肆凶逆，興兵晉、代，摇蕩山東。陛下拔臣於凡流，授臣以戎律，蒙心膂之寄，稟平亂之規。蕭王赤心，人皆以死〔一二〕，漢皇大度，天下爭歸，妖寇廓清，豈臣之力！曲蒙使臣弟約齎詔書問勞，高旨峻筆，有若天臨，洪恩大澤，便同海運。悲欣慙懼，五情振越，雖百殞微軀，無以一報。

其月還京師，因從駕幸洛陽，以素領營東京大監。以平諒之功，拜其子萬石、仁行，姪玄挺，皆儀同三司，賚物五萬段，綺羅千匹，諒之妓妾二十人。

大業元年，遷尚書令，賜東京甲第一區，物二千段。尋拜太子太師，餘官如故。前後賞錫，不可勝計。明年，拜司徒，改封楚公，真食二千五百戶。其年，卒官。謚曰景武，贈光祿大夫、太尉公、弘農河東絳郡臨汾文城河內汲郡長平上黨西河十郡太守。給轀車，班劍四十人，前後部羽葆鼓吹，粟麥五千石，物五千段。鴻臚監護喪事。帝又下詔曰：「夫銘功彝器，紀德豐碑，所以垂名迹於不朽，樹風聲於沒世。故楚景武公素，茂績元勳，劬勞王室，竭盡誠節，叶贊朕躬。故以道邁三傑，功參十亂。未臻遐壽，遽戢清徽。春秋遞代，方綿歲祀，式播彫篆，用圖勳德，可立碑宰隧，以彰盛美。」素嘗以五言詩七百字贈番州刺史薛道衡，詞氣宏拔，風韻秀上，亦爲一時盛作。未幾而卒，道衡歎曰：「人之將死，其言也善，豈若是乎！」有集十卷。

素雖有建立之策及平楊諒功，然特爲帝所猜忌，外示殊禮，內情甚薄。太史言隋分野有大喪，因改封於楚。楚與隋同分，欲以此厭當之。素寢疾之日，帝每令名醫診候，賜以上藥。然密問醫人，恒恐不死。素又自知名位已極，不肯服藥，亦不將慎，每語弟約曰：「我豈須更活耶〔一三〕？」素負冒財貨，營求産業，東、西二京，居宅侈麗，朝毁夕復，營繕無已，爰及諸方都會處，邸店、水磑并利田宅以千百數，時議以此鄙之。子玄感嗣，别有傳。諸子皆坐玄感誅死。

約字惠伯，素異母弟也。在童兒時，嘗登樹墮地，爲查所傷，由是竟爲宦者。性如沉静〔一四〕，内多譎詐，好學强記。素友愛之，凡有所爲，必先籌於約而後行之。在周末，以素軍功，賜爵安成縣公，拜上儀同三司。高祖受禪，授長秋卿。久之，爲邵州刺史，入爲宗正少卿，轉大理少卿。

時皇太子無寵，而晉王廣規欲奪宗，以素幸於上，而雅信約。於是用張衡計，遣宇文述大以金寶賂遺於約，因通王意説之曰：「夫守正履道，固人臣之常致，反經合義，亦達者之令圖。自古賢人君子，莫不與時消息，以避禍患。公之兄弟，功名蓋世，當塗用事，有年歲矣。朝臣爲足下家所屈辱者，可勝數哉！又儲宫以所欲不行〔一五〕，每切齒於執政。公雖自結於人主，而欲危公者，固亦多矣。主上一旦棄羣臣，公亦何以取庇？今皇太子失愛於皇后，主上素有廢黜之心，此公所知也。今若請立晉王，在賢兄之口耳。誠能因此時建大功，王必鐫銘於骨髓〔六〕，斯則去累卵之危，成太山之安也。」約然之，因以白素。素本凶險，聞之大喜，乃撫掌而對曰：「吾之智思，殊不及此，賴汝起予。」約知其計行，復謂素曰：「今皇后之言，上無不用，宜因機會，早自結託，則匪唯長保榮禄，傳祚子孫；又晉王傾身禮士，聲名日盛，躬履節儉，有主上之風，以約料之，必能安天下。兄若遲疑，一旦有變，令太子用事，恐禍至無日矣。」素遂行其策，太子果廢。

及晉王入東宮，引約爲左庶子，改封脩武縣公，進位大將軍。及素被高祖所疎，出約爲伊州刺史。入朝仁壽宮，遇高祖崩，遣約入京。易留守者，縊殺庶人勇，然後陳兵集衆，發高祖凶問。煬帝聞之曰：「令兄之弟，果堪大任。」即位數日，拜内史令。約有學術，兼達時務，帝甚任之。後數載，加位右光禄大夫。

後帝在東都，令約詣京師享廟，行至華陰，見其兄墓，遂枉道拜哭，爲憲司所劾。坐是免官。未幾，拜淅陽太守。其兄子玄感，時爲禮部尚書，與約恩義甚篤。既愴分離，形於顔色，帝謂之曰：「公比憂瘁，得非爲叔邪？」玄感再拜流涕曰：「誠如聖旨。」帝亦思約廢立功，由是徵入朝。未幾，卒，以素子玄挺後之。

文思字温才，素從叔也。父寬，魏左僕射，周小冢宰。文思在周，年十一，拜車騎大將軍、儀同三司、散騎常侍。尋以父功，封新豐縣子，邑五百户。天和初，治武都太守。十姓獠反，文思討平之，復治翼州事。党項羌叛，文思率州兵討平之。進擊資中、武康、隆山生獠及東山獠，並破之。後從陳王攻齊河陰城，又從武帝攻拔晉州，以勳進授上儀同三司，改封永寧縣公，增邑至千户。壽陽劉叔仁作亂，從清河公宇文神舉討之，戰於塼井，在陣生擒叔仁。又别從王誼破賊於鯉魚栅。其後累以軍功，遷果毅右旅下大夫。

高祖爲丞相，從韋孝寬拒尉迥於武陟。迥遣其將李儁圍懷州，與行軍總管宇文述擊走之。破尉惇，平鄴城，皆有功，進授上大將軍，改封洛川縣公。尋拜隆州刺史。開皇元年，進爵正平郡公，加邑二千户。後爲魏州刺史，甚有惠政，及去職，吏民思之，爲立碑頌德。轉冀州刺史。

煬帝嗣位，徵爲民部尚書。轉納言，改授右光禄大夫。從幸江都宫，以足疾不堪趨奏，復授民部尚書，加位左光禄大夫。卒官，時年七十。謚曰定。初，文思當襲父爵，自以非嫡，遂讓封於弟文紀，當世多之。

文紀字温範，少剛正，有器局。在周，襲爵華山郡公，邑二千七百户。自右侍上士累遷車騎大將軍、儀同三司、安州總管長史。將兵迎陳降將李瑗於齊安[一七]，與陳將周法尚軍遇，擊走之。以功進授開府，入爲虞部下大夫。高祖爲丞相，改封汾陰縣公。從梁睿討王謙，以功進授上大將軍。前後增邑三千户。拜資州刺史。入爲宗正少卿，坐事除名。後數載，復其爵位，拜熊州刺史，改封上明郡公。除宗正卿，兼給事黄門侍郎，判禮部尚書事。仁壽二年，遷荆州總管。歲餘，卒官，時年五十八。謚曰恭。

史臣曰：楊素少而輕俠，俶儻不羈，兼文武之資，包英奇之略，志懷遠大，以功名自許。高祖龍飛，將清六合，許以腹心之寄，每當推轂之重。掃妖氛於牛、斗，江海無波，摧驍騎於龍庭，匈奴遠遁。考其夷凶靜亂，功臣莫居其右，覽其奇策高文，足爲一時之傑。然專以智詐自立，不由仁義之道，阿諛時主，高下其心，營構離宮，陷君於奢侈，謀廢冢嫡，致國於傾危。終使宗廟丘墟，市朝霜露，究其禍敗之源，實乃素之由也。幸而得死，子爲亂階，墳土未乾，闔門殂戮，丘隴發掘，宗族誅夷。則知積惡餘殃，信非徒語。多行無禮必自及，其斯之謂歟！約外示温柔，内懷狡筭，爲蛇畫足，終傾國本，俾無遺育，宜哉！

校勘記

〔一〕改封成安縣公　「成安縣公」，楊素墓誌作「安成公」。下文其弟楊約封「安成公」，本卷楊約傳稱「賜爵安成縣公」，楊約墓誌作「安成縣開國公」。

〔二〕進擊無錫賊帥葉略　「葉略」，北史卷四一楊敷傳附楊素傳作「葉晧」。

〔三〕於是賜錢百萬緡絹三千段　「緡」，宋甲本、至順本、汲本作「錦」，北史卷四一楊敷傳附楊素傳、册府卷三三九宰輔部邪佞作「綿」，屬下讀。

〔四〕抗表上言　宋甲本無「上」字。按，北史卷四一楊敷傳附楊素傳、册府卷一八一帝王部疑忌亦無「上」字。

〔五〕素録出事狀以報太子　「録出」，宋甲本、至順本、汲本作「條録」。按，北史卷四一楊敷傳附楊素傳、册府卷三三九宰輔部不忠亦作「條録」。

〔六〕又遣王聃子率數萬人并力拒守　「王聃子」，本書卷四五文四子楊諒傳作「王聃」。

〔七〕進至清源　「清源」，原作「清原」，據宋甲本、北史卷四一楊敷傳附楊素傳改。按，本書卷三〇地理志中太原郡晉陽「（開皇）十六年又置清源縣，大業初省入焉」。

〔八〕羊質獸心　「獸心」，宋甲本、至順本作「獸皮」，册府卷一三六帝王部慰勞作「虎皮」。疑原作「虎皮」，避唐諱改爲「獸皮」，後代版刻又訛爲「獸心」。

〔九〕魚潰鳥散　「魚」，原作「漁」，據宋甲本、殿本改。按，册府卷一三六帝王部慰勞亦作「魚」。

〔一〇〕乃銘之常鼎　「乃」，宋甲本、至順本、南監本、北監本、汲本、殿本作「方乃」。按，册府卷一三六帝王部慰勞亦作「方乃」。

〔一二〕義極昊天　「昊」，原作「旻」，據宋甲本、至順本、南監本、北監本、汲本、殿本改。

〔一三〕人皆以死　「以」，宋甲本、至順本作「爲」。按，册府卷一三六帝王部慰勞亦作「爲」。

〔一四〕我豈須更活耶　「更」，原作「臾」，據宋甲本改。按，北史卷四一楊敷傳附楊素傳亦作「更」。

〔一五〕性如沉靜　「如」，原作「好」，據宋甲本改。按，北史卷四一楊敷傳附楊約傳亦作「如」。

〔一六〕又儲宮以所欲不行　「儲宮」，宋甲本、大德本、至順本、汲本作「儲后」。

〔一七〕王必鐫銘於骨髓　「鐫」，原作「鎮」，據至順本改。按，通志卷一六〇楊約傳作「鏤」。

〔一八〕將兵迎陳降將李瑗於齊安　「李瑗」，周法尚墓誌作「李援」，北史卷四一楊敷傳附楊紀傳作「王瑗」。

隋書卷四十九

列傳第十四

牛弘

牛弘字里仁，安定鶉觚人也，本姓尞氏。祖熾，郡中正。父允，魏侍中、工部尚書、臨涇公，賜姓爲牛氏。弘初在襁褓，有相者見之，謂其父曰：「此兒當貴，善愛養之。」及長，鬚貌甚偉，性寬裕，好學博聞。在周，起家中外府記室、內史上士。俄轉納言上士，專掌文翰，甚有美稱。加威烈將軍、員外散騎侍郎，脩起居注。其後襲封臨涇公。宣政元年，轉內史下大夫，進位使持節、大將軍、儀同三司。

開皇初，遷授散騎常侍、秘書監。弘以典籍遺逸，上表請開獻書之路，曰：

經籍所興，由來尚矣。爻畫肇於庖羲，文字生於蒼頡，聖人所以弘宣教導，博通古今，揚於王庭，肆於時夏。故堯稱至聖，猶考古道而言，舜其大智，尚觀古人之象。周官，外史掌三皇五帝之書，及四方之志。武王問黄帝、顓頊之道，太公曰：「在丹書。」是知握符御曆，有國有家者，曷嘗不以詩、書而爲教，因禮樂而成功也。

昔周德既衰，舊經紊棄。孔子以大聖之才，開素王之業，憲章祖述，制禮刊詩，正五始而修春秋，闡十翼而弘易道。治國立身，作範垂法。及秦皇馭寓，吞滅諸侯，任用威力，事不師古，始下焚書之令，行偶語之刑。先王墳籍，掃地皆盡。本既先亡，從而顛覆。臣以圖讖言之，經典盛衰，信有徵數。此則書之一厄也。漢興，改秦之弊，敦尚儒術，建藏書之筴，置校書之官，屋壁山巖，往往間出。外有太常、太史之藏，内有延閣、秘書之府。至孝成之世，亡逸尚多，遣謁者陳農求遺書於天下，詔劉向父子讎校篇籍。漢之典文，於斯爲盛。及王莽之末，長安兵起，宮室圖書，並從焚燼。此則書之二厄也。光武嗣興，尤重經誥，未及下車，先求文雅。於是鴻生鉅儒，繼踵而集，懷經負帙，不遠斯至。肅宗親臨講肄，和帝數幸書林，其蘭臺、石室，鴻都、東觀，祕牒填委，更倍於前。及孝獻移都，吏民擾亂，圖書縑帛，皆取爲帷囊。所收而西，裁七十餘乘，屬西京大亂，一時燔蕩。此則書之三厄也。魏文代漢，更集經典，皆藏在秘書、内外三閣，遣秘書郎鄭默删定舊文。時之論者，美其朱紫有别。晉氏承之，文籍尤廣。晉祕書監荀勗定魏内經〔一〕，更著新簿。雖古文舊簡，猶云有缺，新章後録，鳩集已多，足得恢弘正道，訓範當世。屬劉、石憑陵，京華覆滅，朝章國典，從而失墜。此則書之四厄也。永嘉之後，寇竊競興，因河據洛，跨秦帶趙。論其建國立家，雖傳名號，憲章禮樂，寂滅無聞。劉裕平姚，收其圖籍，五經子史，纔四千卷，皆赤軸青紙，文字古拙。僭僞之盛，莫過二秦，以此而論，足可明矣。故知衣冠軌物，圖畫記注，播遷之餘，皆歸江左。晉、宋之際，學藝爲多，齊、梁之間，經史彌盛。宋祕書丞王儉，依劉氏七略，撰爲七志。梁人阮孝緒，亦爲七録。總其書數，三萬餘卷。及侯景渡江，破滅梁室，祕省經籍，雖從兵火，其文德殿内書史，宛然猶存。蕭繹據有江陵，遣將破平侯景，收文德之書，及公私典籍，重本七萬餘卷，悉送荆州。故江表圖書，因斯盡萃於繹矣。及周師入郢，繹悉焚之於外城，所收十纔一二。此則書之五厄也。後魏爰自幽方，遷宅伊、洛，日不暇給，經籍闕如。周氏創基關右，戎車未息。保定之始，書止八千，後加收集，方盈萬卷。高氏據有山東，初亦採訪，驗其本目，殘缺猶多。及東夏初平，獲其經史，四部重雜，三萬餘卷。所益舊書，五千而已。

今御書單本，合一萬五千餘卷，部帙之間，仍有殘缺。比梁之舊目，止有其半。至於陰陽河洛之篇，醫方圖譜之説，彌復爲少。臣以經書，自仲尼已後，迄于當今，年踰千載，數遭五厄，興集之期，屬膺聖世。伏惟陛下受天明命，君臨區宇，功無與二，德冠往初。自華夏分離，彝倫攸斁，其間雖霸王遞起，而世難未夷，欲崇儒業，時或未可。今土宇邁於三王，民黎盛於兩漢，有人有時，正在今日。方當大弘文教，納俗升平，而天下圖書尚有遺逸，非所以仰協聖情，流訓無窮者也。臣史籍是司，寢興懷懼。昔陸賈奏漢祖云「天下不可馬上治之」，故知經邦立政，在於典謨矣。爲國之本，莫此攸先。今祕藏見書，亦足披覽，但一時載籍，須令大備。不可王府所無，私家乃有。然士民殷雜，求訪難知，縱有知者，多懷恡惜，必須勒之以天威，引之以微利。若猥發明詔，兼開購賞，則異典必臻，觀閣斯積，重道之風，超於前世，不亦善乎！伏願天監，少垂照察。

上納之，於是下詔，獻書一卷，賚縑一匹。一二年間，篇籍稍備。進爵奇章郡公，邑千五百户。

三年，拜禮部尚書，奉勑修撰五禮，勒成百卷，行於當世。弘請依古制修立明堂，上議曰：

竊謂明堂者，所以通神靈，感天地，出教化，崇有德。孝經曰：「宗祀文王於明堂，以配上帝。」祭義云：「祀于明堂，教諸侯孝也。」黄帝曰合宫，堯曰五府，舜曰總章，布政興治，由來尚矣。周官考工記曰：「夏后氏世室，堂脩二七，廣四脩一。」鄭玄注云：「脩十四步，其廣益以四分脩之一，則堂廣十七步半也。」「殷人重屋，堂脩七尋，四阿重屋。」鄭云：「其脩七尋，廣九尋也。」「周人明堂，度九尺之筵，南北七筵，五室，凡室二筵。」鄭云：「此三者，或舉宗廟，或舉王寢，或舉明堂，互言之，明其同制也。」馬融、王肅、干寶所注，與鄭亦異，今不具出。漢司徒馬宮議云：「夏后氏世室，室顯於堂，故命以室。殷人重屋，屋顯於堂，故命以屋。周人明堂，堂大於夏室，故命以堂。夏后氏益其堂之廣百四十四尺，周人明堂，以爲兩序間大夏后氏七十二尺。」若據鄭玄之説，則夏室大於周堂，如依馬宮之言，則周堂大於夏室。後王轉文，周大爲是。但宮之所言，未詳其義。此皆去聖久遠，禮文殘缺，先儒解説，家異人殊。鄭注玉藻亦云：「宗廟路寢，與明堂同制。」王制曰：「寢不踰廟。」明大小是同。今依鄭玄注，每室及堂，止有一丈八尺，四壁之外，四尺有餘。若以宗廟論之，祫享之時，周人旅酬六尸，并后稷爲七，先公昭穆二尸，先王昭穆二尸，合十一尸，三十六主[二]，及君北面行事於二丈之堂，愚不及此。若以正寢論之，便須朝宴。據燕禮：「諸侯宴，則賓及卿大夫脱屨升坐。」是知天子宴，則三公九卿並須升堂。燕義又云：「席，小卿次上卿。」言皆侍席。止於二筵之間，豈得行禮？若以明堂論之，總享之時，五帝各於其室。設青帝之位，須於木室之内〔三〕，少北西面。太昊從食，坐於其西，近南北面。祖宗配享者，又於青帝之南，稍退西面。丈八之室，神位有三，加以簠簋籩豆〔四〕，牛羊之俎，四海九州美物咸設，復須席上升歌〔五〕，出罇反坫〔六〕，揖讓升降，亦以隘矣。據茲而說，近是不然。

案劉向別録及馬宫、蔡邕等所見，當時有古文明堂禮〔七〕、王居明堂禮、明堂圖、明堂大圖、明堂陰陽、太山通義、魏文侯孝經傳等，並説古明堂之事〔八〕。其書皆亡，莫得而正。今明堂月令者，鄭玄云，是呂不韋著，春秋十二紀之首章，禮家鈔合爲記。蔡邕、王肅云周公所作，周書内有月令第五十三，即此也。各有證明，文多不載。束晳以爲夏時之書。劉瓛云：「不韋鳩集儒者，尋于聖王月令之事而記之。不韋安能獨爲此記？」今案不得全稱周書〔九〕，亦未可即爲秦典，其内雜有虞、夏、殷、周之法，皆聖王仁恕之政也。蔡邕具爲章句，又論之曰：「明堂者，所以宗祀其祖以配上帝也。夏后氏曰世室，殷人曰重屋，周人曰明堂。東曰青陽，南曰明堂，西曰總章，北曰玄堂，内曰太室〔一〇〕。聖人南面而聽，向明而治，人君之位莫不正焉。故雖有五名，而主以明堂也。制度之數，各有所依。堂方一百四十四尺，巛之策也，屋圓楣徑二百一十六尺，乾之策也。太廟明堂方六丈，通天屋徑九丈，陰陽九六之變，且圓蓋方覆，九六之道也。八闥以象卦，九室以象州，十二宫以應日辰。三十六户、七十二牖，以四户八牖乘九宫之數也。户皆外設而不閉，示天下以不藏也。通天屋高八十一尺，黄鍾九九之實也。二十八柱布四方，四方七宿之象也。堂高三尺，以應三統，四向五色，各象其行。水闊二十四丈，象二十四氣，於外，以象四海。王者之大禮也。」觀其模範天地，則象陰陽，必據古文，義不虛出。今若直取考工，不參月令，青陽總章之號不得而稱，九月享帝之禮不得而用。漢代二京所建，與此説悉同。

建安之後，海内大亂，京邑焚燒，憲章泯絶。魏氏三方未平，無聞興造。晉則侍中裴頠議曰：「尊祖配天，其義明著，而廟宇之制，理據未分。宜可直爲一殿，以崇嚴父之祀，其餘雜碎，一皆除之。」宋、齊已還，咸率兹禮。此乃世乏通儒，時無思術，前王盛事，於是不行。後魏代都所造，出自李沖，三三相重，合爲九室。簷不覆基，房間通街，穿鑿處多，迄無可取。及遷宅洛陽，更加營構，五九紛競〔一一〕，遂至不成，宗配之事，於焉靡託。

今皇猷遐闡，化覃海外，方建大禮，垂之無窮。弘等不以庸虛，謬當議限。今檢明堂必須五室者何？尚書帝命驗曰：「帝者承天立五府，赤曰文祖，黄曰神斗〔一二〕，白曰顯紀，黑曰玄矩，蒼曰靈府。」鄭玄注曰：「五府與周之明堂同矣。」且三代相沿，多有損益，至於五室，確然不變。夫室以祭天，天實有五，若立九室，四無所用。布政視朔，自依其辰。鄭司農云：「十二月分在青陽等左右之位。」不云居室。鄭玄亦言：「每月於其時之堂而聽政焉。」禮圖畫个，皆在堂偏，是以須爲五室。明堂必須上圓下方者何？孝經援神契曰：「明堂者，上圓下方，八窗四達，布政之宫。」禮記盛德篇曰：「明堂四户八牖，上圓下方。」五經異義稱講學大夫淳于登亦云：「上圓下方。」鄭玄同之。是以須爲圓方。明堂必須重屋者何？案考工記，夏言「九階，四旁兩夾窗，門堂三之二，室三之一」。殷、周不言者，明一同夏制。殷言「四阿重屋」，周承其後不言屋，制亦盡同可知也。其「殷人重屋」之下，本無五室之文。鄭注云：「五室者，亦據夏以知之。」明周不云重屋，因殷則有，灼然可見。禮記明堂位曰：「太廟天子明堂。」言魯爲周公之故，得用天子禮樂，魯之太廟與周之明堂同。又曰：「複廟重檐，刮楹達嚮，天子之廟飾。」鄭注：「複廟重屋也。」據廟既重屋，明堂亦不疑矣。春秋文公十三年：「太室屋壞。」五行志曰：「前堂曰太廟，中央曰太室，屋其上重者也。」服虔亦云：「太室，太廟太室之上屋也。」周書作洛篇曰：「乃立太廟宗宫路寢明堂，咸有四阿反坫，重亢重廊。」孔晁注曰：「重亢累棟，重廊累屋也。」依黄圖所載，漢之宗廟皆爲重屋。此去古猶近，遺法尚在，是以須爲重屋。明堂必須爲辟雍者何？

禮記盛德篇云：「明堂者，明諸侯尊卑也。外水曰辟雍。」明堂陰陽録曰：「明堂之制，周圜行水，左旋以象天，内有太室以象紫宮〔一三〕。」此明堂有水之明文也。然馬宮、王肅以爲明堂、辟雍、太學同處，蔡邕、盧植亦以爲明堂、靈臺、辟雍、太學同實異名。邕云：「明堂者，取其宗祀之清貌，則謂之清廟，取其正室，則曰太室，取其堂，則曰明堂，取其四門之學，則曰太學，取其周水圜如璧，則曰璧雍。其實一也。」其言別者，五經通義曰：「靈臺以望氣，明堂以布政，辟雍以養老教學。」三者不同。袁準、鄭玄亦以爲別。歷代所疑，豈能輒定？今據郊祀志云：「欲治明堂，未曉其制。濟南人公玉帶上黄帝時明堂圖，一殿無壁，蓋之以茅，水圜宮垣，天子從之。」以此而言，其來則久。漢中元二年，起明堂、辟雍、靈臺於洛陽，並別處。然明堂亦有璧水，李尤明堂銘云「流水洋洋」是也。以此須有辟雍。

夫帝王作事，必師古昔，今造明堂，須以禮經爲本。形制依於周法，度數取於月令，遺闕之處，參以餘書，庶使該詳沿革之理。其五室九階，上圓下方，四阿重屋，四旁兩門，依考工記、孝經説。堂方一百四十四尺，屋圓楣徑二百一十六尺，太室方六丈，通天屋徑九丈，八闥二十八柱，堂高三尺，四向五色，依周書月令論。殿垣方在内，水周如外〔一四〕，水内徑三百步，依太山、盛德記、覲禮經〔一五〕。仰觀俯察，皆有則象，足以盡誠上帝，祗配祖宗，弘風布教，作範於後矣。弘等學不稽古，輒申所見，可否之宜，伏聽裁擇。

上以時事草創，未遑制作，竟寢不行。

六年，除太常卿。九年，詔改定雅樂，又作樂府歌詞，撰定圓丘五帝凱樂，并議樂事。弘上議云：

謹案禮，五聲、六律、十二管還相爲宫。周禮奏黄鍾，歌大吕，奏太簇，歌應鍾，皆是旋相爲宫之義。蔡邕明堂月令章句曰：「孟春月則太簇爲宫，姑洗爲商，蕤賓爲角，南吕爲徵，應鍾爲羽，大吕爲變宫，夷則爲變徵。他月倣此。」故先王之作律吕也，所以辯天地四方陰陽之聲。揚子雲曰：「聲生於律，律生於辰。」故律吕配五行，通八風，歷十二辰，行十二月，循環轉運，義無停止。譬如立春木王火相，立夏火王土相，季夏餘分，土王金相，立秋金王水相，立冬水王木相。還相爲宫者，謂當其王月，名之爲宫。

今若十一月不以黄鍾爲宫，十三月不以太簇爲宫〔一六〕，便是春木不王，夏土不相〔一七〕，豈不陰陽失度，天地不通哉？劉歆鍾律書云：「春宫秋律，百卉必彫；秋宫春律，萬物必榮；夏宫冬律，雨雹必降；冬宫夏律，雷必發聲。」以斯而論，誠爲不易。

且律十二，今直爲黄鍾一均，唯用七律，以外五律，竟復何施？恐失聖人制作本意。故須依禮作還相爲宫之法。

上曰：「不須作旋相爲宫，且作黄鍾一均也。」弘又論六十律不可行：

謹案續漢書律曆志，元帝遣韋玄成問京房於樂府，房對：「受學故小黄令焦延壽。六十律相生之法，以上生下，皆三生二，以下生上，皆三生四。陽下生陰，陰上生陽，終於中吕，而十二律畢矣。中吕上生執始，執始下生去滅，上下相生，終於南事，六十律畢矣。十二律之變至於六十，猶八卦之變至於六十四也。冬至之聲，以黄鍾爲宫，太簇爲商，姑洗爲角，林鍾爲徵，南吕爲羽，應鍾爲變宫，蕤賓爲變徵。此聲氣之元，五音之正也。故各統一日。其餘以次運行，當日者各自爲宫〔一八〕，而商徵以類從焉。」房又曰：「竹聲不可以度調，故作准以定數。准之狀如瑟，長一丈而十三絃，隱間九尺，以應黄鍾之律九寸。中央一絃，下畫分寸，以爲六十律清濁之節。」執始之類，皆房自造。房云受法於焦延壽，未知延壽所承也。

至元和年，待詔候鍾律殷肜上言〔一九〕：「官無曉六十律以准調音者。故待詔嚴嵩具以准法教其子宣〔二〇〕，願召宣補學官，主調樂器。」大史丞弘試宣十二律，其二中，其四不中，其六不知何律，宣遂罷。自此律家莫能爲准施絃。熹平六年〔二一〕，東觀召典律者太子舍人張光問准意。光等不知，歸閱舊藏，乃得其器，形制如房書，猶不能定其絃緩急，故史官能辨清濁者遂絶。其可以相傳者，唯大榷常數及候氣而已。

據此而論，京房之法，漢世已不能行。沈約宋志曰：「詳案古典及今音家，六十律無施於樂。」禮云「十二管還相爲宮」，不言六十。封禪書云：「大帝使素女鼓五十絃瑟而悲，破爲二十五絃。」假令六十律爲樂得成，亦所不用，取「大樂必易，大禮必簡」之意也。

又議曰：

案周官云：「大司樂掌成均之法。」鄭衆注云：「均，調也。樂師主調其音。」三禮義宗稱：「周官奏黄鍾者，用黄鍾爲調，歌大吕者，用大吕爲調。奏者謂堂下四懸，歌者謂堂上所歌。但一祭之間，皆用二調。」是知據宮稱調，其義一也。明六律六吕迭相爲宮，各自爲調。

今見行之樂，用黄鍾之宮，乃以林鍾爲調，與古典有違。晉内書監荀勗依典記[三]，以五聲十二律還相爲宮之法，制十二笛。黄鍾之笛，正聲應黄鍾，下徵應林鍾，以姑洗爲清角。大吕之笛，正聲應大吕，下徵應夷則。以外諸均，例皆如是。然今所用林鍾，是勗下徵之調。不取其正，先用其下，於理未通，故須改之。

上甚善其議，詔弘與姚察、許善心、何妥、虞世基等正定新樂，事在音律志。是後議置明堂，詔弘條上故事，議其得失，事在禮志。上甚敬重之。

時楊素恃才矜貴，輕侮朝臣，唯見弘未嘗不改容自肅。素將擊突厥，詣太常與弘言別。弘送素至中門而止，素謂弘曰：「大將出征，故來敍別，何相送之近也？」弘遂揖而退。素笑曰：「奇章公可謂其智可及，其愚不可及也。」亦不以屑懷。

尋授大將軍，拜吏部尚書。時高祖又令弘與楊素、蘇威、薛道衡、許善心、虞世基、崔子發等并召諸儒，論新禮降殺輕重。弘所立議，衆咸推服之。仁壽二年，獻皇后崩，王公已下不能定其儀注。楊素謂弘曰：「公舊學，時賢所仰，今日之事，決在於公。」弘了不辭讓，斯須之間，儀注悉備，皆有故實。素歎曰：「衣冠禮樂盡在此矣，非吾所及也！」弘以三年之喪，祥禫具有降殺，朞服十一月而練者，無所象法，以聞於高祖，高祖納焉。下詔除朞練之禮，自弘始也。弘在吏部，其選舉先德行而後文才，務在審慎。雖致停緩，所有進用，並多稱職。吏部侍郎高孝基，鑒賞機晤，清慎絕倫，然爽俊有餘，迹似輕薄，時宰多以此疑之。唯弘深識其真，推心委任[一三]。隋之選舉，於斯爲最。時論彌服弘識度之遠。

煬帝之在東宮也，數有詩書遺弘，弘亦有答。及嗣位之後，嘗賜弘詩曰：「晉家山吏部，魏世盧尚書，莫言先哲異，奇才並佐余。學行敦時俗，道素乃沖虛，納言雲閣上，禮儀皇運初。彝倫欣有敍，垂拱事端居。」其同被賜詩者，至於文詞贊揚，無如弘美。大業二年，進位上大將軍。三年，改爲右光祿大夫。從拜恒岳，壇場珪幣，墠時牲牢，並弘所定。還下太行〔二四〕，煬帝嘗引入內帳，對皇后賜以同席飲食。其禮遇親重如此。弘謂其諸子曰：「吾受非常之遇，荷恩深重。汝等子孫，宜以誠敬自立，以答恩遇之隆也。」六年，從幸江都。其年十一月，卒於江都郡，時年六十六。帝傷惜之，賵贈甚厚。歸葬安定，贈開府儀同三司、光祿大夫、文安侯，謚曰憲。

弘榮寵當世，而車服卑儉，事上盡禮，待下以仁，訥於言而敏於行。上嘗令其宣勑，弘至階下，不能言，退還拜謝，云：「並忘之。」上曰：「傳語小辯，故非宰臣任也。」愈稱其質直。大業之世，委遇彌隆。性寬厚，篤志於學，雖職務繁雜，書不釋手。隋室舊臣，始終信任，悔吝不及，唯弘一人而已。有弟曰弼，好酒而酗，嘗因醉，射殺弘駕車牛。弘來還宅，其妻迎謂之曰：「叔射殺牛矣。」弘聞之，以無所怪問〔二五〕，直答云：「作脯。」坐定，其妻又曰：「叔忽射殺牛，大是異事！」弘曰：「已知之矣。」顏色自若，讀書不輟。其寬和如此。有文集十三卷行於世〔二六〕。

長子方大，亦有學業，官至內史舍人。次子方裕，性凶險，無人心，從幸江都，與裴虔通等同謀弑逆，事見司馬德戡傳〔二七〕。

史臣曰：牛弘篤好墳籍，學優而仕，有淡雅之風，懷曠遠之度，採百王之損益，成一代之典章，漢之叔孫，不能尚也。綢繆省闥三十餘年，夷險不渝，始終無際。雖開物成務非其所長，然澂之不清，混之不濁，可謂大雅君子矣。子實不才，崇基不構，干紀犯義，以墜家風，惜哉！

校勘記

〔一〕晉祕書監荀勗定魏内經　「内經」，錢大昕考異卷四〇：「勗著中經簿，此稱内經者，避隋諱也。」

〔二〕三十六主　「主」，原作「王」，據宋甲本、殿本改。按，北史卷七二牛弘傳、册府卷五八四掌禮部奏議亦作「主」。

〔三〕須於木室之内　「木室」，原作「太室」，據至順本改。按，册府卷五八四掌禮部奏議、隋書詳節卷一三牛弘傳亦作「木室」。御覽卷五三三禮儀部一二明堂引三禮圖：「明堂者，布政之宫。周制五室，東爲木室、南爲火室、西爲金室、北爲水室，土室在中。」

〔四〕加以簠簋籩豆　「籩」，原作「邊」，據宋甲本、至順本、南監本改。

〔五〕復須席上升歌　「上」，原作「工」，據北史卷七二牛弘傳、册府卷五八四掌禮部奏議改。

〔六〕出罇反坫　「坫」，原作「玷」，據宋甲本、至順本、殿本改。按，北史卷七二牛弘傳、册府卷五八四掌禮部奏議、隋書詳節卷一三牛弘傳亦作「坫」。

〔七〕當時有古文明堂禮　「文」，册府卷五八四掌禮部奏議作「大」。續漢書祭祀志中注引蔡邕明堂論，有「禮記古大明堂之禮」。

〔八〕並說古明堂之事　「古」，册府卷五八四掌禮部奏議作「立」。

〔九〕今案不得全稱周書　「今」，原作「令」，據宋甲本、殿本改。按，北史卷七二牛弘傳、册府卷五八四掌禮部奏議亦作「今」。

〔一〇〕內曰太室　「內」，明堂論本作「中」，避隋諱改。

〔一一〕五九紛競　「九」，原作「鬼」，據殿本改。按，北史卷七二牛弘傳、册府卷五八四掌禮部奏議亦作「九」。魏書卷一〇八之二禮志二：「初，世宗永平、延昌中，欲建明堂。而議者或云五室，或云九室，頻屬年饑，遂寢。」

〔一二〕黄曰神斗　「斗」，原作「升」，據本書卷六八宇文愷傳奏議引尚書帝命驗改。按，御覽卷五三三禮儀部一二明堂引尚書帝命驗「黄曰神斗」，注「斗，主也」。

〔一三〕內有太室以象紫宮　「太室」，宋甲本、大德本、至順本、汲本作「分室」。

〔一四〕水周如外　「如」，本書卷六八宇文愷傳、通志卷一六〇牛弘傳作「於」，隋書詳節卷一三牛弘傳作「于」。

〔一五〕依太山盛德記觀禮經　「太山」下疑脱「通議」二字，或爲簡稱。按，本書卷六八宇文愷傳即作「泰山通議」。盛德記指大戴禮盛德篇。

〔一六〕十三月不以太簇爲宫　「十三」，原作「十二」，據宋甲本改。按，百衲本北史卷七二牛弘傳亦作「十三」。十二律次序，黄鍾之下爲大吕，再次爲太簇。十一月以黄鍾爲宫，十二月以大吕爲宫，次年一月即十三月以太簇爲宫。十三月即夏曆正月。

〔一七〕夏土不相　「土」，原作「王」，據宋甲本、大德本、至順本、南監本、殿本改。按，北史卷七二牛弘傳、隋書詳節卷一三牛弘傳亦作「土」。

〔一八〕當日者各自爲宫　「當」，原作「宫」，據續漢書律曆志上、宋書卷一一律曆志上改。

〔一九〕待詔候鍾律殷彤上言　「律」字原闕，據續漢書律曆志上、宋書卷一一律曆志上補。

〔二〇〕故待詔嚴嵩具以准法教其子宣　「嚴嵩」，續漢書律曆志上作「嚴崇」。

〔二一〕熹平六年　原作「嘉平年」，據續漢書律曆志上、宋書卷一一律曆志上改補。

〔二二〕晋内書監荀勗依典記　「内書監」本作「中書監」，隋避諱改。

〔二三〕推心委任　「委任」，宋甲本作「任委」。按，北史卷七二牛弘傳亦作「任委」。

〔二四〕還下太行　「太行」，宋甲本、大德本、至順本、汲本作「太常」，北史卷七二牛弘傳作「太行山」。

〔三五〕以無所怪問　「以」，宋甲本無，南監本、殿本作「亦」。按，北史卷七二牛弘傳亦無此字。

〔三六〕有文集十三卷行於世　「十三」，宋甲本作「十二」。按，北史卷七二牛弘傳亦作「十二」。本書卷三五經籍志四：「吏部尚書牛弘集十二卷。」

〔三七〕事見司馬德戡傳　此事見本書卷八五宇文化及傳。

隋書卷五十

列傳第十五

宇文慶

宇文慶字神慶，河南洛陽人也。祖金殿，魏征南大將軍，仕歷五州刺史、安吉侯。父顯和，夏州刺史。慶沉深有器局，少以聰敏見知。周初，受業東觀，頗涉經史。既而謂人曰：「書足記姓名而已，安能久事筆硯，爲腐儒之業！」于時文州民夷相聚爲亂，慶應募從征。賊據保巖谷〔一〕，徑路懸絕，慶束馬而進，襲破之，以功授都督。衞王直之鎮山南也，引爲左右。慶善射，有膽氣，好格猛獸，直甚壯之。稍遷車騎大將軍、儀同三司、柱國府掾。及誅宇文護，慶有謀焉，進授驃騎大將軍，加開府。後從武帝攻河陰，先登攀堞，與賊短兵接戰，良久，中石迺墜，絕而後蘇。帝勞之曰：「卿之餘勇，可以賈人也。」復從武帝拔晉州。其後齊師大至，慶與宇文憲輕騎而覘，卒與賊相遇，爲賊所窘。憲挺身而遯，慶退據汾橋，衆賊爭進，慶引弓射之，所中人馬必倒，賊乃稍却。及破高緯，拔高壁，克并州，下信都，禽高湝，功並居最。周武帝詔曰：「慶勳庸早著，英望華遠，出内之績，簡在朕心。戎車自西，俱總行陣，東夏蕩定，實有茂功。高位縟禮，宜崇榮册。」於是進位大將軍，封汝南郡公，邑千六百户。尋以行軍總管擊延安反胡，平之，拜延州總管，俄轉寧州總管。高祖爲丞相，復以行軍總管南征江表。師次白帝，徵還，以勞進位上大將軍。高祖與慶有舊，甚見親待，令督丞相軍事，委以心腹。尋加柱國。開皇初，拜左武衛將軍，進位上柱國。數年，出除涼州總管。歲餘，徵還，不任以職。

初，上潛龍時，嘗從容與慶言及天下事，上謂慶曰：「天元實無積德，視其相貌，壽亦不長。加以法令繁苛，耽恣聲色，以吾觀之，殆將不久。又復諸侯微弱，各令就國，曾無深根固本之計，羽翮既剪，何能及遠哉！尉迥貴戚，早著聲望，國家有釁，必爲亂階。然智量庸淺，子弟輕佻，貪而少惠，終致亡滅。司馬消難反覆之虜，亦非池内之物，變在俄頃〔二〕，但輕薄無謀，未能爲害，不過自竄江南耳。庸、蜀嶮隘，易生艱阻，王謙愚惷，素無籌略，但恐爲人所誤，不足爲虞。」未幾，上言皆驗。及此，慶恐上遺忘，不復收用，欲見舊蒙恩顧，具録前言爲表而奏之曰：「臣聞智侔造化，二儀無以隱其靈，明同日月，萬象不能藏其狀。先天弗違，寔聖人之體道，未萌見兆，諒達節之神機。伏惟陛下特挺生知，徇齊誕御，懷五岳其猶輕，吞八荒而不梗，藴妙見於胸襟，運奇謨於掌握。臣以微賤，早逢天睠，不以庸下，親蒙推赤。所奉成規，纖毫弗舛，尋惟聖慮，妙出蓍龜，驗一人之慶有徵，寔天子之言無戲。臣親聞親見，實榮實喜。」上省表大悦，下詔曰：「朕之與公，本來親密，懷抱委曲，無所不盡。話言歲久，尚能記憶，今覽表奏，方悟昔談。何謂此言，遂成實録。古人之先知禍福，明可信也，朕言之驗，自是偶然。公乃不忘，彌表誠節，深感至意，嘉尚無已。」自是上每加優禮。卒于家。

子靜禮，初爲太子千牛備身，尋尚高祖女廣平公主，授儀同、安德縣公，邑千五百户。後爲熊州刺史。先慶卒。

子協，歷武賁郎將、右翊衞將軍，宇文化及之亂遇害。

協弟皛，字婆羅門，大業之世，少養宫中。後爲千牛左右，煬帝甚親昵之。每有遊宴，皛必侍從，至於出入卧内，伺察六宫，往來不限門禁，其恩倖如此。時人號曰宇文三郎。皛與宫人淫亂，至於妃嬪公主，亦有醜聲。蕭后言於帝，皛聞而懼，數日不敢見。其兄協因奏曰：「皛今已壯，不可在宫掖。」帝曰：「皛安在？」協曰：「在朝堂。」帝不之罪，因召入，待之如初。宇文化及弑逆之際，皛時在玄覽門，覺變，將入奏，爲門司所遏，不得時進。

會日暝，宮門閉，退還所守。俄而難作，㬎與五十人赴之，爲亂兵所害。

李禮成

李禮成字孝諧，隴西狄道人也。涼王暠之六世孫。祖延實，魏司徒。父彧，侍中。禮成年七歲，與姑之子蘭陵太守滎陽鄭顥隨魏武帝入關。顥母每謂所親曰：「此兒平生未嘗迴顧，當爲重器耳。」及長，沉深有行檢，不妄通賓客。魏大統中，釋褐著作郎，遷太子洗馬、員外散騎常侍。周受禪，拜平東將軍、散騎常侍。于時貴公子皆競習弓馬，被服多爲軍容。禮成雖善騎射，而從容儒服，不失素望。後以軍功，拜車騎大將軍、儀同三司，賜爵脩陽縣侯，拜遷州刺史。時朝廷有所徵發，禮成度以蠻夷不可擾，擾必爲亂，上表固諫。周武帝從之。伐齊之役，從帝圍晉陽，禮成以兵擊南門，齊將席毗羅率精甲數千拒帝，禮成力戰，擊退之。加開府，進封冠軍縣公，拜北徐州刺史。未幾，徵爲民部中大夫。

禮成妻竇氏早没，知高祖有非常之表，遂聘高祖妹爲繼室，情契甚歡。及高祖爲丞相，進位上大將軍，遷司武上大夫，委以心膂。及受禪，拜陝州刺史，進封絳郡公，賞賜優洽。尋徵爲左衞將軍，遷右武衞大將軍。歲餘，出拜襄州總管，稱有惠政。後數載，復爲左衞大將軍。時突厥屢爲寇患，緣邊要害，多委重臣，由是拜寧州刺史。歲餘，以疾徵還京師，終於家。其子世師，官至度支侍郎。

元孝矩 弟褒

元孝矩，河南洛陽人也。祖脩義，父子均，並爲魏尚書僕射。孝矩西魏時襲爵始平縣公，拜南豐州刺史。時見周太祖專政，將危元氏，孝矩每慨然有興復社稷之志，陰謂昆季曰：「昔漢氏有諸呂之變，朱虛、東牟，卒安劉氏。今宇文之心，路人所見，顛而不扶，焉用宗子？盍將圖之。」爲兄則所遏，孝矩乃止。其後周太祖爲兄子晉公護娶孝矩妹爲妻，情好甚密。及閔帝受禪，護總百揆，孝矩之寵益隆。及護誅，坐徙蜀。數載，徵還京師，拜益州總管司馬，轉司憲大夫。

高祖重其門地，娶其女爲房陵王妃。及高祖爲丞相，拜少冢宰，進位柱國，賜爵洵陽郡公。時房陵王鎮洛陽，及上受禪，立爲皇太子，令孝矩代鎮。既而立其女爲皇太子妃，親禮彌厚。俄拜壽州總管，賜孝矩璽書曰：「揚越氛祲，侵軼邊鄙，爭桑興役，不識大猷。以公志存遠略，今故鎮邊服，懷柔以禮，稱朕意焉。」時陳將任蠻奴等屢寇江北，復以孝矩領行軍總管，屯兵於江上。後數載，自以年老，筋力漸衰，不堪軍旅，上表乞骸骨，轉涇州刺史，高祖下書曰：「知執謙撝，請歸初服。恭膺寶命，實賴元功，方欲委裘，寄以分陝，何容便請高蹈，獨爲君子者乎！若以邊境務煩，即宜徙節涇郡，養德卧治也。」在州歲餘，卒官，年五十九。謚曰簡。子無竭嗣。

孝矩兄子文都，見誠節傳。孝矩次弟雅，字孝方，有文武幹用。開皇中，歷左領左右將軍、集沁二州刺史，封順陽郡公。季弟褒，最知名。

褒字孝整，便弓馬，少有成人之量。年十歲而孤，爲諸兄所鞠養。性友悌，善事諸兄。諸兄議欲別居，褒泣諫不得，家素富，多金寶，褒無所受，脱身而出，爲州里所稱。及長，寬仁大度，涉獵書史。仕周，官至開府、北平縣公、趙州刺史。

及高祖爲丞相，從韋孝寬擊尉迥，以功超拜柱國，進封河間郡公，邑二千户。開皇二年，拜安州總管。歲餘，徙原州總管。有商人爲賊所劫，其人疑同宿者而執之，褒察其色冤而辭正，遂捨之。商人詣闕訟褒受金縱賊，上遣使窮治之。使者薄責褒曰：「何故利金而捨盜也？」褒便即引咎，初無異詞。使者與褒俱詣京師，遂坐免官。其盜尋發於佗所，上謂褒曰：「公朝廷舊人，位望隆重，受金捨盜非善事，何至自誣也？」對曰：「臣受委一州，不能息盜賊，臣之罪一也。州民爲人所謗，不付法司，懸即放免，臣之罪二也。牽率愚誠，無顧形迹〔三〕，不恃文書約束〔四〕，至令爲物所疑，臣之罪三也。臣有三罪，何所逃責？臣又不言受賂，使者復將有所窮究，然則縲紲横及良善，重臣之罪，是以自誣。」上歎異之，稱爲長者。十四年，以行軍總管屯兵備邊。遼東之役，復以行軍總管從漢王至柳城而還。仁壽初，嘉州夷、獠爲寇，褒率步騎二萬擊平之。

煬帝即位，拜齊州刺史，尋改爲齊郡太守，吏民安之。及興遼東之役，郡官督事者前後相屬，有西曹掾當行，詐疾，褒詰之，掾理屈，褒杖之，掾遂大言曰：「我將詣行在所，欲有所告。」褒大怒，因杖百餘，數日而死，坐是免官。卒於家，時年七十三。

郭榮

郭榮字長榮，自云太原人也。父徽，魏大統末，爲同州司馬。時武元皇帝爲刺史，由是與高祖有舊。徽後官至洵州刺史、安城縣公。及高祖受禪，拜太僕卿，數年，卒官。榮容貌魁岸，外疎内密，與其交者多愛之。周大冢宰宇文護引爲親信。護察榮謹厚，擢爲中外府水曹參軍。時齊寇屢侵，護令榮於汾州觀賊形勢。時汾州與姚襄鎮相去懸遠，榮以爲二城孤迥，勢不相救，請於州鎮之間更築一城，以相控攝，護從之。俄而齊將段孝先攻陷姚襄、汾州二城，唯榮所立者獨能自守。護作浮橋，出兵度河，與孝先戰。孝先於上流縱大筏以擊浮橋〔五〕，護令榮督便水者引取其筏，以功授大都督。護又以稽胡數爲寇亂，使榮綏集之。榮於上郡、延安築周昌、弘信、廣安、招遠、咸寧等五城，以遏其要路，稽胡由是不能爲寇。武帝親總萬機，拜宣納中士。後從帝平齊，以戰功，賜馬二十匹，綿絹六百段，封平陽縣男，遷司水大夫。

榮少與高祖親狎，情契極歡，嘗與高祖夜坐月下，因從容謂榮曰：「吾仰觀玄象，俯察人事，周歷已盡，我其代之。」榮深自結納。宣帝崩〔六〕，高祖總百揆，召榮，撫其背而笑曰：「吾言驗未？」即拜相府樂曹參軍。俄以本官復領蕃部大夫。高祖受禪，引爲内史舍人，以龍潛之舊，進爵蒲城郡公，加位上儀同。累遷通州刺史。仁壽初，西南夷、獠多叛，詔榮領八州諸軍事、行軍總管，率兵討之。歲餘悉平，賜奴婢三百餘口。

煬帝即位，入爲武候驃騎將軍，以嚴正聞。後數歲，黔安首領田羅駒阻清江作亂，夷陵諸郡民夷多應者，詔榮擊平之。遷左候衞將軍。從帝西征吐谷渾，拜銀青光禄大夫。遼東之役，以功進位左光禄大夫。明年，帝復事遼東，榮以爲中國疲敝，萬乘不宜屢動，乃言於帝曰：「戎狄失禮，臣下之事。臣聞千鈞之弩不爲鼷鼠發機，豈有親辱大駕以臨小寇？」帝不納。復從軍攻遼東城，榮親蒙矢石，晝夜不釋甲胄百餘日。帝每令人窺諸將所爲，知榮如是，帝大悦，每勞勉之。九年，帝至東都，謂榮曰：「公年德漸高，不宜久涉行陣，當與公一郡，任所選也。」榮不願違離，頓首陳讓，辭情哀苦，有感帝心，於是拜爲右候衛大將軍。後數日，帝謂百寮曰：「誠心純至如郭榮者，固無比矣。」其見信如此。楊玄感之亂，帝令馳守太原。明年，復從帝至柳城，遇疾，帝令存問動靜，中使相望。卒於懷遠鎮，時年六十八。帝爲之廢朝，贈兵部尚書，謚曰恭，贈物千段。有子福善。

龐晃

龐晃字元顯，榆林人也。父虬，周驃騎大將軍。晃少以良家子，刺史杜達召補州都督。周太祖既有關中，署晃大都督，領親信兵，常置左右。晃因徙居關中。後遷驃騎將軍，襲爵比陽侯。衛王直出鎮襄州，晃以本官從。尋與長湖公元定擊江南，孤軍深入，遂没於陣。數年，衛王直遣晃弟車騎將軍元儁齎絹八百匹贖焉，乃得歸朝。拜上儀同，賜綵二百段，復事衛王。

時高祖出爲隨州刺史，路經襄陽，衛王令晃詣高祖。晃知高祖非常人，深自結納。及高祖去官歸京師，晃迎見高祖於襄邑。高祖甚歡，晃因白高祖曰：「公相貌非常，名在圖籙。九五之日，幸願不忘。」高祖笑曰：「何妄言也！」頃之，有一雄雉鳴於庭，高祖命晃射之，曰：「中則有賞。然富貴之日，持以爲驗。」晃既射而中，高祖撫掌大笑曰：「此是天意，公能感之而中也。」因以二婢賜之，情契甚密。武帝時，晃爲常山太守，高祖爲定州總管，屢相往來。俄而高祖轉亳州總管，將行，意甚不悦。晃因白高祖曰：「燕、代精兵之處，今若動衆，天下不足圖也。」高祖握晃手曰：「時未可也。」晃亦轉爲車騎將軍。及高祖爲揚州總管，奏晃同行。既而高祖爲丞相，進晃位開府，命督左右，甚見親待。及踐阼，謂晃曰：「射雉之符，今日驗不？」晃再拜曰：「陛下應天順民，君臨寓内，猶憶曩時之言，不勝慶躍。」上笑曰：「公之此言，何得忘也！」尋加上開府，拜右衛將軍，進爵爲公，邑千五百户。河間王弘之擊突厥也，晃以行軍總管從至馬邑。别路出賀蘭山，擊賊破之，斬首千餘級。

晃性剛悍，時廣平王雄當塗用事，勢傾朝廷，晃每陵侮之。嘗於軍中卧，見雄不起，雄甚銜之。復與高熲有隙，二人屢譖晃。由是宿衛十餘年，官不得進。出爲懷州刺史，數歲，遷原州總管。仁壽中卒官，年七十二。高祖爲之廢朝，贈物三百段，米三百石，謚曰敬。子長壽，頗知名，官至驃騎將軍。

李安

李安字玄德，隴西狄道人也。父蔚，仕周爲朔燕恒三州刺史、襄武縣公。安美姿儀，善騎射。周天和中，釋褐右侍上士，襲爵襄武公。俄授儀同、少師右上士〔七〕。高祖作相，引之左右，遷職方中大夫。復拜安弟悊爲儀同。安叔父梁州刺史璋，時在京師，與周趙王謀害高祖，誘悊爲内應。悊謂安曰：「寢之則不忠，言之則不義，失忠與義，何以立身？」安曰：「丞相父也，其可背乎？」遂陰白之。及趙王等伏誅，將加官賞，安頓首而言曰：「兄弟無汗馬之勞，過蒙獎擢，合門竭節，無以酬謝。不意叔父無狀，爲兇黨之所蠱惑，覆宗絶嗣，其甘若薺。蒙全首領，爲幸實多，豈可將叔父之命以求官賞？」於是俯伏流涕，悲不自勝。高祖爲之改容曰：「我爲汝特存璋子。」乃命有司罪止璋身，高祖亦爲安隱其事而不言。尋授安開府，進封趙郡公，悊上儀同、黄臺縣男。

高祖即位，授安内史侍郎，轉尚書左丞、黄門侍郎。平陳之役，以爲楊素司馬，仍領行軍總管，率蜀兵順流東下。時陳人屯白沙，安謂諸將曰：「水戰非北人所長。今陳人依險泊船，必輕我而無備。以夜襲之，賊可破也。」諸將以爲然。安率衆先鋒，大破陳師。高祖嘉之，詔書勞曰：「陳賊之意，自言水戰爲長，險隘之間，彌謂官軍所憚。開府親將所部，夜動舟師，摧破賊徒，生擒虜衆，益官軍之氣，破賊人之膽，副朕所委，聞以欣然。」進位上大將軍，除郢州刺史。數日，轉鄧州刺史。安請爲内職，高祖重違其意，除左領左右將軍。俄遷右領軍大將軍，復拜悊開府儀同三司、備身將軍。兄弟俱典禁衛，恩信甚重。八年，突厥犯塞〔八〕，以安爲行軍總管，從楊素擊之。安別出長川，會虜度河，與戰破之。仁壽元年，出安爲寧州刺史，悊爲衛州刺史。安子瓊、悊子瑋，始自襁褓，乳養宮中，至是年八九歲，始命歸家。其見親顧如是。

高祖嘗言及作相時事，因愍安兄弟滅親奉國，乃下詔曰：「先王立教，以義斷恩，割親愛之情，盡事君之道，用能弘獎大節，體此至公。往者周歷既窮，天命將及，朕登庸惟始，王業初基，承此澆季，寔繁姦宄。上大將軍、寧州刺史、趙郡公李安，其叔璋潛結藩枝，扇惑猶子，包藏不逞，禍機將發。安與弟開府儀同三司、衛州刺史、黄臺縣男悊，深知逆順，披露丹心，凶謀既彰，罪人斯得。朕每念誠節，嘉之無已，疇庸册賞，宜不踰時。但以事涉其親，猶有疑惑，欲使安等名教之方，自處有地，朕常爲思審，遂致淹年。今更詳按聖典，求諸往事，父子天性，誠孝猶不並立，況復叔姪恩輕，情禮本有差降，忘私奉國，深得正理，宜録舊勳，重弘賞命。」於是拜安、悊俱爲柱國，賜縑各五千匹，馬百匹，羊千口。復以悊爲備身將軍，進封順陽郡公。安謂親族曰：「雖家門獲全，而叔父遭禍，今奉此詔，悲愧交懷。」因歔欷悲感，不能自勝。先患水病，於是疾甚而卒，時年五十三。謚曰懷。子瓊嗣。少子孝恭，最有名。悊後坐事除名，配防嶺南，道病卒。

史臣曰：宇文慶等，龍潛惟舊，疇昔親姻，或素盡平生之言，或早有腹心之託。雲雨之餘潤，照日月之末光，騁步天衢，與時升降。高位厚秩，貽厥後昆，優矣。矗幼養宮中，未聞教義，煬帝愛之不以禮，其能不及於此乎？安、悊之於高祖，未有君臣之分，陷其骨肉，使就誅夷，大義滅親，所聞異於此矣。雖有悲悼，何損於釁。

校勘記

〔一〕賊據保巖谷　「據保」，宋甲本、至順本、汲本作「保據」。

〔二〕變在俄頃　「在」，原作「成」，據宋甲本、至順本、汲本改。按，册府卷四六帝王部智識、卷一七一帝王部求舊、卷七六六總録部攀附、隋書詳節卷一三宇文慶傳亦作「在」。

〔三〕無顧形迹　「形迹」，宋甲本、大德本、至順本、汲本作「刑迹」，册府卷七九三總録部長者作「刑法」。

〔四〕不恃文書約束　「恃」，宋甲本作「持」。按，册府卷七九三總録部長者、隋書詳節卷一三元褒傳亦作「持」。

〔五〕孝先於上流縱大筏以擊浮橋　「大筏」，册府卷四〇〇將帥部固守作「火筏」。

〔六〕宣帝崩　宋甲本、至順本此上有「未幾」二字。北史卷七五郭榮傳作「未幾周宣崩」。

〔七〕少師右上士　「少師」，宋甲本作「少司」，北史卷七五李安傳作「小司」。通典卷三九職官二一後周官品，正四命、正三命均有「小司右」。

〔八〕八年突厥犯塞　「八年」上疑脱「十」字。按，本書卷四八楊素傳，擊突厥在開皇十八年。本書卷五一長孫覽傳附長孫晟傳、通鑑卷一七八隋紀二，繫此事於開皇十九年。

隋書卷五十一

列傳第十六

長孫覽 從子熾 熾弟晟

長孫覽字休因，河南洛陽人也。祖稚，魏太師、假黄鉞、上黨文宣王。父紹遠，周小宗伯、上黨郡公。覽性弘雅，有器量，略涉書記，尤曉鍾律。魏大統中，起家東宫親信。周明帝時，爲大都督。武帝在藩，與覽親善，及即位，彌加禮焉，超拜車騎大將軍，每公卿上奏，必令省讀。覽有口辯，聲氣雄壯，凡所宣傳，百寮屬目，帝每嘉歎之。覽初名善，帝謂之曰：「朕以萬機委卿先覽。」遂賜名焉。及誅宇文護，以功進封薛國公。其後歷小司空。從平齊，進位柱國，封第二子寬管國公。宣帝時，進位上柱國、大司徒，俄歷同、涇二州刺史。高祖爲丞相，轉宜州刺史。

開皇二年，將有事於江南，徵爲東南道行軍元帥，統八總管出壽陽，水陸俱進。師臨江，陳人大駭。會陳宣帝卒，覽欲乘釁遂滅之〔一〕，監軍高熲以禮不伐喪而還。上常命覽與安德王雄、上柱國元諧〔二〕、李充、左僕射高熲、右衞大將軍虞慶則、吴州總管賀若弼等同宴，上曰：「朕昔在周朝，備展誠節，但苦猜忌，每致寒心。爲臣若此，竟何情賴？朕之於公，義則君臣，恩猶父子。朕當與公共享終吉，罪非謀逆，一無所問。朕亦知公至誠，特付太子，宜數參見之，庶得漸相親愛。柱臣素望，實屬於公，宜識朕意。」其恩禮如此。又爲蜀王秀納覽女爲妃。其後以母憂去職，歲餘，起令復位。俄轉涇州刺史，所在並有政績。卒官。子洪嗣，仕歷宋順臨三州刺史、司農少卿、北平太守。

熾字仲光，上黨文宣王稚之曾孫也。祖裕，魏太常卿、冀州刺史。父兕，周開府儀同三司、熊絳二州刺史、平原侯。熾性敏慧，美姿儀，頗涉羣書，兼長武藝。建德初，武帝尚道法，尤好玄言，求學兼經史、善於談論者，爲通道館學士。熾應其選，與英俊並遊，通涉彌博。建德二年，授雍州倉城令，尋轉盩厔令。頻宰二邑，考績連最，遷崤郡守。入爲御正上士。高祖作相，擢爲丞相府功曹參軍，加大都督，封陽平縣子，邑二百户。遷稍伯下大夫。其年王謙反，熾從信州總管王長述泝江而上。以熾爲前軍，破謙一鎮，定楚、合等五州，擒僞總管荆山公元振，以功拜儀同三司。

及高祖受禪，熾率官屬先入清宫，即日授内史舍人、上儀同三司。尋以本官攝判東宫右庶子，出入兩宫，甚被委遇。加以處事周密，高祖每稱美之。授左領軍長史，持節使於東南道三十六州，廢置州郡，巡省風俗。還授太子僕，加諫議大夫，攝長安令。與大興令梁毗俱爲稱職。然毗以嚴正聞，熾以寬平顯，爲政不同，部内各化。尋領右常平監，遷雍州贊治，改封饒良縣子。遷鴻臚少卿。後數歲，轉太常少卿，進位開府儀同三司。復持節爲河南道二十八州巡省大使，於路授吏部侍郎。大業元年，遷大理卿，復爲西南道大使，巡省風俗。擢拜户部尚書〔三〕。吐谷渾寇張掖，令熾率精騎五千擊走之，追至青海而還，以功授銀青光禄大夫。六年，幸江都宫，留熾於東都居守，仍攝左候衛將軍事。其年卒官，時年六十二。謚曰静。子安世，通事謁者。

晟字季晟，性通敏，略涉書記，善彈工射，趫捷過人。時周室尚武，貴遊子弟咸以相矜，每共馳射，時輩皆出其下。年十八，爲司衛上士，初未知名，人弗之識也。唯高祖一見，深嗟異焉，乃攜其手而謂人曰：「長孫郎武藝逸羣，適與其言，又多奇略。後之名將，非此子邪？」

宣帝時，突厥攝圖請婚于周，以趙王招女妻之。然周與攝圖各相誇競，妙選驍勇以充使者，因遣晟副汝南公宇文神慶送千金公主至其牙。前後使人數十輩，攝圖多不禮，見晟而獨愛焉，每共遊獵，留之竟歲。嘗有二鵰，飛而爭肉，因以兩箭與晟曰：「請射取之。」晟乃彎弓馳往，遇鵰相攫，遂一發而雙貫焉。攝圖喜，命諸子弟貴人皆相親友，冀昵近之，以學彈射。其弟處羅侯號突利設，尤得衆心，而爲攝圖所忌，密託心腹，陰與晟盟。晟與之遊獵，因察山川形勢，部衆强弱，皆盡知之。時高祖作相，晟以狀白高祖。高祖大喜，遷奉車都尉。

至開皇元年，攝圖曰：「我周家親也，今隋公自立而不能制，復何面目見可賀敦乎？」因與高寶寧攻陷臨渝鎮，約諸面部落謀共南侵。高祖新立，由是大懼，修築長城，發兵屯北境，命陰壽鎮幽州，虞慶則鎮并州，屯兵數萬人以爲之備。晟先知攝圖、玷厥、阿波、突利等叔姪兄弟各統强兵，俱號可汗，分居四面，内懷猜忌，外示和同，難以力征，易可離間，因上書曰：「臣聞喪亂之極，必致升平，是故上天啓其機，聖人成其務。伏惟皇帝陛下當百王之末，膺千載之期，諸夏雖安，戎場尚梗。興師致討，未是其時，棄於度外，又復侵擾〔四〕。故宜密運籌策，漸以攘之，計失則百姓不寧，計得則萬代之福。吉凶所係，伏願詳思。臣於周末，忝充外使，匈奴倚伏，實所具知。玷厥之於攝圖，兵强而位下，外名相屬，內隙已彰，鼓動其情，必將自戰。又處羅侯者，攝圖之弟，姦多而勢弱，曲取於衆心，國人愛之，因爲攝圖所忌，其心殊不自安，迹示彌縫，實懷疑懼。又阿波首鼠，介在其間，頗畏攝圖，受其牽率，唯强是與，未有定心。今宜遠交而近攻，離强而合弱，通使玷厥，說合阿波，則攝圖迴兵，自防右地。又引處羅，遣連奚、霫，則攝圖分衆，還備左方。首尾猜嫌，腹心離阻，十數年後，承釁討之，必可一舉而空其國矣。」上省表大悅，因召與語。晟復口陳形勢，手畫山川，寫其虛實，皆如指掌。上深嗟異，皆納用焉。因遣太僕元暉出伊吾道〔五〕，使詣玷厥〔六〕，賜以狼頭纛，謬爲欽敬，禮數甚優。玷厥使來，引居攝圖使上。反間既行，果相猜貳。授晟車騎將軍，出黃龍道，齎幣賜奚、霫、契丹等，遣爲嚮導，得至處羅侯所，深布心腹，誘令內附。

二年，攝圖四十萬騎自蘭州入，至于周盤，破達奚長儒軍，更欲南入。玷厥不從，引兵而去。時晟又說染干詐告攝圖曰：「鐵勒等反，欲襲其牙。」攝圖乃懼，迴兵出塞。

後數年〔七〕，突厥大入，發八道元帥分出拒之。阿波至涼州，與竇榮定戰，賊帥累北。時晟爲偏將，使謂之曰：「攝圖每來，戰皆大勝。阿波纔入，便即致敗，此乃突厥之恥，豈不內愧於心乎？且攝圖之與阿波，兵勢本敵。今攝圖日勝，爲衆所崇，阿波不利，爲國生辱。攝圖必當因以罪歸於阿波，成其夙計，滅北牙矣。願自量度，能禦之乎？」阿波使至，晟又謂之曰：「今達頭與隋連和，而攝圖不能制。可汗何不依附天子，連結達頭，相合爲强，此萬全之計。豈若喪兵負罪，歸就攝圖，受其戮辱邪？」阿波納之，因留塞上，使人隨晟入朝。時攝圖與衛王軍遇〔八〕，戰於白道，敗走至磧。聞阿波懷貳，乃掩北牙，盡獲其衆而殺其母。阿波還無所歸，西奔玷厥，乞師十餘萬，東擊攝圖，復得故地，收散卒數萬，與攝圖相攻。阿波頻勝，其勢益張。攝圖又遣使朝貢，公主自請改姓，乞爲帝女，上許之。

四年，遣晟副虞慶則使于攝圖，賜公主姓爲楊氏，改封大義公主。攝圖奉詔，不肯起拜，晟進曰：「突厥與隋俱是大國天子，可汗不起，安敢違意。但可賀敦爲帝女，則可汗是大隋女壻，奈何無禮，不敬婦公乎？」攝圖乃笑謂其達官曰：「須拜婦公，我從之耳。」於是乃拜詔書。使還稱旨，授儀同三司、左勳衛車騎將軍。

七年，攝圖死，遣晟持節拜其弟處羅侯爲莫何可汗，以其子雍閭爲葉護可汗。處羅侯因晟奏曰：「阿波爲天所滅，與五六千騎在山谷間，伏聽詔旨，當取之以獻。」乃召文武議焉。樂安公元諧曰：「請就彼梟首，以懲其惡。」武陽公李充曰：「請生將入朝，顯戮以示百姓。」上謂晟曰：「於卿何如？」晟對曰：「若突厥背誕，須齊之以刑。今其昆弟自相夷滅，阿波之惡，非負國家。因其困窮，取而爲戮，恐非招遠之道，不如兩存之。」上曰：「善。」

八年，處羅侯死，遣晟往弔，仍齎陳國所獻寶器以賜雍閭〔九〕。

十三年，流人楊欽亡入突厥，詐言彭城公劉昶共宇文氏女謀欲反隋〔一〇〕，稱遣其來，密告公主。雍閭信之，乃不修職貢。又遣晟出使，微觀察焉。公主見晟，乃言辭不遜，又遣所私胡人安遂迦共欽計議，扇惑雍閭。晟至京師，具以狀奏〔一一〕。又遣晟往索欽，雍閭欲勿與，謬答曰：「檢校客內，無此色人。」晟乃貨其達官，知欽所在，夜掩獲之，以示雍閭，因發公主私事，國人大恥。雍閭執遂迦等，並以付晟。上大喜，加授開府，仍遣入蕃，涖殺大義公主。雍閭又表請婚，僉議將許之。晟又奏曰：「臣觀雍閭，反覆無信，特共玷厥有隙，所以依倚國家。縱與爲婚，終當必叛。今若得尚公主，承藉威靈，玷厥、染干必又受其徵發。强而更反，後恐難圖。且染干者，處羅侯之子也，素有誠款，于今兩代。臣前與相見，亦乞通婚，不如許之，招令南徙，兵少力弱，易可撫馴，使敵雍閭，以爲邊捍。」上曰：「善。」又遣慰喻染干，許尚公主。

十七年，染干遣五百騎隨晟來逆女，以宗女封安義公主以妻之。晟說染干率衆南徙，居度斤舊鎮。雍閭疾之，亟來抄略。染干伺知動靜，輒遣奏聞，是以賊來每先有備。

十九年，染干因晟奏，雍閭作攻具，欲打大同城。詔發六總管，並取漢王節度，分道出塞討之。雍閭大懼，復共達頭同盟，合力掩襲染干，大戰于長城下。染干敗績，殺其兄弟子姪，而部落亡散。染干與晟獨以五騎逼夜南走，至旦，行百餘里，收得數百騎，乃相與謀曰：「今兵敗入朝，一降人耳，大隋天子豈禮我乎？玷厥雖來，本無冤隙，若往投之，必相存濟。」晟知其懷貳，乃密遣從者入伏遠鎮，令速舉烽。染干見四烽俱發，問晟曰：「城上然烽何也？」晟紿之曰：「城高地迥，必遥見賊來。我國家法，若賊少舉二烽，來多舉三烽，大逼舉四烽，使見賊多而又近耳。」染干大懼，謂其衆曰：「追兵已逼，且可投城。」既入鎮，晟留其達官執室以領其衆，自將染干馳驛入朝。帝大喜，進授左勳衞驃騎將軍，持節護突厥。晟遣降虜覘候雍閭，知其牙内屢有災變，夜見赤虹，光照數百里，天狗賓，雨血三日，流星墜其營内，有聲如雷。每夜自驚，言隋師且至。並遣奏知，仍請出討突厥。都速等歸染干，前後至者男女萬餘口，晟安置之。由是突厥悦附。尋以染干爲意利珍豆啓人可汗〔二〕，賜射於武安殿。選善射者十二人，分爲兩朋。啓人曰：「臣由長孫大使得見天子，今日賜射，願入其朋。」許之。給晟箭六侯，發皆入鹿，啓人之朋竟勝。時有鳶羣飛，上曰：「公善彈，爲我取之。」十發俱中，並應丸而落。是日百官獲賚，晟獨居多。尋遣領五萬人，於朔州築大利城以處染干。安義公主死，持節送義城公主，復以妻之。晟又奏：「染干部落歸者既衆，雖在長城之内，猶被雍閭抄略，往來辛苦，不得寧居。請徙五原，以河爲固，於夏、勝兩州之間，東西至河，南北四百里，掘爲横塹，令處其内，任情放牧，免於抄略，人必自安。」上並從之。

二十年，都藍大亂，爲其部下所殺。晟因奏請曰：「今王師臨境，戰數有功，賊内攜離，其主被殺。乘此招誘，必並來降，請遣染干部下分頭招慰。」上許之，果盡來附。達頭恐怖，又大集兵。詔晟部領降人，爲秦川行軍總管〔一三〕，取晉王廣節度出討。達頭與王相抗，晟進策曰：「突厥飲泉，易可行毒。」因取諸藥毒水上流，達頭人畜飲之多死，於是大驚曰：「天雨惡水，其亡我乎？」因夜遁。晟追之，斬首千餘級，俘百餘口，六畜數千頭。王大喜，引晟入内，同宴極歡。有突厥達官來降，時亦預坐，説言突厥之内，大畏長孫總管，聞其弓聲，謂爲霹靂，見其走馬，稱爲閃電。王笑曰：「將軍震怒，威行域外，遂與雷霆爲比，一何壯哉！」師旋，授上開府儀同三司，復遣還大利城，安撫新附。

仁壽元年，晟表奏曰：「臣夜登城樓，望見磧北有赤氣，長百餘里，皆如雨足下垂被地。謹驗兵書，此名灑血，其下之國必且破亡。欲滅匈奴，宜在今日。」詔楊素爲行軍元帥，晟爲受降使者，送染干北伐。二年，軍次北河，值賊帥思力俟斤等領兵拒戰，晟與大將軍梁默擊走之，轉戰六十餘里，賊衆多降。晟又教染干分遣使者，往北方鐵勒等部招攜取之。三年，有鐵勒、思結、伏利具、渾、斛薩〔一四〕、阿拔、僕骨等十餘部，盡背達頭，請來降附。達頭衆大潰，西奔吐谷渾。晟送染干安置于磧口。

事畢，入朝，遇高祖崩，匿喪未發。煬帝引晟於大行前委以内衙宿衛，知門禁事，即日拜左領軍將軍。遇楊諒作逆，勑以本官爲相州刺史，發山東兵馬，與李雄等共經略之。晟辭曰：「有男行布，今在逆地，忽蒙此任，情所不安。」帝曰：「公著勤誠，朕之所悉。今相州之地，本是齊都，人俗澆浮，易可搔擾。儻生變動，賊勢即張，思所以鎮之，非公莫可。公體國之深，終不可以兒害義，故用相委，公其勿辭。」於是遣捉相州。諒破，追還，轉武衛將軍。

大業三年，煬帝幸榆林，欲出塞外，陳兵耀武，經突厥中，指于涿郡。仍恐染干驚懼，先遣晟往喻旨，稱述帝意。染干聽之，因召所部諸國，奚、霫、室韋等種落數十酋長咸萃。晟以牙中草穢，欲令染干親自除之，示諸部落，以明威重，乃指帳前草曰：「此根大香。」染干遽嗅之曰：「殊不香也。」晟曰：「天子行幸所在，諸侯躬親灑掃，耘除御路，以表至敬之心。今牙中蕪穢，謂是留香草耳。」染干乃悟曰：「奴罪過。奴之骨肉，皆天子賜也，得効筋力，豈敢有辭？特以邊人不知法耳，賴將軍恩澤而教導之。將軍之惠，奴之幸也。」遂拔所佩刀，親自芟草，其貴人及諸部爭放效之。乃發榆林北境，至于其牙，又東達于薊，長三千里，廣百步，舉國就役而開御道。帝聞晟策，乃益嘉焉。後除淮陽太守，未赴任，復爲右驍衛將軍。

五年，卒，時年五十八。帝深悼惜之，賵贈甚厚。後突厥圍雁門，帝歎曰：「向使長孫晟在，不令匈奴至此！」晟好奇計，務功名。性至孝，居憂毁瘠，爲朝士所稱。貞觀中，追贈司空、上柱國、齊國公，謚曰獻。少子無忌嗣。

其長子行布，亦多謀略，有父風。起家漢王諒庫直〔一五〕，甚見親狎。後遇諒於并州起逆，率衆南拒官軍，乃留行布城守，遂與豆盧毓等閉門拒諒，城陷，遇害。次子恒安，以兄功授鷹揚郎將。

史臣曰：長孫氏爰自代陰，來儀京洛，門傳鍾鼎，家誓山河。漢代八王，無以方其茂績，張氏七葉，不能譬此重光。覽獨擅雄辨，熾早稱爽俊，俱司禮閣，並統師旅，且公且侯，文武不墜。晟體資英武，兼包奇略，因機制變，懷彼戎夷。傾巢盡落，屈膝稽顙，塞垣絶鳴鏑之旅，渭橋有單于之拜。惠流邊朔，功光王府，保兹爵禄，不亦宜乎！

校勘記

〔一〕覽欲乘釁遂滅之　「欲」下原有「以」字，據宋甲本、至順本、汲本删。

〔二〕上柱國元諧　「諧」，原作「楷」，據宋甲本、至順本、汲本改。

〔三〕擢拜户部尚書　「户部」，當作「民部」，本書卷三煬帝紀上，大業四年正月拜熾爲民部尚書。唐人諱改。

〔四〕又復侵擾　「復」，宋甲本、至順本、汲本作「相」。

〔五〕因遣太僕元暉出伊吾道　「伊吾」，原作「伊吴」，據宋甲本改。按，北史卷二二長孫道生傳附長孫晟傳、册府卷四一一將帥部間諜、卷九九〇外臣部備禦亦作「伊吾」。

〔六〕使詣玷厥　「使」，原作「後」，據至順本改。按，北史卷二二長孫道生傳附長孫晟傳、册府卷四一一將帥部間諜、卷九九〇外臣部備禦、隋書詳節卷一三長孫晟傳亦作「使」。

〔七〕後數年　「年」，疑應作「月」。按，岑仲勉突厥集史卷二，上文述二年事，下文述四年事，不當歷「數年」之久。通鑑卷一七五陳紀九繫於陳至德元年（隋開皇三年）四月。

〔八〕使人隨晟入朝時攝圖與衛王軍遇　「朝」，大德本、至順本、汲本作「于」。宋甲本「朝」下有「于」字，屬下讀。

〔九〕仍齎陳國所獻寶器以賜雍閭　「以」，原作「欲」，據宋甲本、大德本、至順本、汲本、殿本改。按，北史卷二二長孫道生傳附長孫晟傳、册府卷六五五奉使部智識（應爲「謀略」）、卷九八〇外臣部通好亦作「以」。

〔一〇〕詐言彭城公劉昶共宇文氏女謀欲反隋　「彭城公」，宋甲本、大德本、至順本、汲本、册府卷六五五奉使部智識（應爲「謀略」）作「彭公」，本書卷八四北狄突厥傳作「彭國公」。按，本書卷二高祖紀下開皇十七年三月條、卷八〇列女劉昶女傳，劉昶封「彭國公」。此處「彭城公」疑當作「彭國公」。

〔一〕具以狀奏　「具」，原作「且」，據宋甲本、南監本、北監本、殿本改。按，册府卷六五五奉使部智識（應爲「謀略」）亦作「具」。

〔二〕尋以染干爲意利珍豆啓人可汗　「珍」，原作「彌」，據本書卷三煬帝紀上大業四年四月乙卯詔、卷八四北狄突厥傳、通鑑卷一七八隋紀二文帝開皇十九年十月條改。疑「珍」原作「珎」，與「弥」形近，誤刻爲「弥」，後又規範爲「彌」。

〔三〕爲秦川行軍總管　「秦川」，北史卷二二長孫道生傳附長孫晟傳作「秦州」。

〔四〕斛薩　原作「斜薩」，據宋甲本改。按，册府卷四〇五將帥部識略作「渾薩」。

〔五〕庫直　本書卷三九元景山傳，其子元成壽「後爲秦王庫真車騎」，「庫直」、「庫真」爲同一職。

隋書卷五十二

列傳第十七

韓擒虎〔一〕 弟僧壽 洪

韓擒字子通，河南東垣人也，後家新安。父雄，以武烈知名，仕周，官至大將軍、洛虞等八州刺史。擒少慷慨，以膽略見稱，容貌魁岸，有雄傑之表。性又好書，經史百家皆略知大旨。周太祖見而異之，令與諸子遊集。後以軍功，拜都督、新安太守，稍遷儀同三司，襲爵新義郡公。武帝伐齊，齊將獨孤永業守金墉城，擒説下之。進平范陽，加上儀同，拜永州刺史。陳人逼光州，擒以行軍總管擊破之。又從宇文忻平合州。高祖作相，遷和州刺史〔二〕。陳將甄慶、任蠻奴、蕭摩訶等共爲聲援，頻寇江北，前後入界。擒屢挫其鋒，陳人奪氣。

開皇初，高祖潛有吞并江南之志，以擒有文武才用，夙著聲名，於是拜爲廬州總管，委以平陳之任，甚爲敵人所憚。及大舉伐陳，以擒爲先鋒。擒率五百人宵濟，襲採石，守者皆醉，擒遂取之。進攻姑熟，半日而拔，次於新林。江南父老素聞其威信，來謁軍門，晝夜不絶。陳人大駭，其將樊巡、魯世真、田瑞等相繼降之。晉王廣上狀，高祖聞而大悅，宴賜羣臣。晉王遣行軍總管杜彦與擒合軍，步騎二萬。陳叔寶遣領軍蔡徵守朱雀航，聞擒將至，衆懼而潰。任蠻奴爲賀若弼所敗，棄軍降於擒。擒以精騎五百，直入朱雀門。陳人欲戰，蠻奴撝之曰：「老夫尚降，諸君何事！」衆皆散走。遂平金陵，執陳主叔寶。時賀若弼亦有功。乃下詔於晉王曰：「此二公者，深謀大略，東南逋寇，朕本委之，靜地恤民，悉如朕意。九州不一，已數百年，以名臣之功，成太平之業，天下盛事，何用過此！聞以欣然，實深慶快。平定江表，二人之力也。」賜物萬段。又下優詔於擒、弼曰：「申國威於萬里，宣朝化於一隅，使東南之民俱出湯火，數百年寇旬日廓清，專是公之功也。高名塞於宇宙，盛業光於天壤，逖聽前古，罕聞其匹。班師凱入，誠知非遠，相思之甚，寸陰若歲。」

及至京，弼與擒爭功於上前，弼曰：「臣在蔣山死戰，破其鋭卒，擒其驍將，震揚威武，遂平陳國。韓擒略不交陣，豈臣之比！」擒曰：「本奉明旨，令臣與弼同時合勢，以取僞都。弼乃敢先期，逢賊遂戰，致令將士傷死甚多。臣以輕騎五百，兵不血刃，直取金陵，降任蠻奴，執陳叔寶，據其府庫，傾其巢穴。弼至夕，方扣北掖門，臣啓關而納之。斯乃救罪不暇，安得與臣相比！」上曰：「二將俱合上勳。」於是進位上柱國，賜物八千段。有司劾擒放縱士卒，淫汙陳宮，坐此不加爵邑。

先是，江東有謠歌曰：「黄班青驄馬，發自壽陽涘。來時冬氣末，去日春風始。」皆不知所謂。擒本名豹〔三〕，平陳之際，又乘青驄馬，往反時節與歌相應，至是方悟。其後突厥來朝，上謂之曰：「汝聞江南有陳國天子乎？」對曰：「聞之。」上命左右引突厥詣擒前，曰：「此是執得陳國天子者。」擒厲然顧之，突厥惶恐，不敢仰視，其有威容如此。别封壽光縣公，食邑千户。以行軍總管屯金城，禦備胡寇，即拜涼州總管。

俄徵還京，上宴之内殿，恩禮殊厚。無何，其鄰母見擒門下儀衛甚盛，有同王者，母異而問之。其中人曰：「我來迎王。」忽然不見。又有人疾篤，忽驚走至擒家曰：「我欲謁王。」左右問曰：「何王也？」答曰：「閻羅王。」擒子弟欲撻之，擒止之曰：「生爲上柱國，死作閻羅王，斯亦足矣。」因寢疾，數日竟卒，時年五十五。子世諤嗣。

世諤倜儻驍捷，有父風。楊玄感之作亂也，引世諤爲將，每戰先登。及玄感敗，爲吏所拘。時帝在高陽，送詣行所。世諤日令守者市酒殽以酣暢，揚言曰：「吾死在朝夕，不醉何爲！」漸以酒進守者，守者狎之，遂飲令致醉。世諤因得逃奔山賊，不知所終。

僧壽字玄慶，擒母弟也，亦以勇烈知名。周武帝時，爲侍伯中旅下大夫。高祖得政，從韋孝寬平尉迥，每戰有功，授大將軍，封昌樂公，邑千户。開皇初，拜安州刺史。時擒爲廬州總管，朝廷不欲同在淮南，轉爲熊州刺史。後轉蔚州刺史，進爵廣陵郡公。尋以行軍總管擊突厥於雞頭山，破之。後坐事免。數歲，復拜蔚州刺史。突厥甚憚之。十七年，屯蘭州以備胡。明年，遼東之役，領行軍總管，還，檢校靈州總管事。從楊素擊突厥，破之，進位上柱國，改封江都郡公。煬帝即位，又改封新蔡郡公。自是之後，不復任用。大業五年，從幸太原。有京兆人達奚通妾王氏〔四〕，能清歌，朝臣多相會觀之，僧壽亦豫焉，坐是除名。尋令復位。八年，卒於京師，時年六十五。有子孝基。

洪字叔明，擒季弟也。少驍勇，善射，膂力過人。仕周侍伯上士，後以軍功，拜大都督。高祖爲丞相，從韋孝寬破尉迥於相州，加上開府，甘棠縣侯，邑八百户。高祖受禪，進爵爲公。尋授驃騎將軍。開皇九年，平陳之役，授行軍總管。及陳平，晉王廣大獵於蔣山，有猛獸在圍中，衆皆懼。洪馳馬射之，應弦而倒。陳氏諸將，列觀於側，莫不歎伏焉。王大喜，賜縑百匹。尋以功加柱國，拜蔣州刺史。數歲，轉廉州刺史。

時突厥屢爲邊患，朝廷以洪驍勇，檢校朔州總管事。尋拜代州總管。仁壽元年，突厥達頭可汗犯塞，洪率蔚州刺史劉隆、大將軍李藥王拒之。遇虜於恒安，衆寡不敵，洪四面搏戰，身被重瘡，將士沮氣。虜悉衆圍之，矢下如雨。洪僞與虜和，圍少解。洪率所領潰圍而出，死者大半，殺虜亦倍。洪及藥王除名爲民，隆竟坐死。煬帝北巡，至恒安〔五〕，見白骨被野，以問侍臣。侍臣曰：「往者韓洪與虜戰處也。」帝憫然傷之，收葬骸骨，命五郡沙門爲設佛供，拜洪隴西太守。

未幾，朱崖民王萬昌作亂，詔洪擊平之。以功加位金紫光禄大夫，領郡如故。俄而萬昌弟仲通復叛，又詔洪討平之。師未旋，遇疾而卒，時年六十三。

賀若弼

賀若弼字輔伯，河南洛陽人也〔六〕。父敦，以武烈知名，仕周爲金州總管，宇文護忌而害之。臨刑，呼弼謂之曰：「吾必欲平江南，然此心不果，汝當成吾志。且吾以舌死，汝不可不思。」因引錐刺弼舌出血，誡以慎口。弼少慷慨，有大志，驍勇便弓馬，解屬文，博涉書記，有重名於當世。周齊王憲聞而敬之，引爲記室。未幾，封當亭縣公，遷小内史。周武帝時，上柱國烏丸軌言於帝曰：「太子非帝王器，臣亦嘗與賀若弼論之。」帝呼弼問之，弼知太子不可動搖，恐禍及己，詭對曰：「皇太子德業日新，未覩其闕。」帝嘿然。弼既退，軌讓其背己，弼曰：「君不密則失臣，臣不密則失身，所以不敢輕議也。」及宣帝嗣位，軌竟見誅，弼乃獲免。尋與韋孝寬伐陳，攻拔數十城，弼計居多。拜壽州刺史，改封襄邑縣公。高祖爲丞相，尉迥作亂鄴城，恐弼爲變，遣長孫平馳驛代之。

高祖受禪，陰有并江南之志，訪可任者。高熲曰：「朝臣之內，文武才幹，無若賀若弼者。」高祖曰：「公得之矣。」於是拜弼爲吴州總管，委以平陳之事，弼忻然以爲己任。與壽州總管源雄並爲重鎮。弼遺雄詩曰：「交河驃騎幕，合浦伏波營，勿使騏驎上，無我二人名。」獻取陳十策，上稱善，賜以寶刀。開皇九年，大舉伐陳，以弼爲行軍總管。將度江，酹酒而呪曰：「弼親承廟略，遠振國威，伐罪弔民，除兇翦暴。上天長江，鑒其若此。如使福善禍淫，大軍利涉；如事有乖違，得葬江魚腹中，死且不恨。」先是，弼請緣江防人每交代之際，必集歷陽〔七〕。於是大列旗幟，營幕被野。陳人以爲大兵至，悉發國中士馬。既知防人交代，其衆復散。後以爲常，不復設備。及此，弼以大軍濟江，陳人弗之覺也。襲陳南徐州，拔之，執其刺史黄恪。軍令嚴肅，秋毫不犯，有軍士於民間沽酒者，弼立斬之。進屯蔣山之白土岡，陳將魯達、周智安、任蠻奴〔八〕、田瑞、樊毅、孔範、蕭摩訶等以勁兵拒戰。

田瑞先犯弼軍，弼擊走之。魯達等相繼遞進，弼軍屢卻。弼揣知其驕，士卒且惰，於是督厲將士〔九〕，殊死戰，遂大破之。麾下開府員明擒摩訶至，弼命左右牽斬之。摩訶顔色自若，弼釋而禮之。從北掖門而入。時韓擒已執陳叔寶，弼至，呼叔寶視之。叔寶惶懼流汗，股慄再拜。弼謂之曰：「小國之君，當大國卿，拜，禮也。入朝不失作歸命侯，無勞恐懼。」既而弼恚恨不獲叔寶，功在韓擒之後，於是與擒相詢，挺刃而出。上聞弼有功，大悦，下詔褒揚，語在韓擒傳。晉王以弼先期決戰，違軍命，於是以弼屬吏。上驛召之，及見，迎勞曰：「克定三吴，公之功也。」命登御坐，賜物八千段，加位上柱國，進爵宋國公，真食襄邑三千户，加以寶劍、寶帶、金甕、金盤各一，并雉尾扇、曲蓋，雜綵二千段，女樂二部，又賜陳叔寶妹爲妾。拜右領軍大將軍，尋轉右武候大將軍。

弼時貴盛，位望隆重，其兄隆爲武都郡公，弟東爲萬榮郡公，並刺史、列將。弼家珍玩不可勝計，婢妾曳綺羅者數百，時人榮之。弼自謂功名出朝臣之右，每以宰相自許。既而楊素爲右僕射，弼仍將軍〔一〇〕，甚不平，形於言色，由是免官，弼怨望愈甚。後數年，下弼獄，上謂之曰：「我以高熲、楊素爲宰相，汝每倡言，云此二人惟堪啗飯耳，是何意也？」弼曰：「熲，臣之故人，素，臣之舅子，臣並知其爲人，誠有此語。」公卿奏弼怨望，罪當死。上惜其功，於是除名爲民。歲餘，復其爵位。上亦忌之，不復任使，然每宴賜，遇之甚厚。開皇十九年，上幸仁壽宮，讌王公，詔弼爲五言詩，詞意憤怨，帝覽而容之。嘗遇突厥入朝，上賜之射，突厥一發中的。上曰：「非賀若弼無能當此。」於是命弼。弼再拜祝曰：「臣若赤誠奉國者，當一發破的。如其不然，發不中也。」既射，一發而中。上大悅，顧謂突厥曰：「此人，天賜我也！」

煬帝之在東宮，嘗謂弼曰：「楊素、韓擒、史萬歲三人，俱稱良將，優劣如何〔一〕？」弼曰：「楊素是猛將，非謀將；韓擒是鬭將，非領將；史萬歲是騎將，非大將。」太子曰：「然則大將誰也？」弼拜曰：「唯殿下所擇。」弼意自許爲大將。及煬帝嗣位，尤被疎忌。大業三年，從駕北巡，至榆林。帝時爲大帳，其下可坐數千人，召突厥啓民可汗饗之。弼以爲大侈，與高熲、宇文弼等私議得失，爲人所奏，竟坐誅，時年六十四。妻子爲官奴婢，羣從徙邊。

子懷亮，慷慨有父風，以柱國世子拜儀同三司。坐弼爲奴，俄亦誅死。

史臣曰：夫天地未泰，聖哲啓其機，疆場尚梗，爪牙宣其力。周之方、邵，漢室韓、彭，代有其人，非一時也。自晉衰微〔二〕，中原幅裂，區宇分隔，將三百年。陳氏憑長江之地險，恃金陵之餘氣，以爲天限南北，人莫能窺。高祖爰應千齡，將一函夏。賀若弼慷慨，申必取之長策，韓擒奮發，賈餘勇以爭先，勢甚疾雷，鋒踰駭電。隋氏自此一戎，威加四海。稽諸天道，或時有廢興，考之人謀，實二臣之力。其俶儻英略，賀若居多，武毅威雄，韓擒稱重。方於晉之王、杜，勳庸綽有餘地。然賀若功成名立，矜伐不已，竟顛殞於非命，亦不密以失身。若念父臨終之言，必不及於斯禍矣。韓擒累世將家，威聲動俗，敵國既破，名遂身全，幸也。廣陵、甘棠，咸有武藝，驍雄膽略，並爲當時所推，赳赳干城，難兄難弟矣。

校勘記

〔一〕韓擒虎　「虎」字原闕。按，唐人避諱省「虎」字，因係本傳標題，今補。本書其他稱「韓擒」處，不一一增補。

〔二〕遷和州刺史　「和州」，原作「利州」，據北史卷六八韓雄傳附韓禽傳、集古録跋尾卷五隋韓擒虎碑改。按，本書卷一高祖紀上，開皇元年三月，以和州刺史韓擒爲廬州總管。

〔三〕擒本名豹　「豹」，北史卷六八韓雄傳附韓禽傳作「禽武」。錢大昕考異卷三四：「唐人諱『虎』，史多改爲『武』，或爲『獸』，或爲『彪』。此獨更爲『豹』者，欲以應『黄斑』之文也。虎豹皆有斑，『黄』、『韓』聲亦相近。」

〔四〕有京兆人達奚通妾王氏　「有」，宋甲本、至順本、北史卷六八韓雄傳附韓僧壽傳作「時有」。

〔五〕至恒安　「恒安」，原作「長安」，據宋甲本改。按，上文亦云「遇虜於恒安」。「長安」係避宋真宗諱改，然間有漏改之處。

〔六〕河南洛陽人也　「河南」，原作「河陽」，據宋甲本改。按，北史卷六八賀若敦傳亦作「河南」。

〔七〕必集歷陽　「歷陽」，通鑑卷一七七隋紀一文帝開皇九年正月作「廣陵」。

〔八〕陳將魯達周智安任蠻奴　錢大昕考異卷三四：「（魯達），陳書作『魯廣達』，此避諱去一字。蠻奴，本名『忠』，亦避諱稱其小字。」

〔九〕於是督厲將士　「厲」，原作「属」，據宋甲本、至順本、汲本改。按，北史卷六八賀若敦傳附賀若弼傳亦作「厲」。

〔一〇〕弼仍將軍　宋甲本「仍」下有「爲」字。按，北史卷六八賀若敦傳附賀若弼傳、册府卷一五〇帝王部寬刑、隋書詳節卷一四賀若弼傳亦有「爲」字。

〔一一〕優劣如何　宋甲本、至順本、隋書詳節卷一四賀若弼傳此上有「其間」二字。册府卷四五一將帥部矜伐、卷八二七總録部品藻，此句作「其間優劣何如」。

〔一二〕自晉衰微　宋甲本、至順本、汲本「晉」下有「政」字。按，隋書詳節卷一四賀若弼傳「史臣曰」亦有「政」字。

隋書卷五十三

列傳第十八

達奚長儒

達奚長儒字富仁，代人也。祖俟，魏定州刺史。父慶，驃騎大將軍、儀同三司。長儒少懷節操，膽烈過人。十五，襲爵樂安公。魏大統中，起家奉車都尉。周太祖引爲親信，以質直恭勤，授子都督。數有戰功，假輔國將軍，累遷使持節、撫軍將軍、通直散騎常侍。平蜀之役，恒爲先鋒，攻城野戰，所當必破之。除車騎大將軍、儀同三司，增邑三百户。天和中，除渭南郡守，遷驃騎大將軍、開府儀同三司。從帝平齊，遷上開府，進爵成安郡公，邑千二百户，別封一子縣公。宣政元年，除左前軍勇猛中大夫〔一〕。後與烏丸軌圍陳將吴明徹於吕梁，陳遣驍將劉景率勁勇七千來爲聲援，軌令長儒逆拒之。長儒於是取車輪數百，繫以大石，沉之清水，連轂相次，以待景軍。景至，船艦礙輪不得進，長儒乃縱奇兵，水陸俱發，大破之，俘數千人。及獲吴明徹，以功進位大將軍。尋授行軍總管，北巡沙塞，卒與虜遇，接戰，大破之。

高祖作相，王謙舉兵於蜀，沙氏上柱國楊永安扇動利、興、武、文、沙、龍等六州以應謙，詔長儒擊破之。謙二子自京師亡歸其父，長儒並捕斬之。高祖受禪，進位上大將軍，封蘄春郡公，邑二千五百户。

開皇二年，突厥沙鉢略可汗并弟葉護及潘那可汗衆十餘萬，寇掠而南，詔以長儒爲行軍總管，率衆二千擊之。遇於周槃，衆寡不敵，軍中大懼，長儒慷慨，神色愈烈。爲虜所衝突，散而復聚，且戰且行，轉鬬三日，五兵咸盡，士卒以拳歐之，手皆見骨，殺傷萬計，虜氣稍奪，於是解去。長儒身被五瘡，通中者二；其戰士死傷者十八九。突厥本欲大掠秦、隴，既逢長儒，兵皆力戰，虜意大沮，明日，於戰處焚屍慟哭而去。高祖下詔曰：「突厥猖狂，輒犯邊塞，犬羊之衆，彌亘山原。而長儒受任北鄙，式遏寇賊，所部之内，少將百倍。以晝通宵，四面抗敵，凡十有四戰，所向必摧。兇徒就戮，過半不反，鋒刃之餘，亡魂竄迹。自非英威奮發，奉國情深，撫御有方，士卒用命，豈能以少破衆，若斯之偉？言念勳庸，宜隆名器，可上柱國，餘勳迴授一子。其戰亡將士，皆贈官三轉，子孫襲之。」

其年，授寧州刺史，尋轉鄜州刺史，母憂去職。長儒性至孝，水漿不入口五日，毁悴過禮，殆將滅性，天子嘉歎。起爲夏州總管三州六鎮都將事，匈奴憚之，不敢窺塞。以病免。又除襄州總管，在職二年，轉蘭州總管。高祖遣涼州總管獨孤羅、原州總管元褒、靈州總管賀若誼等發卒備胡，皆受長儒節度。長儒率衆出祁連山北，西至蒲類海，無虜而還。復轉荆州總管三十六州諸軍事，高祖謂之曰：「江陵要害，國之南門，今以委公，朕無慮也。」歲餘，卒官。謚曰威。子嵩大業時〔二〕，官至太僕少卿。

賀婁子幹

賀婁子幹字萬壽，本代人也。隨魏氏南遷，世居關右。祖道成，魏侍中、太子太傅。父景賢，右衛大將軍。子幹少以驍武知名。周武帝時，釋褐司水上士，稱爲强濟。累遷小司水，以勤勞，封思安縣子。俄授使持節、儀同大將軍。大象初，領軍器監，尋除秦州刺史，進爵爲伯。

及尉迥作亂，子幹與宇文司録從韋孝寬討之。遇賊圍懷州，子幹與宇文述等擊破之。高祖大悦，手書曰：「逆賊尉迥，敢遣蟻衆，作寇懷州。公受命誅討，應機蕩滌，聞以嗟贊，不易可言。丈夫富貴之秋，正在今日，善建功名，以副朝望也。」其後每戰先登，及破鄴城，與崔弘度逐迥至樓上。進位上開府，封武川縣公，邑三千户，以思安縣伯別封子皎。

開皇元年，進爵鉅鹿郡公。其年，吐谷渾寇涼州，子幹以行軍總管從上柱國元諧擊之，功最，優詔褒美。高祖慮邊塞未安，即令子幹鎮涼州。明年，突厥寇蘭州[三]，子幹率衆拒之，至可洛峐山，與賊相遇。賊衆甚盛，子幹阻川爲營，賊軍不得水數日，人馬甚敝，縱擊，大破之。於是册授子幹爲上大將軍曰：「於戲！敬聽朕命。唯爾器量閑明，志情强果，任經武將，勤績有聞。往歲凶醜未寧，屢驚疆埸，拓土靜亂，殊有厥勞。是用崇茲賞典，加此車服，往欽哉！祇承榮册，可不慎歟！」徵授營新都副監，尋拜工部尚書。其年，突厥復犯塞，以行軍總管從竇榮定擊之。子幹別路破賊，斬首千餘級，高祖嘉之，遣通事舍人曹威齎優詔勞勉之。子幹請入朝，詔令馳驛奉見。吐谷渾復寇邊，西方多被其害，命子幹討之。馳驛至河西，發五州兵，入掠其國，殺男女萬餘口，二旬而還。高祖以隴西頻被寇掠，甚患之。彼俗不設村塢，勑子幹勒民爲堡，營田積穀，以備不虞。子幹上書曰：「比者兇寇侵擾，蕩滅之期，匪朝伊夕。伏願聖慮，勿以爲懷。今臣在此，觀機而作，不得準詔行事。且隴西、河右，土曠民稀，邊境未寧，不可廣爲田種。比見屯田之所，獲少費多，虛役人功，卒逢踐暴。屯田疎遠者，請皆廢省。但隴右之民以畜牧爲事，若更屯聚，彌不獲安。只可嚴謹斥候，豈容集人聚畜。請要路之所，加其防守。但使鎮戍連接，烽候相望，民雖散居，必謂無慮。」高祖從之。俄而虜寇岷、洮二州，子幹勒兵赴之，賊聞而遁去。

高祖以子幹曉習邊事，授榆關總管十鎮諸軍事。歲餘，拜雲州刺史，甚爲虜所憚。後數年，突厥雍虞閭遣使請降，并獻羊馬。詔以子幹爲行軍總管，出西北道應接之。還拜雲州總管，以突厥所獻馬百匹、羊千口以賜之，乃下書曰：「自公守北門，風塵不警。突厥所獻，還以賜公。」母憂去職。朝廷以榆關重鎮，非子幹不可，尋起視事。十四年，以病卒官〔四〕，時年六十。高祖傷惜者久之，賻縑千匹，米麥千斛，贈懷、魏等四州刺史，謚曰懷。子善柱嗣，官至黔安太守。

子幹兄詮，亦有才器，位至銀青光禄大夫、鄯純深三州刺史〔五〕、北地太守、東安郡公。

史萬歲

史萬歲，京兆杜陵人也。父靜，周滄州刺史。萬歲少英武，善騎射，驍捷若飛。好讀兵書，兼精占候。年十五，值周、齊戰於芒山，萬歲時從父入軍，旗鼓正相望，萬歲令左右趣治裝急去。俄而周師大敗，其父由是奇之。武帝時，釋褐侍伯上士。及平齊之役，其父戰没，萬歲以忠臣子，拜開府儀同三司，襲爵太平縣公。

尉迥之亂也，萬歲從梁士彦擊之。軍次馮翊，見羣雁飛來，萬歲謂士彦曰：「請射行中第三者。」既射之，應弦而落，三軍莫不悦服。及與迥軍相遇，每戰先登。鄴城之陣，官軍稍却，萬歲謂左右曰：「事急矣，吾當破之。」於是馳馬奮擊，殺數十人，衆亦齊力，官軍乃振。及迥平，以功拜上大將軍。

尒朱勣以謀反伏誅，萬歲頗相關涉，坐除名，配敦煌爲戍卒。其戍主甚驍武，每單騎深入突厥中，掠取羊馬，輒大剋獲。突厥無衆寡，莫之敢當。其人深自矜負，數罵辱萬歲。萬歲患之，自言亦有武用。戍主試令馳射而工，戍主笑曰：「小人定可。」萬歲請弓馬，復掠突厥中，大得六畜而歸。戍主始善之，每與同行，輒入突厥數百里，名讋北夷。竇榮定之擊突厥也，萬歲詣轅門請自効。榮定數聞其名，見而大悦。因遣人謂突厥曰：「士卒何罪過，令殺之，但當各遣一壯士決勝負耳。」突厥許諾，因遣一騎挑戰。榮定遣萬歲出應之，萬歲馳斬其首而還。突厥大驚，不敢復戰，遂引軍而去。由是拜上儀同，領車騎將軍。平陳之役，又以功加上開府。

及高智慧等作亂江南，以行軍總管從楊素擊之。萬歲率衆二千，自東陽別道而進，踰嶺越海，攻陷溪洞不可勝數。前後七百餘戰，轉鬬千餘里，寂無聲問者十旬，遠近皆以萬歲爲没。萬歲以水陸阻絶，信使不通，乃置書竹筒中，浮之於水。汲者得之，以言於素。素大悦，上其事。高祖嗟歎，賜其家錢十萬，還拜左領軍將軍。

先是，南寧夷爨翫來降，拜昆州刺史，既而復叛。遂以萬歲爲行軍總管，率衆擊之。入自蜻蛉川，經弄凍，次小勃弄、大勃弄，至于南中。賊前後屯據要害，萬歲皆擊破之。行數百里，見諸葛亮紀功碑銘，其背曰：「萬歲之後，勝我者過此。」萬歲令左右倒其碑而進。度西二河，入渠濫川，行千餘里，破其三十餘部，虜獲男女二萬餘口。諸夷大懼，遣使請降，獻明珠徑寸。於是勒石頌美隋德。萬歲遣使馳奏，請將翫入朝，詔許之。爨翫陰有二心，不欲詣闕，因賂萬歲以金寶，萬歲於是捨翫而還。蜀王時在益州，知其受賂，遣使將索之。萬歲聞而悉以所得金寶沉之於江，索無所獲。以功進位柱國。晉王廣虚衿敬之，待以交友之禮。上知爲所善，令萬歲督晉府軍事。明年，爨翫復反，蜀王秀奏萬歲受賂縱賊，致生邊患，無大臣節。上令窮治其事，事皆驗，罪當死。上數之曰：「受金放賊，重勞士馬。朕念將士暴露，寢不安席，食不甘味，卿豈社稷臣也？」萬歲曰：「臣留爨翫者，恐其州有變，留以鎮撫。臣還至瀘水，詔書方到，由是不將入朝，實不受賂。」上以萬歲心有欺隱，大怒曰：「朕以卿爲好人，何乃官高禄重，翻爲國賊也？」顧有司曰：「明日將斬之。」萬歲懼而服罪，頓首請命。左僕射高熲、左衛大將軍元旻等進曰：「史萬歲雄略過人，每行兵用師之處，未嘗不身先士卒，尤善撫御，將士樂爲致力，雖古名將未能過也。」上意少解，於是除名爲民。歲餘，復官爵。尋拜河州刺史，復領行軍總管以備胡。

開皇末，突厥達頭可汗犯塞，上令晉王廣及楊素出靈武道，漢王諒與萬歲出馬邑道。萬歲率柱國張定和、大將軍李藥王、楊義臣等出塞，至大斤山，與虜相遇。達頭遣使問曰：「隋將爲誰？」候騎報「史萬歲也」。突厥復問曰：「得非敦煌戍卒乎？」候騎曰：「是也。」達頭聞之，懼而引去。萬歲馳追百餘里乃及，擊大破之，斬數千級，逐北入磧數百里，虜遁逃而還。楊素害其功，因譖萬歲云：「突厥本降，初不爲寇，來於塞上畜牧耳。」遂寢其功。萬歲數抗表陳狀，上未之悟。會上從仁壽宮初還京師，廢皇太子，窮東宮黨與。上問萬歲所在，萬歲實在朝堂，楊素見上方怒，因曰：「萬歲謁東宮矣。」以激怒上。上謂爲信然，令召萬歲。時所將士卒在朝稱冤者數百人，萬歲謂之曰：「吾今日爲汝極言於上，事當決矣。」既見上，言將士有功，爲朝廷所抑，詞氣憤厲，忤於上。上大怒，令左右撲殺之。既而悔，追之不及，因下詔罪萬歲曰：「柱國、太平公萬歲，拔擢委任，每總戎機。往以南寧逆亂，令其出討。而昆州刺史爨翫包藏逆心，爲民興患。朕備有成勑，令將入朝。萬歲乃多受金銀，違勑令住，致爨翫尋爲反逆，更勞師旅，方始平定。所司檢校，罪合極刑，捨過念功，恕其性命，年月未久，即復本官。近復總戎，進討蕃裔。突厥達頭可汗領其兇衆，欲相拒抗，既見軍威，便即奔退，兵不血刃，賊徒瓦解。如此稱捷，國家盛事，朕欲成其勳庸，復加褒賞。而萬歲、定和通簿之日，乃懷姦詐，妄稱逆面交兵，不以實陳，懷反覆之方，弄國家之法。若竭誠立節，心無虚罔者，乃爲良將，至如萬歲，懷詐要功，便是國賊，朝憲難虧，不可再捨。」死之日，天下士庶聞者，識與不識，莫不冤惜〔六〕。

萬歲爲將，不治營伍，令士卒各隨所安，無警夜之備，虜亦不敢犯。臨陣對敵，應變無方，號爲良將。有子懷義。

劉方 馮昱 王㯳 李充 楊武通 陳永貴 房兆

劉方，京兆長安人也。性剛決，有膽氣。仕周承御上士，尋以戰功，拜上儀同。高祖爲丞相，方從韋孝寬破尉迥於相州，以功加開府，賜爵河陰縣侯，邑八百户。高祖受禪，進爵爲公。開皇三年，從衛王爽破突厥於白道，進位大將軍。其後歷甘、瓜二州刺史，尚未知名。

仁壽中，會交州俚人李佛子作亂，據越王故城，遣其兄子大權據龍編城，其别帥李普鼎據烏延城。左僕射楊素言方有將帥之略，上於是詔方爲交州道行軍總管，以度支侍郎敬德亮爲長史，統二十七營而進。方法令嚴肅，軍容齊整，有犯禁者，造次斬之。然仁而愛士，有疾病者，親自撫養。長史敬德亮從軍至尹州，疾甚，不能進，留之州館。分別之際，方哀其危篤，流涕嗚咽，感動行路。其有威惠如此，論者稱爲良將。至都隆嶺，遇賊二千餘人來犯官軍，方遣營主宋纂、何貴、嚴願等擊破之。進兵臨佛子，先令人諭以禍福，佛子懼而降，送於京師。其有桀黠者，恐於後爲亂，皆斬之。

尋授驩州道行軍總管，以尚書右丞李綱爲司馬，經略林邑。方遣欽州刺史甯長真、驩州刺史李暈、上開府秦雄以步騎出越常，方親率大將軍張愻、司馬李綱舟師趣北景〔七〕。高祖崩，煬帝即位，大業元年正月，軍至海口。林邑王梵志遣兵守險，方擊走之。師次闍黎江，賊據南岸立柵，方盛陳旗幟，擊金鼓，賊懼而潰。既度江，行三十里，賊乘巨象，四面而至。方以弩射象，象中瘡，却蹂其陣，王師力戰，賊奔於柵，因攻破之，俘馘萬計。於是濟區粟，度六里，前後逢賊，每戰必擒。進至大緣江，賊據險爲柵，又擊破之。逕馬援銅柱，南行八日，至其國都。林邑王梵志棄城奔海，獲其廟主金人，汙其宮室，刻石紀功而還。士卒腳腫，死者十四五。方在道遇患而卒，帝甚傷惜之，乃下詔曰：「方肅承廟略，恭行天討，飲冰遄邁，視險若夷。摧鋒直指，出其不意，鯨鯢盡殪，巢穴咸傾，役不再勞，肅清海外。致身王事，誠績可嘉，可贈上柱國、盧國公。」子通仁嗣。

開皇時，有馮昱、王檦、李充、楊武通、陳永貴、房兆，俱爲邊將，名顯當時。昱、檦，並不知何許人也。昱多權略，有武藝。高祖初爲丞相，以行軍總管與王誼、李威等討叛蠻，平之，拜柱國。開皇初，又以行軍總管屯乙弗泊以備胡。突厥數萬騎來掩之，昱力戰累日，衆寡不敵，竟爲虜所敗，亡失數千人，殺虜亦過當。其後備邊數年，每戰常大克捷。檦驍勇善射，高祖以其有將帥才，每以行軍總管屯兵江北，禦陳寇。數有戰功，爲陳人所憚。伐陳之役，及高智慧反，攻討皆有殊績。官至柱國、白水郡公。充，隴西成紀人也。少慷慨，有英略。開皇中，頻以行軍總管擊突厥有功，官至上柱國、武陽郡公，拜朔州總管，甚有威名，爲虜所憚。後有人譖其謀反，徵還京師，上譴怒之。充性素剛，遂憂憤而卒。武通，弘農華陰人，性果烈，善馳射。數以行軍總管討西南夷，每有功，封白水郡公，拜左武衛大將軍。時党項羌屢爲邊患，朝廷以其有威名〔八〕，歷岷、蘭二州總管以鎮之。後與周法尚討嘉州叛獠，法尚軍初不利，武通率數千人，爲賊斷其歸路。武通於是束馬懸車，出賊不意，頻戰破之。賊知其孤軍無援，傾部落而至。武通轉鬭數百里，爲賊所拒，四面路絕。武通輕騎接戰，墜馬，爲賊所執，殺而噉之。永貴，隴右胡人也，本姓白氏，以勇烈知名。高祖甚親愛之，數以行軍總管鎮邊，每戰必單騎陷陣。官至柱國、蘭利二州總管，封北陳郡公。兆，代人也，本姓屋引氏，剛毅有武略。頻爲行軍總管擊胡，以功官至柱國、徐州總管。並史失其事。

史臣曰：長儒等結髮從戎，俱有驍雄之略，總統師旅，各擅禦侮之功。長儒以步卒二千，抗十萬之虜，師殲矢盡，勇氣彌厲，壯哉！子幹西涉青海〔九〕，北臨玄塞，胡夷懾憚，烽候無警，亦有可稱。萬歲實懷智勇，善撫士卒，人皆樂死，師不疲勞。北却匈奴，南平夷、獠，兵鋒所指，威驚絶域。論功杖氣，犯忤貴臣〔一〇〕，偏聽生姦，死非其罪，人皆痛惜，有李廣之風焉。劉方號令無私，治軍嚴肅，克剪林邑，遂清南海，徼外百蠻，無思不服。凡此諸將，志烈過人，出當推轂之重，入受爪牙之寄，雖馬伏波之威行南裔，趙充國之聲動西羌，語事論功，各一時也。

校勘記

〔一〕除左前軍勇猛中大夫　「左前軍」，北史卷七三達奚長儒傳作「左將軍」，册府卷三八三將帥部褒異作「前將軍」。

〔二〕子嵩大業時　「嵩」，宋甲本作「暠」。

〔三〕突厥寇蘭州　「蘭州」，原作「蘭川」，據宋甲本、大德本、至順本、南監本改。按，北史卷七三

〔四〕賀婁子幹傳、隋書詳節卷一四賀婁子幹傳亦作「蘭州」。

〔五〕十四年以病卒官　本書卷二高祖紀下繫其卒於開皇十三年七月壬子。

〔六〕鄯純深三州刺史　「鄯」，北史卷七三賀婁子幹傳附賀婁詮傳作「鄭」。

〔七〕莫不冤惜　宋甲本、至順本、汲本、殿本此下有「之」字。

〔八〕北景　宋甲本、北監本、殿本作「比景」。按，隋書詳節卷一四劉方傳亦作「比景」。

〔九〕朝廷以其有威名　宋甲本、至順本、汲本無「有」字。

〔一〇〕子幹西涉青海　「青海」，原作「清海」，據宋甲本改。按，北史卷七三「論曰」亦作「青海」。

〔一一〕犯忤貴臣　「忤」，原作「伍」，據宋甲本、至順本、南監本、汲本、殿本改。按，北史卷七三「論曰」亦作「忤」。

隋書卷五十四

列傳第十九

王長述

王長述，京兆霸城人也。祖羆，魏太尉。父慶遠，周淮州刺史。長述幼有儀範，年八歲，周太祖見而異之，曰：「王公有此孫，足爲不朽。」解褐員外散騎侍郎，封長安縣伯。累遷撫軍將軍、銀青光禄大夫、太子舍人。長述早孤，少爲祖羆所養，及羆薨，居喪過禮，有詔褒異之。免喪，襲封扶風郡公，邑三千户。除中書舍人，脩起居注，改封龍門郡公。從于謹平江陵有功，增邑五百户。周受禪，又增邑，通前四千七百户。拜賓部大夫，出爲晉州刺史，轉玉壁總管長史。尋授司憲大夫，出拜廣州刺史，甚有威惠，吏人懷之，在任數年，蠻夷歸之者三萬餘户。朝議嘉之，就拜大將軍。後歷襄、仁二州總管，並有能名。

及高祖爲丞相，授信州總管，部内夷、獠猶有未賓，長述討平之，進位上大將軍。王謙作亂益州，遣使致書於長述，因執其使，上其書，又陳取謙之策。上大悅，前後賜黄金五百兩，授行軍總管，率衆討謙。以功進位柱國。開皇初，復獻平陳之計，修營戰艦，爲上流之師。上善其能，頻加賞勞，下書曰：「每覽高策，深相嘉歎，命將之日，當以公爲元帥也。」後數歲，以行軍總管擊南寧，未至，道病卒。上甚傷惜之，令使者弔祭，贈上柱國、冀州刺史，謚曰莊。子謨嗣。謨弟軌〔一〕，大業末，東郡通守。少子文楷，起部郎。

李衍

李衍字拔豆，遼東襄平人也。父弼，周太師。衍少專武藝，慷慨有志略。周太祖時，釋褐千牛備身，封懷仁縣公。加開府，改封普寧縣公，遷義州刺史。尋從韋孝寬鎮玉壁城，數與賊戰，敵人憚之。及平齊，以軍功進授大將軍，改封真鄉郡公，拜左宫伯，賜雜綵三百匹，奴婢二十口，賜子仲威爵浮陽郡公。後歷定、鄜二州刺史。

及王謙作亂，高祖以衍爲行軍總管，從梁睿擊平之。進位上大將軍，賜縑二千匹。開皇元年，又以行軍總管討叛蠻，平之。進位柱國，賜帛二千匹。尋檢校利州總管事。明年，突厥犯塞，以行軍總管率衆討之，不見虜而還。轉介州刺史。後數年，朝廷將有事江南，詔衍於襄州道營戰船。及大舉伐陳，授行軍總管，從秦王俊出襄陽道，以功賜帛三千匹，米六百石。拜安州總管，頗有惠政，歲餘，以疾還京師，卒於家，時年五十七。子仲威嗣。

衍弟子長雅，尚高祖女襄國公主，襲父綸爵，爲河陽郡公。開皇初，拜將軍、散騎常侍，歷内史侍郎、河州刺史、檢校秦州總管。

衍從孫密，别有傳。

伊婁謙

伊婁謙字彦恭，本鮮卑人也。其先代爲酋長，隨魏南遷。祖信，中部太守。父靈，相、隆二州刺史。謙性忠直，善辭令。仕魏爲直閤將軍。周受禪，累遷宣納上士，使持節、車騎大將軍。

武帝將伐齊，引入内殿，從容謂曰：「朕將有事戎馬，何者爲先？」謙對曰：「愚臣誠不足以知大事，但僞齊僭擅，跋扈不恭，沈溺倡優，耽昏麴糵。其折衝之將斛律明月已斃讒人之口，上下離心，道路仄目。若命六師，臣之願也。」帝大笑，因使謙與小司寇拓拔偉聘齊觀釁。帝尋發兵。齊主知之〔二〕，令其僕射陽休之責謙曰：「貴朝盛夏徵兵，馬首何向？」謙答曰：「僕憑式之始，未聞興師。設復西增白帝之城，東益巴丘之戍，人情恒理，豈足怪哉！」謙參軍高遵以情輸於齊，遂拘留謙不遣。帝克并州，召謙勞之曰：「朕之舉兵，本俟卿還，不圖高遵中爲叛逆，乖朕宿心，遵之罪也。」乃執遵付謙，任令報復。謙頓首請赦之，帝曰：「卿可聚衆唾面，令知愧也。」謙跪曰：「以遵之罪，又非唾面之責。」帝善其言而止。謙竟待遵如初。其寬厚仁恕，皆此類也。尋賜爵濟陽縣伯，累遷前驅中大夫。大象中，進爵爲侯，加位開府。

高祖作相，授亳州總管，俄徵還京。既平王謙，謙恥與逆人同名，因爾稱字。高祖受禪，以彥恭爲左武候將軍，俄拜大將軍，進爵爲公。數年，出爲澤州刺史，清約自處，甚得人和。以疾去職，吏人攀戀，行數百里不絶。數歲，卒於家，時年七十。子傑嗣。

田仁恭

田仁恭字長貴，平涼長城人也。父弘，周大司空。仁恭性寬仁，有局度。在周，以明經爲掌式中士。後以父軍功，賜爵鶉陰子。大冢宰宇文護引爲中外兵曹。後數載，復以父功拜開府儀同三司，遷中外府掾。從護征伐，數有戰功，改封襄武縣公，邑五百户。從武帝平齊，加授上開府，進封淅陽郡公，增邑二千户，拜幽州總管。宣帝時，進爵雁門郡公。

高祖爲丞相，徵拜小司馬，進位大將軍。從韋孝寬破尉遲迥於相州，拜柱國。高祖受禪，進上柱國，拜太子太師，甚見親重，嘗幸其第，宴飲極歡，禮賜殊厚。奉詔營廟社，進爵觀國公，增邑通前五千户。未幾，拜右武衛大將軍。歲餘，卒官，時年四十七。贈司空，謚曰敬。子世師嗣。次子德懋，在孝義傳。

時有任城郡公王景〔三〕、鮮虞縣公謝慶恩，並官至上柱國。大義公辛遵及其弟韶，並官至柱國。高祖以其俱佐命功臣，特加崇貴，親禮與仁恭等。事皆亡失云。

元亨

元亨字德良，一名孝才，河南洛陽人也。父季海，魏司徒、馮翊王。遇周、齊分隔，季海遂仕長安。亨時年數歲，與母李氏在洛陽。齊神武帝以亨父在關西，禁錮之。其母則魏司空李沖之女也，素有智謀，遂詐稱凍餒，請就食於滎陽。齊人以其去關西尚遠，老婦弱子，不以爲疑，遂許之。李氏陰託大豪李長壽，攜亨及孤姪八人，潛行草間，得至長安。周太祖見而大悦，以亨功臣子，甚優禮之。亨年十二，魏恭帝在儲宫，引爲交友。釋褐千牛備身。大統末，襲爵馮翊王，邑千户。授拜之日，悲慟不能自勝。俄遷通直散騎常侍，歷武衛將軍、勳州刺史，改封平涼王。周閔帝受禪，例降爲公。明、武時，歷隴州刺史、御正大夫、小司馬。宣帝時，爲洛州刺史。

高祖爲丞相，遇尉遲迥作亂，洛陽人梁康、邢流水等舉兵應迥，旬日之間，衆至萬餘。州治中王文舒潛與梁康相結，將圖亨。亨陰知其謀，乃選關中兵，得二千人爲左右，執文舒斬之，以兵襲擊梁康、邢流水，皆破之。高祖受禪，徵拜太常卿，增邑七百户。尋出爲衛州刺史，加大將軍。衛土俗薄，亨以威嚴鎮之，在職八年，風化大洽。後以老病，表乞骸骨，吏人詣闕上表，請留卧治，上嗟歎者久之。其年，亨以篤疾，重請還京，上令使者致醫藥，問動静，相望於道。歲餘，卒于家，時年六十九。謚曰宣。

杜整

杜整字皇育，京兆杜陵人也。祖盛，魏直閤將軍、潁川太守。父闓，渭州刺史。整少有風槩，九歲丁父憂，哀毁骨立，事母以孝聞。及長，驍勇有旅力，好讀孫、吴兵法。魏大統末，襲爵武鄉侯。周太祖引爲親信。後事宇文護子中山公訓，甚被親遇。俄授都督。明帝時，爲内侍上士，累遷儀同三司，拜武州刺史。從武帝平齊，加上儀同，進爵平原縣公，邑千户，入爲勳曹中大夫。

高祖爲丞相，進位開府。及受禪，加上開府，進封長廣郡公，俄拜左武衛將軍。在職數年，以母憂去職，起令視事。開皇六年，突厥犯塞，詔遣衛王爽總戎北伐，以整爲行軍總管兼元帥長史。至合川，無虜而還。整密進取陳之策，上善之，於是以行軍總管鎮襄陽。尋病卒，時年五十五。高祖聞而傷之，贈帛四百匹，米四百石，謚曰襄。子楷嗣。官至開府。

整弟肅，亦少有志行。開皇初，爲通直散騎常侍、北地太守。

李徹

李徹字廣達，朔方巖緑人也。父和，開皇初爲柱國。徹性剛毅，有器幹，偉容儀，多武藝。大冡宰宇文護引爲親信，尋拜殿中司馬，累遷奉車都尉。護以徹謹厚有才具，甚禮之。護子中山公訓爲蒲州刺史，護令徹以本官從焉。未幾，拜車騎大將軍、儀同三司。武帝時，從皇太子西征吐谷渾，以功賜爵同昌縣男，邑三百户。後從帝拔晉州。及帝班師，徹與齊王憲屯雞栖原。齊主高緯以大軍至，憲引兵西上，以避其鋒。緯遣其驍將賀蘭豹子率勁騎躡憲，戰於晉州城北。憲師敗，徹與楊素、宇文慶等力戰，憲軍賴以獲全。復從帝破齊師於汾北，乘勝下高壁，拔晉陽，擒高湝於冀州，俱有力焉。録前後功，加開府，别封蔡陽縣公，邑千户。宣帝即位，從韋孝寬略定淮南，每爲先鋒。及淮南平，即授淮州刺史，安集初附，甚得其歡心。

高祖受禪，加上開府，轉雲州刺史。歲餘，徵爲左武衛將軍。及晉王廣之鎮并州也，朝廷妙選正人有文武才幹者，爲之寮佐。上以徹前代舊臣，數持軍旅，詔徹總晉王府軍事，進爵齊安郡公。時蜀王秀亦鎮益州，上謂侍臣曰：「安得文同王子相，武如李廣達者乎？」其見重如此。

明年，突厥沙鉢略可汗犯塞，上令衛王爽爲元帥，率衆擊之，以徹爲長史。遇虜於白道，行軍總管李充言於爽曰：「周、齊之世，有同戰國，中夏力分，其來久矣。突厥每侵邊，諸將輒以全軍爲計，莫能死戰。由是突厥勝多敗少，所以每輕中國之師。今者沙鉢略悉國内之衆，屯據要險，必輕我而無備，精兵襲之，可破也。」爽從之。諸將多以爲疑，唯徹奬成其計，請與同行。遂與充率精騎五千，出其不意，掩擊大破之。沙鉢略棄所服金甲，潛草中而遁。以功加上大將軍。沙鉢略因此屈膝稱藩。未幾，沙鉢略爲阿拔所侵，上疏請援。以徹爲行軍總管，率精騎一萬赴之。阿拔聞而遁去。及軍還，復領行軍總管，屯平涼以備胡寇，封安道郡公。開皇十年，進位柱國。及晉王廣轉牧淮海，以徹爲揚州總管司馬，改封德廣郡公。尋徙封城陽郡公。其後突厥犯塞，徹復領行軍總管擊破之。

左僕射高熲之得罪也，以徹素與熲相善，因被疎忌，不復任使。後出怨言，上聞而召之，入卧内賜宴，言及平生，因遇鴆而卒。大業中，其妻宇文氏爲孽子安遠誣以呪咀，伏誅。

崔彭

崔彭字子彭，博陵安平人也。祖楷，魏殷州刺史。父謙，周荆州總管。彭少孤，事母以孝聞。性剛毅，有武略，工騎射。善周官、尚書，略通大義。周武帝時，爲侍伯上士，累轉門正上士。

及高祖爲丞相，周陳王純鎮齊州，高祖恐純爲變，遣彭以兩騎徵純入朝。彭未至齊州三十里，因詐病，止傳舍，遣人謂純曰：「天子有詔書至王所，彭苦疾，不能强步，願王降臨之。」純疑有變，多將從騎至彭所。彭出傳舍迎之，察純有疑色，恐不就徵，因詐純曰：「王可避人，將密有所道。」純麾從騎〔四〕，彭又曰：「將宣詔，王可下馬。」純遽下，彭顧其騎士曰：「陳王不從詔徵，可執也。」騎士因執而鎖之。彭乃大言曰：「陳王有罪，詔徵入朝，左右不得輒動。」其從者愕然而去。高祖見而大悅，拜上儀同。

及踐祚，遷監門郎將，兼領右衞長史，賜爵安陽縣男。數歲，轉車騎將軍，俄轉驃騎，恒典宿衞。性謹密，在省闥二十餘年，每當上在仗，危坐終日，未嘗有怠惰之容，上甚嘉之。上每謂彭曰：「卿當上日，我寢處自安。」又嘗曰：「卿弓馬固以絶人，頗知學不？」彭曰：「臣少愛周禮、尚書，每於休沐之暇，不敢廢也。」上曰：「試爲我言之。」彭因說君臣戒慎之義，上稱善。觀者以爲知言。後加上開府，遷備身將軍。

上嘗宴達頭可汗使者於武德殿，有鴿鳴於梁上。上命彭射之，既發而中。上大悅，賜錢一萬。及使者反，可汗復遣使於上曰：「請得崔將軍一與相見。」上曰：「此必善射聞於虜庭，所以來請耳。」遂遣之。及至匈奴中，可汗召善射者數十人，因擲肉於野，以集飛鳶，遣其善射者射之，多不中。復請彭射之，彭連發數矢，皆應弦而落。突厥相顧，莫不歎服。可汗留彭不遣百餘日，上賂以繒綵，然後得歸。仁壽末，進爵安陽縣公，邑二千户。

煬帝即位，遷左領軍大將軍。從幸洛陽，彭督後軍。時漢王諒初平，餘黨往往屯聚，令彭率衆數萬鎮遏山東，復領慈州事。帝以其清，賜絹五百匹。未幾而卒，時年六十三。

帝遣使弔祭，贈大將軍，謚曰肅。子寶德嗣。

史臣曰：王長述等，或出總方岳，或入司禁旅，咸著聲績，以功名終，有以取之也。伊婁謙志量弘遠，不念舊惡，請赦高遵之罪，有國士之風焉。崔彭巡警巖廊，毅然難犯，禦侮之寄，有足稱乎！

校勘記

〔一〕謨弟軌　「謨」字原闕，據宋甲本、至順本、汲本補。

〔二〕齊主知之　「齊主」，原作「齊王」，據宋甲本改。後同改，不另出校。

〔三〕時有任城郡公王景　「任城」，原作「玉城」。按，周書卷八靜帝紀，大象二年十二月丁巳條，有「任城公王景」等爲上柱國事；本書卷一高祖紀下，開皇十八年十二月庚子，「上柱國、夏州總管、任城郡公王景以罪伏誅」，今據改。

〔四〕純麾從騎　「麾」，宋甲本、至順本、汲本作「麾遣」。按，册府卷六五七奉使部機變亦作「麾遣」。

隋書卷五十五

列傳第二十

杜彥

杜彥，雲中人也。父遷，屬葛榮之亂，徙家於豳。彥性勇果，善騎射。仕周，釋褐左侍上士，後從柱國陸通擊陳將吴明徹於土州，破之。又擊叛蠻，剋倉塠、白楊二柵，并斬其渠帥。進平郢州賊帥樊志，以戰功，拜大都督。尋遷儀同，治隆山郡事。明年，拜隴州刺史，賜爵永安縣伯。高祖爲丞相，從韋孝寬擊尉迥於相州，每戰有功，賜物三千段，奴婢三十口。進位上開府，改封襄武縣侯，拜魏郡太守。

開皇初，授丹州刺史，進爵爲公。後六歲，徵爲左武衛將軍。平陳之役，以行軍總管與新義公韓擒相繼而進。軍至南陵，賊屯據江岸，彥遣儀同樊子蓋率精兵擊破其柵，獲船六百餘艘。度江，擊南陵城，拔之，擒其守將許翼。進至新林，與擒合軍。及陳平，賜物五千段，粟六千石，進位柱國，賜子寶安爵昌陽縣公。高智慧等之作亂也，復以行軍總管從楊素討之，别解江州圍。智慧餘黨往往屯聚，保投溪洞，彦水陸兼進，攻錦山、陽父、若、石壁四洞，悉平之，皆斬其渠帥。賊李陁擁衆數千，據彭山，彦襲擊破之，斬陁，傳其首。又擊徐州、宜豐二洞，悉平之。賜奴婢百餘口。拜洪州總管，甚有治名。

歲餘，雲州總管賀婁子幹卒，上悼惜者久之，因謂侍臣曰：「榆林國之重鎮，安得子幹之輩乎？」後數日，上曰：「吾思可以鎮榆林者，莫過杜彦。」於是徵拜雲州總管。突厥來寇，彦輒擒斬之，北夷畏憚，胡馬不敢至塞。後數年，朝廷復追録前功，賜子寶虔爵承縣公。十八年，遼東之役，以行軍總管從漢王至營州。上以彦曉習軍旅，令總統五十營事。及還，拜朔州總管。突厥復寇雲州，上令楊素擊走之，是後猶恐爲邊患，以彦素爲突厥所憚，復拜雲州總管。未幾，以疾徵還，卒，時年六十。子寶虔，大業末，文城郡丞。

高勱

高勱字敬德，渤海蓨人也，齊太尉、清河王岳之子也。幼聰敏，美風儀，以仁孝聞，爲齊祖所愛。年七歲，襲爵清河王。十四，爲青州刺史，歷右衞將軍、領軍大將軍、祠部尚書、開府儀同三司，改封樂安王〔一〕。性剛直，有才幹，甚爲時人所重。斛律明月雅敬之，每有征伐，則引之爲副。遷侍中、尚書右僕射。及後主爲周師所敗，勱奉太后歸鄴。時宦官放縱，儀同苟子溢尤稱寵幸，勱將斬之以徇。太后救之，乃釋。劉文殊竊謂勱曰：「子溢之徒，言成禍福，何得如此！」勱攘袂曰：「今者西寇日侵，朝貴多叛，正由此輩弄權，致使衣冠解體。若得今日殺之，明日受誅，無所恨也。」文殊甚愧。既至鄴，勱勸後主：「五品已上家累，悉置三臺之上，因脅之曰：『若戰不捷，則燒之。』此輩惜妻子，必當死戰，可敗也。」後主不從，遂棄鄴東遁。勱恒後殿，爲周軍所得。武帝見之，與語，大悅，因問齊亡所由。勱發言流涕，悲不自勝，帝亦爲之改容。授開府儀同三司。

高祖爲丞相，謂勱曰：「齊所以亡者，由任邪佞。公父子忠良聞於鄰境，宜善自愛。」勱再拜謝曰：「勱，亡齊末屬，世荷恩榮，不能扶危定傾，以致淪覆。既蒙獲宥，恩幸已多，況復濫叨名位，致速官謗。」高祖甚器之，以勱檢校揚州事。後拜楚州刺史，民安之。先是，城北有伍子胥廟，其俗敬鬼，祈禱者必以牛酒，至破產業。勱歎曰：「子胥賢者，豈宜損百姓乎？」乃告諭所部，自此遂止，百姓賴之。

七年，轉光州刺史，上取陳五策，又上表曰：「臣聞夷凶翦暴，王者之懋功，取亂侮亡，往賢之雅誥。是以苗民逆命，爰興兩階之舞，有扈不賓，終召六師之伐。皆所以寧一寓內，匡濟羣生者也。自昔晉氏失馭，天網絶維，羣凶於焉蝟起，三方因而鼎立。陳氏乘其際運，拔起細微，蒨頊縱其長蛇，竊據吴會，叔寶肆其昏虐，毒被金陵。數年已來，荒悖滋甚。牝雞司旦〔二〕，昵近姦回，尚方役徒，積骸千數，疆埸防守，長戍三年。或微行暴露，沉湎王侯之宅，或奔馳駿騎，顛墜康衢之首。有功不賞，無辜獲戮，烽燧日警，未以爲虞，耽淫靡嫚，不知紀極。天厭亂德，妖實人興，或空裏時有大聲，或行路共傳鬼怪，或刳人肝以祠天狗，或自捨身以厭妖訛。民神怨憤，災異荐發，天時人事，昭然可知。臣以庸才，猥蒙朝寄，頻歷藩任，與其鄰接，密邇仇讎，知其動靜，天討有罪，此即其時。若戎車雷動，戈舡電邁，臣雖駑怯，請效鷹犬。」高祖覽表嘉之，答以優詔。及大舉伐陳，以勱爲行軍總管，從宜陽公王世積下陳江州。以功拜上開府，賜物三千段。

隴右諸羌數爲寇亂，朝廷以勱有威名，拜洮州刺史。下車大崇威惠，民夷悦附，其山谷間生羌相率詣府稱謁，前後至者，數千餘户。豪猾屏迹，路不拾遺，在職數年，稱爲治理。後遇吐谷渾來寇，勱遇疾不能拒戰，賊遂大掠而去。憲司奏勱亡失户口，又言受羌饋遺，竟坐免官。後卒於家，時年五十六。子士廉，最知名。

尒朱敞

尒朱敞字乾羅，秀容契胡人，尒朱榮之族子也。父彦伯，官至司徒、博陵王。齊神武帝韓陵之捷，盡誅尒朱氏，敞小，隨母養於宫中。及年十二，自竇而走〔三〕，至于大街，見童兒羣戲者，敞解所著綺羅金翠之服，易衣而遁。追騎尋至，初不識敞，便執綺衣兒。比究問知非，會日已暮，由是得免。遂入一村，見長孫氏媪踞胡床而坐。敞再拜求哀，長孫氏愍之，藏於複壁。三年，購之愈急，迹且至，長孫氏曰：「事急矣，不可久留。」資而遣之。遂詐爲道士，變姓名，隱嵩山〔四〕，略涉經史。數年之間，人頗異之。嘗獨坐巖石之下，泫然而歎曰：「吾豈終於此乎？伍子胥獨何人也！」於是間行微服，西歸于周。太祖見而禮之，拜大都督、行臺郎中，封靈壽縣伯，邑千五百户。遷通直散騎常侍，轉車騎大將軍、儀同三司，進爵爲侯。保定中，遷使持節、驃騎大將軍，開府儀同三司。天和中，增邑五百户，歷信、臨、熊、潼四州刺史，進爵爲公。武帝東征，上表求從，許之。攻城陷陣，所當皆破，進位上開府。除南光州刺史，入爲護軍大將軍。歲餘，轉膠州刺史。於是迎長孫氏及弟置於家，厚資給之。

高祖受禪，改封邊城郡公。黔安蠻叛，命敞討平之。師旋，拜金州總管，尋轉徐州總管。在職數年，號爲明肅，民吏懼之。後以年老，上表乞骸骨，賜二馬軺車，歸於河內，卒於家，時年七十二。子最嗣。

周搖

周搖字世安，其先與後魏同源，初爲普乃氏，及居洛陽，改爲周氏。曾祖拔拔，祖右六肱，俱爲北平王。父恕延，歷行臺僕射、南荆州總管。搖少剛果，有武藝，性謹厚，動遵法度。仕魏，官至開府儀同三司。周閔帝受禪，賜姓車非氏，封金水郡公。歷鳳、楚二州刺史，吏民安之。從帝平齊，每戰有功，超授柱國，進封夔國公。未幾，拜晉州總管。時高祖爲定州總管，文獻皇后自京師詣高祖，路經搖所，主禮甚薄。既而白后曰：「公廨甚富於財，限法不敢輒費。又王臣無得効私。」其質直如此。高祖以其奉法，每嘉之。及爲丞相，徙封濟北郡公，尋拜豫州總管。高祖受禪，復姓周氏。

開皇初，突厥寇邊，燕、薊多被其患，前總管李崇爲虜所殺，上思所以鎮之，臨朝曰：「無以加周搖者。」拜爲幽州總管六州五十鎮諸軍事。搖修鄣塞，謹斥候，邊民以安。後六載〔五〕，徙爲壽州。初，自以年老，乞骸骨，上召之。既引見，上勞之曰：「公積行累仁，歷仕三代，克終富貴，保茲遐壽，良足善也。」賜坐褥，歸於第。歲餘，終于家，謚曰恭，時年八十四。

獨孤楷

獨孤楷字脩則，不知何許人也，本姓李氏。父屯，從齊神武帝與周師戰于沙苑，齊師敗績，因爲柱國獨孤信所擒，配爲士伍，給使信家，漸得親近，因賜姓獨孤氏。楷少謹厚，便弄馬槊，爲宇文護執刀，累轉車騎將軍。其後數從征伐，賜爵廣阿縣公，邑千户，拜右侍下大夫。周末，從韋孝寬平淮南，以功賜子景雲爵西河縣公。

高祖爲丞相，進授開府，每督親信兵。及受禪，拜右監門將軍，進封汝陽郡公。數歲，遷右衛將軍。仁壽初，出爲原州總管。時蜀王秀鎮益州，上徵之，猶豫未發。朝廷恐秀生變，拜楷益州總管，馳傳代之。秀果有異志〔六〕，楷諷諭久之，乃就路。楷察秀有悔色，因勒兵爲備。秀至興樂，去益州四十餘里，將反襲楷，密令左右覘所爲，知楷不可犯而止。楷在益州，甚有惠政，蜀中父老于今稱之。

煬帝即位，轉并州總管。遇疾喪明，上表乞骸骨。帝曰：「公先朝舊臣，歷職二代，高風素望，卧以鎮之，無勞躬親簿領也。」遣其長子凌雲監省郡事。其見重如此。數載，轉長平太守，未視事而卒。謚曰恭。子凌雲、平雲、彦雲，皆不知名〔七〕。楷弟盛，見誠節傳。

乞伏慧

乞伏慧字令和，馬邑鮮卑人也。祖周，魏銀青光禄大夫，父纂，金紫光禄大夫，並爲第一領民酋長。慧少慷慨，有大節，便弓馬，好鷹犬。齊文襄帝時，爲行臺左丞，加蕩寇將軍，累遷右衛將軍、太僕卿，自永寧縣公封宜民郡王。其兄貴和，又以軍功爲王，一門二王，稱爲貴顯。周武平齊，授使持節、開府儀同大將軍，拜佽飛右旅下大夫，轉熊渠中大夫。

高祖爲丞相，從韋孝寬擊尉惇於武陟，所當皆破，授大將軍，賜物八百段。及平尉迥，進位柱國，賜爵西河郡公，邑三千户，賚物二千三百段。請以官爵讓兄，朝廷不許，論者義之。高祖受禪，拜曹州刺史。曹土舊俗，民多姦隱，户口簿帳恒不以實。慧下車按察，得户數萬。遷涼州總管。先是，突厥屢爲寇抄，慧於是嚴警烽燧，遠爲斥候，虜亦素憚其名，竟不入境。歲餘，轉齊州刺史，得隱户數千。遷壽州總管。其年，左轉杞州刺史，在職數年，遷徐州總管。時年逾七十，上表求致仕，不許。俄轉荆州總管，又領潭、桂二州總管三十一州諸軍事。其俗輕剽，慧躬行樸素以矯之，風化大洽。曾見人以簺捕魚者，出絹買而放之，其仁心如此。百姓美之，號其處曰西河公簺。轉秦州總管。

煬帝即位，爲天水太守。大業五年，征吐谷渾，郡濱西境，民苦勞役，又遇帝西巡，坐爲道不整，獻食疎薄，帝大怒，命左右斬之。見其無髮，乃釋，除名爲民。卒於家。

張威

張威，不知何許人也。父琛，魏弘農太守。威少倜儻，有大志，善騎射，膂力過人。在周，數從征伐，位至柱國、京兆尹，封長壽縣公，邑千户。

王謙作亂，高祖以威爲行軍總管，從元帥梁睿擊之。軍次通谷，謙守將李三王擁勁兵拒守。睿以威爲先鋒。三王初閉壘不戰，威令人詈侮以激怒之，三王果出陣。威令壯士奮擊，三王軍潰，大兵繼至，於是擒斬四千餘人。進至開遠，謙將趙儼衆十萬，連營三十里。威鑿山通道，自西領攻其背，儼遂敗走。追至成都，與謙大戰，威將中軍。及謙平，進位上柱國，拜瀘州總管。

高祖受禪，歷幽、洛二州總管，改封晉熙郡公。尋拜河北道行臺僕射，後督晉王軍府事。數年，拜青州總管，賜錢八十萬，米五百石，雜綵三百段。威在青州，頗治産業，遣家奴於民間鬻蘆菔根，其奴緣此侵擾百姓。上深加譴責，坐廢於家。後從上祠太山，至洛陽，上謂威曰：「自朕之有天下，每委公以重鎮，可謂推赤心矣。何乃不修名行，唯利是視？豈直孤負朕心，亦且累卿名德。」因問威曰：「公所執笏今安在？」威頓首曰：「臣負罪虧憲，無顏復執，謹藏於家。」上曰：「可持來。」威明日奉笏以見，上曰：「公雖不遵法度，功効實多，朕不忘之。今還公笏。」於是復拜洛州刺史，後封皖城郡公。尋轉相州刺史，卒官。有子植，大業中，至武賁郎將。

和洪

和洪，汝南人也。少有武力，勇烈過人。周武帝時，數從征伐，以戰功，累遷車騎大將軍、儀同三司。時龍州蠻任公忻、李國立等聚衆爲亂，刺史獨孤善不能禦。朝議以洪有武略，代善爲刺史。月餘，擒公忻、國立，皆斬首梟之，餘黨悉平。從帝攻河陰，洪力戰，陷其西門。帝壯之，賞物千段。復從帝平齊，進位上儀同，賜爵北平侯，邑八百户，拜左勳曹下大夫。柱國王軌之擒吴明徹也，洪有功焉，加位開府，遷折衝中大夫。

尉迥作亂相州，以洪爲行軍總管，從韋孝寬擊之。軍至河陽，迥遣兵圍懷州，洪與總管宇文述等擊走。又破尉惇於武陟。及平相州，每戰有功，拜柱國，封廣武郡公，邑二千户。前後賜物萬段，奴婢五十口，金銀各百挺，牛馬百匹。時東夏初平，物情尚梗，高祖以洪有威名，令領冀州事，甚得人和。數歲，徵入朝，爲漕渠總管監，轉拜泗州刺史。屬突厥寇邊，詔洪爲北道行軍總管，擊走虜，至磧而還。後遷徐州總管，卒，時年六十四。

侯莫陳穎

侯莫陳穎字遵道，代人也。與魏南遷，世爲列將。父崇，魏、周之際，歷職顯要，官至大司空。穎少有器量，風神警發，爲時輩所推。魏大統末，以父軍功賜爵廣平侯，累遷開府儀同三司。周武帝時，從滕王逌擊龍泉、文城叛胡，與柱國豆盧勣各帥兵分路而進。穎懸軍五百餘里，破其三柵。先是，稽胡叛亂，輒略邊人爲奴婢。至是詔胡敢有壓匿良人者誅，籍没其妻子。有人言爲胡村所隱匿者，勣將誅之。穎謂勣曰：「將在外，君命有所不行。諸胡固非悉反，但相迫脅爲亂耳。大兵臨之，首亂者知懼，脅從者思降。今漸加撫慰，自可不戰而定。如即誅之，轉相驚恐，爲難不細。未若召其渠帥，以隱匿者付之，令自歸首，則羣胡可安。」勣從之。羣胡感悦，爭來降附，北土以安。遷司武，加振威中大夫。

高祖爲丞相，拜昌州刺史。會受禪，竟不行，加上開府，進爵昇平郡公。俄拜延州刺史。數年，轉陳州刺史。平陳之役，以行軍總管從秦王俊出魯山道。屬陳將荀法尚、陳紀降，穎與行軍總管段文振度江安集初附。尋拜饒州刺史，未之官，遷瀛州刺史，甚有惠政。在職數年，坐與秦王俊交通免官。百姓將送者，莫不流涕，因相與立碑，頌穎清德。未幾，檢校汾州事，俄拜邢州刺史。仁壽中，吏部尚書牛弘持節巡撫山東，以穎爲第一。高祖嘉歎，優詔褒揚。時朝廷以嶺南刺史、縣令多貪鄙，蠻夷怨叛，妙簡清吏以鎮撫之，於是徵穎入朝。及進見，上與穎言及平生，以爲歡笑。數日，進位大將軍，拜桂州總管十七州諸軍事，賜物而遣之。及到官，大崇恩信，民夷悦服，溪洞生越多來歸附。

煬帝即位，穎兄梁國公芮坐事徙邊，朝廷恐穎不自安，徵歸京師。數年，拜恒山太守。其年，嶺南、閩越多不附，帝以穎前在桂州有惠政，爲南土所信伏，復拜南海太守。後四歲，卒官。謚曰定。子虔會，最知名。

史臣曰：杜彦東夏、南服屢有戰功，作鎮朔垂，胡塵不起。高勱死亡之際，志氣懔然，疾彼姦邪，致茲餘慶。尒朱敞幼有權奇，終能止足，崇基墜而復構，不亦仁且智乎！周摇以質實見知，獨孤以恤人流譽，乞伏慧能以國讓，侯莫陳所居治理，或知牧人之道，或踐仁義之路，皆有可稱焉。慧以供帳不厚，至於放黜，並結髮登朝，出入三代，終享禄位，不夭性齡，蓋其任心而行，不爲矯飾之所致也。

校勘記

〔一〕改封樂安王　「樂安王」，册府卷二七一宗室部剛正作「安樂王」。

〔二〕牝雞司旦　「司」，宋甲本、大德本、至順本、汲本作「伺」。

〔三〕及年十二自竇而走　「十二」，疑應作「十四」。按，據爾朱敞墓誌，爾朱敞卒於開皇十年四月廿九日，「春秋七十有二」，則當生於神龜二年（五一九）。韓陵之戰發生於永熙元年（五三二），則其「自竇而走」應在其年十四時。詳見南北朝八書二史疑年録。

〔四〕隱嵩山　「嵩山」，原作「高山」，據宋甲本、至順本、汲本改。

〔五〕後六載　「六」，疑應作「八」。按，本書卷一高祖紀上，周摇以開皇三年七月爲幽州總管，十一年三月由幽州總管改任壽州總管。

〔六〕秀果有異志　「秀」字原闕，據宋甲本、至順本、汲本、殿本補。按，北史卷七三獨孤楷傳、册府卷三九〇將帥部警備亦有「秀」字。

〔七〕皆不知名　宋甲本無「不」字。

隋書卷五十六

列傳第二十一

盧愷

盧愷字長仁，涿郡范陽人也。父柔，終於魏中書監。愷性孝友，神情爽悟，略涉書記，頗解屬文。周齊王憲引爲記室。其後襲爵容城伯，邑千一百户。從憲伐齊，愷説柏杜鎮下之〔一〕。遷小吏部大夫，增邑七百户。染工上士王神歡者，嘗以賂自進，冢宰宇文護擢爲計部下大夫。愷諫曰：「古者登高能賦，可爲大夫，求賢審官，理須詳慎。今神歡出自染工，更無殊異，徒以家富自通，遂與搢紳並列，實恐惟鵜之刺聞之外境。」護竟寢其事。建德中，增邑二百户。歲餘，轉内史下大夫。武帝在雲陽宫，勑諸屯簡老牛，欲以享士。愷進諫曰：「昔田子方贖老馬，君子以爲美談。向奉明勑，欲以老牛享士，有虧仁政。」帝美其言而止。轉禮部大夫，爲聘陳使副。先是，行人多從其國禮，及愷爲使，一依本朝，陳人莫能屈。四年秋，李穆攻拔軹關、柏崖二鎮，命愷作露布，帝讀之大悅，曰：「盧愷文章大進，荀景倩故是令君之子。」尋授襄州總管司録，轉治中。大象元年，徵拜東京吏部大夫。

開皇初，加上儀同三司，除尚書吏部侍郎，進爵爲侯，仍攝尚書左丞。每有敷奏，侃然正色，雖逢喜怒，不改其常。帝嘉愷有吏幹，賜錢二十萬，并賚雜綵三百匹，加散騎常侍。八年，上親考百寮，以愷爲上。愷固讓，不敢受，高祖曰：「吏部勤幹，舊所聞悉。今者上考，僉議攸同，當仁不讓，何愧之有！皆在朕心，無勞飾讓。」

歲餘，拜禮部尚書，攝吏部尚書事。會國子博士何妥與右僕射蘇威不平，奏威陰事。愷坐與相連，上以愷屬吏。憲司奏愷曰：「房恭懿者，尉遲迥之黨，不當仕進。威、愷二人曲相薦達，累轉爲海州刺史。又吏部預選者甚多，愷不即授官，皆注色而遣。威之從父弟徹、肅二人，並以鄉正徵詣吏部。徹文狀後至而先任用，肅左足攣蹇，才用無算，愷以威故，授朝請郎。愷之朋黨，事甚明白。」上大怒曰：「愷敢將天官以爲私惠！」愷免冠頓首曰：「皇太子將以通事舍人蘇夔爲舍人，夔即蘇威之子，臣以夔未當遷，固啓而止。臣若與威有私，豈當如此！」上曰：「蘇威之子，朝廷共知，卿乃固執，以徼身倖。至所不知者，便行朋附，姦臣之行也。」於是除名爲百姓。未幾，卒于家。自周氏以降，選無清濁，及愷攝吏部，與薛道衡、陸彦師等甄别士流，故涉黨固之譖，遂及於此。子義恭嗣。

令狐熙

令狐熙字長熙，燉煌人也，代爲西州豪右。父整，仕周，官至大將軍、始豐二州刺史。熙性嚴重，有雅量，雖在私室，終日儼然。不妄通賓客，凡所交結，必一時名士。博覽羣書，尤明三禮，善騎射，頗知音律。起家以通經爲吏部上士，尋授帥都督〔一〕、輔國將軍，轉夏官府都上士，俱有能名。以母憂去職，殆不勝喪。其父戒之曰：「大孝在於安親，義不絶嗣。吾今見存，汝又隻立，何得過爾毀頓，貽吾憂也！」熙自是稍加饘粥。服闋，除小駕部，復丁父憂，非杖不起，人有聞其哭聲，莫不爲之下泣。河陰之役，詔令墨縗從事，還授職方下大夫，襲爵彭陽縣公，邑二千一百户。及武帝平齊，以留守功，增邑六百户。進位儀同，歷司勳、吏部二曹中大夫，甚有當時之譽。

高祖受禪之際，熙以本官行納言事。尋除司徒左長史，加上儀同，進爵河南郡公。時吐谷渾寇邊，以行軍長史從元帥元諧討之，以功進位上開府。會蜀王秀出鎮於蜀，綱紀之選，咸屬正人，以熙爲益州總管長史。未之官，拜滄州刺史。時山東承齊之弊，户口簿籍類不以實。熙曉諭之，令自歸首，至者一萬户〔三〕。在職數年，風教大洽，稱爲良二千石。開皇四年，上幸洛陽，熙來朝，吏民恐其遷易，悲泣於道。及熙復還，百姓出境迎謁，歡叫盈路。在州獲白烏、白麞、嘉麥，甘露降於庭前柳樹。八年，徙爲河北道行臺度支尚書，吏民追思，相與立碑頌德。及行臺廢，授并州總管司馬。後徵爲雍州別駕。尋爲長史，遷鴻臚卿。後以本官兼吏部尚書，往判五曹尚書事，號爲明幹，上甚任之。

及上祠太山還，次汴州，惡其殷盛，多有姦俠，於是以熙爲汴州刺史。下車禁游食，抑工商，民有向街開門者杜之，船客停於郭外星居者勒爲聚落，僑人逐令歸本，其有滯獄，並決遣之，令行禁止，稱爲良政。上聞而嘉之，顧謂侍臣曰：「鄴都，天下難理處也。」勑相州刺史豆盧通令習熙之法。其年來朝，考績爲天下之最，賜帛三百匹，頒告天下。

上以嶺南夷、越數爲反亂，徵拜桂州總管、十七州諸軍事，許以便宜從事，刺史以下官得承制補授。給帳内五百人，賜帛五百匹，發傳送其家累，改封武康郡公。熙至部，大弘恩信，其溪洞渠帥更相謂曰：「前時總管皆以兵威相脅，今者乃以手教相諭，我輩其可違乎？」於是相率歸附。先是，州縣生梗，長吏多不得之官，寄政於總管府。熙悉遣之，爲建城邑，開設學校，華夷感敬，稱爲大化。時有甯猛力者，與陳後主同日生，自言貌有貴相。在陳日，已據南海，平陳後，高祖因而撫之，即拜安州刺史。然驕倨，恃其阻險，未嘗參謁。

熙手書諭之，申以交友之分。其母有疢，熙復遺以藥物。猛力感之，詣府請謁，不敢爲非。熙以州縣多有同名者，於是奏改安州爲欽州，黄州爲峯州〔四〕，利州爲智州，德州爲驩州，東寧爲融州，上皆從之。在職數年，上表曰：「臣忝寄嶺表，四載于茲，犬馬之年，六十有一。才輕任重，媿懼兼深，常願收拙避賢，稍免官謗。然所管遐曠，綏撫尤難，雖未能頓革夷風，頗亦漸識皇化。但臣夙患消渴，比更增甚，筋力精神，轉就衰邁。昔在壯齒，猶不如人，況今年疾俱侵，豈可猶當重寄！請解所任。」優詔不許，賜以醫藥。熙奉詔，令交州渠帥李佛子入朝，佛子欲爲亂，請至仲冬上道，熙意在羈縻，遂從之。有人詣闕訟熙受佛子賂而捨之，上聞而固疑之。既而佛子反問至，上大怒，以爲信然，遣使者鎖熙詣闕。熙性素剛，鬱鬱不得志，行至永州，憂憤發病而卒，時年六十三。上怒不解，於是没其家財。及行軍總管劉方擒佛子送於京師，言熙實無贓貨，上乃悟，於是召其四子，聽預仕焉。少子德棻，最知名。

薛胄

薛胄字紹玄，河東汾陰人也。父端，周蔡州刺史。胄少聰明，每覽異書，便曉其義。

常歎訓注者不會聖人深旨，輒以意辯之，諸儒莫不稱善。性慷慨，志立功名。周明帝時，襲爵文城郡公。累遷上儀同，尋拜司金大夫，後加開府。

高祖受禪，擢拜魯州刺史，未之官，檢校廬州總管事。尋除兗州刺史。及到官，繫囚數百，冑剖斷旬日便了，囹圄空虛。有陳州人向道力者，僞作高平郡守，將之官，冑遇諸塗，察其有異，將留詰之。司馬王君馥固諫，乃聽詣郡。既而悔之，即遣主簿追禁道力。有部人徐俱羅者，嘗任海陵郡守，先是已爲道力僞代之。比至秩滿，公私不悟。俱羅遂語君馥曰：「向道力以經代俱羅爲郡，使君豈容疑之？」君馥以俱羅所陳，又固請冑。冑呵君馥曰：「吾已察知此人詐也。司馬容姦，當連其坐！」君馥乃止。遂往收之，道力懼而引僞。其發姦擿伏，皆此類也，時人謂爲神明。先是，兗州城東沂、泗二水合而南流，汎濫大澤中，冑遂積石堰之，使決令西注，陂澤盡爲良田。又通轉運，利盡淮海，百姓賴之，號爲薛公豐兗渠。冑以天下太平，登封告禪，帝王盛烈，遂遣博士登太山，觀古跡，撰封禪圖及儀上之。高祖謙讓不許。後轉郢州刺史，前後俱有惠政。徵拜衞尉卿，尋轉大理卿，持法寬平，名爲稱職。

後遷刑部尚書。時左僕射高熲稍被疎忌，及王世積之誅也，熲事與相連，上因此欲成熲罪。冑明雪之，正議其獄。由是忤旨，械繫之，久而得免。檢校相州事，甚有能名。會漢王諒作亂并州，遣僞將綦良東略地，攻逼慈州。刺史上官政請援於冑，冑畏諒兵鋒，不敢拒。良又引兵攻冑，冑欲以計却之，遣親人魯世範説良曰：「天下事未可知，冑爲人臣，去就須得其所，何遽相攻也？」良於是釋去，進圖黎陽。及良爲史祥所攻，棄軍歸冑。朝廷以冑懷貳心，鎖詣大理。相州吏人素懷其恩，詣闕理冑者百餘人，冑竟坐除名，配防嶺南，道病卒。有子筠、獻，並知名。

宇文弢

宇文弢字公輔，河南洛陽人也，其先與周同出。祖直力覲，魏鉅鹿太守。父珍，周宕州刺史。弢慷慨有大節，博學多通。仕周爲禮部上士，嘗奉使鄧至國及黑水、龍涸諸羌，前後降附三十餘部。及還，奉詔修定五禮，書成奏之，賜公田十二頃，粟百石。累遷少吏部，擢八人爲縣令，皆有異績，時以爲知人。轉内史都上士。武帝將出兵河陽以伐齊，謀及臣下，弢進策曰：「齊氏建國，于今累葉，雖曰無道，藩屏之寄，尚有其人。今之用兵，須擇其地。河陽衝要，精兵所聚，盡力攻圍，恐難得志。如臣所見，彼汾之曲，戍小山平，攻之易拔。用武之地，莫過於此，願陛下詳之。」帝不納，師竟無功。建德五年，大舉伐齊，卒用弼計。弼於是募三輔豪俠少年數百人以爲別隊，從帝攻拔晉州。身被三瘡，苦戰不息，帝奇而壯之。後從帝平齊，以功拜上儀同，封武威縣公，邑千五百户，賜物千五百段，奴婢百五十口，馬牛羊千餘頭，拜司州總管司録。

宣帝嗣位，遷左守廟大夫。時突厥寇甘州，帝令侯莫陳昶率兵擊之，弼爲監軍。弼謂昶曰：「黠虜之勢，來如激矢，去若絶絃，若欲追躡，良爲難及。且宜選精騎，直趨祁連之西。賊若收軍，必自蓼泉之北，此地險隘，兼復下濕，度其人馬，三日方度，緩轡追討，何慮不及？彼勞我逸，破之必矣。若邀此路，真上策也。」昶不能用之，西取合黎，大軍行遲，虜已出塞。其年，弼又率兵從梁士彥攻拔壽陽，尋改封安樂縣公，增邑六百户，賜物六百段，加以口馬。除澮州刺史，俄轉南司州刺史。後司馬消難之奔陳也，弼追之不及。遇陳將樊毅，戰於漳口，自旦及午，三戰三捷，虜獲三千人。除黃州刺史，尋轉南定州刺史。

開皇初，以前功封平昌縣公，加邑一千二百户，入爲尚書右丞。時西羌內附，詔弼持節安集之，置鹽澤、蒲昌二郡而還。遷尚書左丞，當官正色，爲百寮所憚。三年，突厥寇甘州，以行軍司馬從元帥竇榮定擊破之。還除太僕少卿，轉吏部侍郎。平陳之役，楊素出信州道，令弼持節爲諸軍節度，仍領行軍總管。劉仁恩之破陳將呂仲肅也，弼有謀焉。加開府，擢拜刑部尚書，領太子虞候率。上嘗親臨釋奠，弼與博士論議，詞致清遠，觀者屬目。

上大悦，顧謂侍臣曰：「朕今覩周公之制禮，見宣尼之論孝，實慰朕心。」於是頒賜各有差。時朝廷以晉陽爲重鎮，并州總管必屬親王，其長史、司馬亦一時高選。前長史王韶卒，以弘有文武幹用，出爲并州長史。俄以父艱去職，尋詔起之。十八年，遼東之役，授元帥漢王府司馬，仍尋領行軍總管。軍還之後，歷朔、代、吴三州總管，皆有能名。

煬帝即位，徵拜刑部尚書，仍持節巡省河北。還除泉州刺史。歲餘，復拜刑部尚書，尋轉禮部尚書。弘既以才能著稱，歷職顯要，聲望甚重，物議時談，多見推許，帝頗忌之。時帝漸好聲色，尤勤遠略，弘謂高熲曰：「昔周天元好聲色而國亡，以今方之，不亦甚乎？」又言「長城之役，幸非急務」。有人奏之，竟坐誅死，時年六十二，天下冤之。所著辭賦二十餘萬言，爲尚書、孝經注行於時。有子儉、瑗。

張衡

張衡字建平，河内人也。祖嶷，魏河陽太守。父光〔五〕，周萬州刺史。衡幼懷志尚，有骨鯁之風。年十五，詣太學受業，研精覃思，爲同輩所推。周武帝居太后憂，與左右出獵，衡露髮輿櫬，扣馬切諫。帝嘉焉，賜衣一襲，馬一匹，擢拜漢王侍讀。衡又就沈重受三禮，略究大旨。累遷掌朝大夫。

高祖受禪，拜司門侍郎。及晉王廣爲河北行臺，衡歷刑部、度支二曹郎。後以臺廢，拜并州總管掾。及王轉牧揚州，衡復爲掾，王甚親任之。衡亦竭慮盡誠事之，奪宗之計，多衡所建也。以母憂去職，歲餘，起授揚州總管司馬，賜物三百段。開皇中，熙州李英林聚衆反，署置百官，以衡爲行軍總管，率步騎五萬人討平之。拜開府，賜奴婢一百三十口，物五百段，金銀雜畜稱是。及王爲皇太子，拜衡右庶子，仍領給事黃門侍郎。

煬帝嗣位，除給事黃門侍郎，進位銀青光祿大夫，俄遷御史大夫，甚見親重。大業三年，帝幸榆林郡，還至太原，謂衡曰：「朕欲過公宅，可爲朕作主人。」衡於是馳至河內，與宗族具牛酒。帝上太行，開直道九十里，以抵其宅。帝悅其山泉，留宴三日，因謂衡曰：「往從先皇拜太山之始，塗經洛陽，瞻望於此，深恨不得相過，不謂今日得諧宿願。」衡俯伏辭謝，奉觴上壽。帝益歡，賜其宅傍田三十頃，良馬一匹、金帶，縑綵六百段，衣一襲，御食器一具。衡固讓，帝曰：「天子所至稱幸者，蓋爲此也，不足爲辭。」衡復獻食於帝，帝令頒賜公卿，下至衞士，無不霑洽。

衡以藩邸之舊，恩寵莫與爲比，頗自驕貴。明年，帝幸汾陽宮，宴從官，特賜絹五百匹。時帝欲大汾陽宮[六]，令衡與紀弘整具圖奏之。衡承間進諫曰：「比年勞役繁多，百姓疲弊，伏願留神，稍加折損。」帝意甚不平。後嘗目衡謂侍臣曰：「張衡自謂由其計畫，令我有天下也。」時齊王暕失愛於上，帝密令人求暕罪失。有人譖暕違制，將伊闕令皇甫詡從之汾陽宮。又録前幸涿郡及祠恒岳時，父老謁見者，衣冠多不整。帝譴衡以憲司皆不能舉正，出爲榆林太守。明年，帝復幸汾陽宮，衡督役築樓煩城，因而謁帝。帝惡衡不損瘦，以爲不念咎，因謂衡曰：「公甚肥澤，宜且還郡。」衡復之榆林。俄而勑衡督役江都宮。有人詣衡訟宮監者，衡不爲理，還以訟書付監，其人大爲監所困。禮部尚書楊玄感使至江都，其人詣玄感稱冤。玄感固以衡爲不可。及與衡相見，未有所言，又先謂玄感曰：「薛道衡真爲枉死。」玄感具上其事，江都丞王世充又奏衡頻減頓具。帝於是發怒，鎖衡詣江都市，將斬之，久而乃釋，除名爲民，放還田里。帝每令親人覘衡所爲。八年，帝自遼東還都，衡妾言衡怨望，謗訕朝政，竟賜盡于家。臨死大言曰：「我爲人作何物事，而望久活！」監刑者塞耳，促令殺之。義寧中，以死非其罪，贈大將軍、南陽郡公，謚曰忠。有子希玄。

楊汪

楊汪字元度，本弘農華陰人也，曾祖順，徙居河東。父琛，儀同三司，及汪貴，追贈平鄉縣公。汪少凶疎，好與人羣鬬，拳所歐擊，無不顛踣。長更折節勤學，專精左氏傳，通三禮。解褐周冀王侍讀，王甚重之，每曰：「楊侍讀德業優深，孤之穆生也。」其後問禮於沈重，受漢書於劉臻，二人推許之曰：「吾弗如也。」由是知名，累遷夏官府都上士。及高祖居相，引知兵事，遷掌朝下大夫。

高祖受禪，賜爵平鄉縣伯，邑二百户。歷尚書司勳兵部二曹侍郎、秦州總管長史，名爲明幹。遷尚書左丞〔七〕，坐事免。後歷荆、洛二州長史，每聽政之暇，必延生徒講授，時人稱之。數年，高祖謂諫議大夫王達曰：「卿爲我覓一好左丞。」達遂私於汪曰：「我當薦君爲左丞，若事果，當以良田相報也。」汪以達所言奏之，達竟以獲罪，卒拜汪爲尚書左丞。汪明習法令，果於剖斷，當時號爲稱職。

煬帝即位，守大理卿。汪視事二日，帝將親省囚徒。其時繫囚二百餘人，汪通宵究審，詰朝而奏，曲盡事情，一無遺誤，帝甚嘉之。歲餘，拜國子祭酒。帝令百寮就學，與汪講論，天下通儒碩學多萃焉，論難鋒起，皆不能屈。帝令御史書其問答奏之，省而大悦，賜良馬一匹。大業中，爲銀青光禄大夫。

及楊玄感反，河南贊治裴弘策出師禦之，戰不利，弘策出還，遇汪而屏人交語。既而留守樊子蓋斬弘策，以狀奏汪，帝疑之，出爲梁郡通守。後李密已逼東都，其徒頻寇梁郡，汪勒兵拒之，頻挫其鋭。煬帝崩，王世充推越王侗爲主，徵拜吏部尚書，頗見親委。及世充僭號，汪復用事，世充平，以兇黨誅死。

史臣曰：盧愷諫説可稱，令狐熙所居而治，薛胄執憲平允，宇文弼聲望攸歸，張衡以鯁正立名，楊汪以學業自許。然皆有善始，鮮克令終，九仞之基，俱傾於一簣，惜哉！夫忠爲令德，施非其人尚或不可，况託足邪徑，而又不得其人者歟！語曰：「無爲權首，將受其咎。」又曰：「無始禍，無召亂。」張衡既召亂源，實爲權首，動不以順，其能不及於此乎？

校勘記

〔一〕愷説柏杜鎮下之　「柏杜」，北史卷三〇盧玄傳附盧愷傳、周書卷一二齊煬王憲傳作「柏社」，疑是。

〔二〕尋授帥都督　「帥」字原闕，據宋甲本、大德本、汲本補。

〔三〕至者一萬户　「户」，宋甲本作「口」。按，册府卷六九二牧守部招輯亦作「口」。

〔四〕於是奏改安州爲欽州黄州爲峯州　錢大昕考異卷三四：「地理志『開皇十八年改黄州曰玉

州，改興州曰峯州』，此傳恐有脱文。」

〔五〕父光　「光」，北史卷七四張衡傳作「允」。

〔六〕時帝欲大汾陽宫　「時」字原闕，據宋甲本、至順本、汲本補。

〔七〕遷尚書左丞　「左丞」，宋甲本作「右丞」。

隋書卷五十七

列傳第二十二

盧思道 從父兄昌衡

盧思道字子行，范陽人也。祖陽烏，魏祕書監。父道亮，隱居不仕。思道聰爽俊辯，通侻不羈。年十六，遇中山劉松，松爲人作碑銘，以示思道。思道讀之，多所不解，於是感激，閉户讀書，師事河間邢子才。後思道復爲文，以示劉松，松又不能甚解。思道乃喟然歎曰：「學之有益，豈徒然哉！」因就魏收借異書，數年之間，才學兼著。然不持操行，好輕侮人。齊天保中，魏史未出，思道先已誦之，由是大被笞辱。前後屢犯，因而不調。其後左僕射楊遵彥薦之於朝，解褐司空行參軍，長兼員外散騎侍郎，直中書省。文宣帝崩，當朝文士各作挽歌十首，擇其善者而用之。魏收、陽休之、祖孝徵等不過得一二首〔一〕，唯思道獨得八首。故時人稱爲「八米盧郎」〔二〕。後漏洩省中語，出爲丞相西閤祭酒，歷太子舍人、司徒録事參軍。每居官，多被譴辱。後以擅用庫錢，免歸於家。嘗於薊北悵然感慨，爲五言詩以見意，人以爲工。數年，復爲京畿主簿，歷主客郎、給事黄門侍郎，待詔文林館。周武帝平齊，授儀同三司，追赴長安，與同輩陽休之等數人作聽蟬鳴篇。思道所爲，詞意清切，爲時人所重。新野庾信徧覽諸同作者，而深歎美之。未幾，以母疾還鄉，遇同郡祖英伯及從兄昌期、宋護等舉兵作亂，思道預焉。周遣柱國宇文神舉討平之，罪當法，已在死中。神舉素聞其名，引出之，令作露布。思道援筆立成，文無加點，神舉嘉而宥之。後除掌教上士。

高祖爲丞相，遷武陽太守，非其好也。爲孤鴻賦以寄其情曰：

余志學之歲，自鄉里遊京師，便見識知音，歷受羣公之眷。年登弱冠，甫就朝列，談者過誤，遂竊虚名。通人楊令君、邢特進已下，皆分庭致禮，倒屣相接，翦拂吹嘘，長其光價。而才本駑拙，性實疎嬾，勢利貨殖，淡然不營。雖籠絆朝市且三十載，而獨往之心未始去懷抱也。攝生舛和，有少氣疾。分符坐嘯，作守東原。洪河之湄，沃野彌望，嚻務既屏，魚鳥爲鄰。有離羣之鴻，爲羅者所獲，野人馴養，貢之於余。置諸池庭，朝夕賞翫，既用銷憂，兼以輕疾。大易稱「鴻漸於陸」，羽儀盛也。揚子曰「鴻飛冥冥」，騫翥高也。淮南云「東歸碣石」，違溽暑也。平子賦曰「南寓衡陽」，避祁寒也。若其雅步清音，遠心高韻，鵷鸞以降，罕見其儔，而鎩翮牆陰，偶影獨立，唼喋粃粺，雞鶩爲伍，不亦傷乎！余五十之年，忽焉已至，永言身事，慨然多緒，乃爲之賦，聊以自慰云。其詞曰：

惟此孤鴻，擅奇羽蟲，實稟清高之氣，遠生遼碣之東。毻毛將落，和鳴順風，壯冰云厚，矯翅排空。出島嶼之緜邈，犯霜露之溟濛，驚絓魚之密網，畏落雁之虛弓。若其斗柄東指，女夷司月，乃遥集於寒門，遂輕舉於玄闕。至如天高氣肅，摇落在時，既嘯儔於淮浦，亦弄吭於江湄。摩赤霄以凌厲，乘丹氣之威夷，遡商飆之嫋嫋，翫陽景之遲遲。彭蠡方春，洞庭初緑，理翮整翰，羣浮侶浴。振雪羽而臨風，掩霜毛而候旭，餐江湖之菁藻，飫原野之菽粟。行離離而高逝，響嗈嗈而相續，絜齊國之冰紈，皓密山之華玉。若乃晨沐清露，安趾徐步；夕息芳洲，延頸乘流；違寒競逐，浮沅水宿；避暑言歸，絶漠雲飛。望玄鵠而爲侶，比朱鷺而相依，倦天衢之冥漠，降河渚之芳菲。

忽值羅人設網，虞者懸機，永辭寥廓，蹈迹重圍。始則窘束籠樊，憂憚刀俎，靡軀絶命，恨失其所。終乃馴狎園庭，栖託池籞，稻粱爲惠，恣其容與。於是翕羽宛頸，屏氣銷聲，滅煙霞之高想，闕江海之幽情。何時驤首奮翼，上凌太清，騫翥鼓舞，遠薄層城。惡禽視而不貴，小鳥顧而相輕，安控地而無恥，豈沖天之復榮！若夫圖南之羽，偉而去羨，栖睫之蟲，微而不賤，各遂性於天壤，弗企懷以交戰。不聽咸池之樂，不饗太牢之薦，匹晨雞而共飲，偶野梟以同膳。匪揚聲以顯聞，寧校體而求見，聊寓形乎沼沚，且夷心於溏淀。齊榮辱以晏如，承君子之餘眄。

開皇初，以母老，表請解職，優詔許之。思道自恃才地，多所陵轢，由是官塗淪滯。既而又著勞生論，指切當時，其詞曰：

莊子曰：「大塊勞我以生。」誠哉斯言也！余年五十，羸老云至，追惟疇昔，勤矣厥生。乃著茲論，因言時云爾。

罷郡屏居，有客造余者，少選之頃，盱衡而言曰：「生者天地之大德，人者有生之最靈，所以作配兩儀，稱貴羣品，妍蚩愚智之辯，天懸壤隔，行己立身之異，入海登山。今吾子生於右地，九葉卿族，天授俊才，萬夫所仰，學綜流略，慕孔門之游、夏，辭窮麗則，擬漢日之卿、雲。行藏有節，進退以禮，不諂不驕，無愠無懌，僶仰貴賤之間，從容語默之際，何其裕也！下走所欣羨焉。」余莞爾而笑曰：「未之思乎？何所言之過也！子其清耳，請爲左右陳之。夫人之生也，皆未若無生。在余之生，勞亦勤止，紈綺之年，伏膺教義，規行矩步，從善而登。巾冠之後，濯纓受署，纆鏁仁義，籠絆朝市。

失翹陸之本性，喪江湖之遠情，淪此風波，溺於倒躓，憂勞總至，事非一緒。何則？地胄高華，既致嫌於管庫，才識美茂，亦受嫉於愚庸。篤學强記，聾瞽於焉側目，清言河瀉，木訥所以疢心。豈徒蟲惜春鷟，鴟怯腐鼠，相江都而永歎，傅長沙而不歸，固亦魯值臧倉，楚逢靳尚，趙壹爲之哀歌，張升於是慟哭。有齊之季，不遇休明，申脰就鞅，屏迹無地。段珪、張讓，金貝是視，賈謐、郭槐〔三〕，腥臊可饜。淫刑以逞，禍近池魚，耳聽惡來之讒，足踐龍逢之血。周氏末葉，仍值僻王，斂笏升階，汗流浹背，莒客之踵躋焦原，匹茲非險，齊人之手執馬尾，方此未危。若乃羊腸、句注之道，據鞍振筴，武落〔四〕、雞田之外，櫛風沐雨，三旬九食，不敢稱弊，此之爲役，蓋其小小者耳。

今泰運肇開，四門以穆，冕旒司契於上，夔、龍佐命於下，岐伯、善卷，恥徇幽憂，卞隨、務光，悔從木石。余年在秋方，已迫知命，情禮宜退，不獲晏安。一葉從風，無損鄧林之攢植，雙鳧退飛，不虧渤澥之游泳。耕田鑿井，晚息晨興，候南山之朝雲，擥北堂之明月。氾勝九穀之書，觀其節制，崔寔四人之令，奉以周旋。晨荷蓑笠，白屋黄冠之伍，夕談穀稼，霑體塗足之倫。濁酒盈罇，高歌滿席，恍兮惚兮，天地一指。此野人之樂也，子或以是羡余乎？」

客曰：「吾子之事，既聞之矣。佗人有心，又請論其梗槩。」余答曰：「雲飛泥沉，卑高異等，圓行方止，動息殊致。是以摩霄運海，輕罻羅於藪澤，五衢四照，忽斤斧於山林。余晚值昌辰，遂其弱尚，觀人事之隕穫，覩時路之邅危。玄冬脩夜，靜言長想，可以累歎悼心，流涕酸鼻。人之百年，脆促已甚，奔駒流電，不可爲辭。顧慕周章，數紀之内，窮通榮辱，事無足道。而有識者鮮，無識者多，褊隘凡近，輕險躁薄。居家則人面獸心，不孝不義，出門則諂諛讒佞，無愧無恥。退身知足，忘伯陽之炯戒，陳力就列，棄周任之格言。悠悠遠古，斯患已積，迄於近代，此蠹尤深。范卿撝讓之風，搢紳不嗣，夏書昏墊之罪，執政所安。朝露未晞，小車盈董、石之巷，夕陽且落，皁蓋填閻、竇之里。皆如脂如韋，俯僂匍匐，噉惡求媚，舐痔自親。美言諂笑，助其愉樂，詐泣佞哀，恤其喪紀。近通旨酒，遠貢文蛇，艷姬美女，委如脱屣，金銑玉華，棄同遺跡。及鄧通失路，一簪之賄無餘，梁冀就誅，五侯之貴將起。向之求官買職，晚謁晨趨，刺促望塵之舊遊，伊優上堂之夜客，始則亡魂褫魄，若牛兄之遇獸，心戰色沮，似葉公之見龍。俄而抵掌揚眉，高視闊步，結侶棄廉公之第，攜手哭聖卿之門。華轂生塵，來如激矢，雀羅蹔設，去等絶絃。飴蜜非甘，山川未阻，千變萬化，鬼出神入。爲此者皆衣冠士族，或有藝能，不恥不仁，不畏不義，靡愧友朋，莫慙妻子。外呈厚貌，内蘊百心，繇是則紆青佩紫，牧州典郡，冠幘劫人，厚自封殖。妍歌妙舞，列鼎撞鍾，耳倦絲桐，口飫珍旨。雖素論以爲非，而時宰之不責，末俗蚩蚩，如此之敝。

余則違時薄宦，屏息窮居，甚恥驅馳，深畏乾没。心若死灰，不營勢利，家無儋石，不費囊錢。偶影聯官，將數十載，駑拙致笑，輕生所以告勞也。真人御宇，斲雕爲朴，人知榮辱，時反邕熙。風力上宰，内敷文教，方、邵重臣，外揚武節。被之大道，洽以淳風，舉必以才，爵無濫授。稟斯首鼠，不預衣簪，阿黨比周，掃地俱盡，輕薄之儔，滅影竄迹，礫石變成瑜瑾，莨莠化爲芝蘭。曩之扇俗攪時，駭耳穢目〔五〕，今悉不聞不見，莫余敢侮。易曰：『聖人作而萬物覩。』斯之謂乎！」

歲餘，被徵，奉詔郊勞陳使。頃之，遭母憂，未幾，起爲散騎侍郎，奏内史侍郎事〔六〕。于時議置六卿，將除大理。思道上奏曰：「省有駕部，寺留大僕，省有刑部，寺除大理，斯則重畜産而賤刑名，誠爲未可。」又陳殿庭非杖罰之所，朝臣犯笞罪，請以贖論，上悉嘉納之。是歲，卒于京師，時年五十二。上甚惜之，遣使弔祭焉。有集三十卷，行於時。子赤松，大業中，官至河東長史〔七〕。

昌衡字子均。父道虔，魏尚書僕射。昌衡小字龍子，風神澹雅，容止可法，博涉經史，工草行書。從弟思道，小字釋奴，宗中俱稱英妙。故幽州爲之語曰：「盧家千里，釋奴、龍子。」年十七，魏濟陰王元暉業召補太尉參軍事，兼外兵參軍。齊氏受禪，歷平恩令、太子舍人。尋爲僕射祖孝徵所薦，遷尚書金部郎。孝徵每曰：「吾用盧子均爲尚書郎，自謂無愧幽州矣。」其後兼散騎侍郎，迎勞周使。武帝平齊，授司玉中士，與大宗伯斛斯徵修禮令。開皇初，拜尚書祠部侍郎。高祖嘗大集羣下，令自陳功績，人皆競進，昌衡獨無所言。左僕射高熲目而異之。陳使賀徹、周濆相繼來聘，朝廷每令昌衡接對之。未幾，出爲徐州總管長史，甚有能名。吏部尚書蘇威考之曰：「德爲人表，行爲士則。」論者以爲美談。嘗行至浚儀，所乘馬爲佗牛所觸，因致死。牛主陳謝，求還價直。昌衡謂之曰：「六畜相觸，自關常理，此豈人情也，君何謝？」拒而不受。性寬厚不校，皆此類也。轉壽州總管長史。總管宇文述甚敬之，委以州務。歲餘，遷金州刺史。仁壽中，奉詔持節爲河南道巡省大使，及還，以奉使稱旨，授儀同三司，賜物三百段〔八〕。昌衡自以年在懸車，表乞骸骨，優詔不許。大業初，徵爲太子左庶子，行詣洛陽，道卒，時年七十二。子寶素、寶胤。

李孝貞

李孝貞字元操，趙郡柏人人也。父希禮，齊信州刺史，世爲著姓。孝貞少好學，能屬文。在齊，釋褐司徒府參軍事。簡靜，不妄通賓客，與從兄儀曹郎中騷、太子舍人季節、博陵崔子武、范陽盧詢祖爲斷金之契。後以射策甲科，拜給事中。于時黄門侍郎高乾和親要用事，求婚於孝貞。孝貞拒之，由是有隙，陰譖之，出爲太尉府外兵參軍。後歷中書舍人、博陵太守、司州別駕，復兼散騎常侍、聘周使副，還除給事黄門侍郎。周武帝平齊，授儀同三司、少典祀下大夫。宣帝即位，轉吏部下大夫。

高祖爲丞相，尉迥作亂相州，孝貞從韋孝寬擊之，以功授上儀同三司。開皇初，拜馮翊太守，爲犯廟諱，於是稱字。後數歲，遷蒙州刺史，吏民安之。自此不復留意於文筆，人問其故，慨然歎曰：「五十之年，倏焉而過，鬢垂素髮，筋力已衰，宦意文情，一時盡矣，悲夫！」然每暇日，輒引賓客絃歌對酒，終日爲歡。徵拜内史侍郎，與内史李德林參典文翰。然孝貞無幹劇之用，頗稱不理，上譴怒之，勑御史劾其事，由是出爲金州刺史。卒官。所著文集二十卷，行於世。有子允王〔九〕。

孝貞弟孝威，亦有雅望，大業中，官至大理少卿。

薛道衡 從弟孺

薛道衡字玄卿，河東汾陰人也。祖聰，魏齊州刺史〔一〇〕。父孝通，常山太守。道衡六歲而孤，專精好學。年十三，講左氏傳，見子産相鄭之功，作國僑贊，頗有詞致，見者奇之。其後才名益著，齊司州牧、彭城王浟引爲兵曹從事。尚書左僕射弘農楊遵彦，一代偉人，見而嗟賞。授奉朝請。吏部尚書隴西辛術與語，歎曰：「鄭公業不亡矣。」河東裴讞目之曰：「自鼎遷河朔，吾謂關西孔子罕值其人，今復遇薛君矣。」武成作相，召爲記室，及即位，累遷太尉府主簿。歲餘，兼散騎常侍，接對周、陳二使。武平初，詔與諸儒修定五禮〔一一〕，除尚書左外兵郎。陳使傅縡聘齊，以道衡兼主客郎接對之。縡贈詩五十韻，道衡和之，南北稱美，魏收曰：「傅縡所謂以蚓投魚耳。」待詔文林館，與范陽盧思道、安平李德林齊名友善。復以本官直中書省，尋拜中書侍郎，仍參太子侍讀。後主之時，漸見親用，于時頗有附會之譏。後與侍中斛律孝卿參預政事，道衡具陳備周之策，孝卿不能用。及齊亡，周武引爲御史二命士。後歸鄉里，自州主簿入爲司禄上士。

高祖作相，從元帥梁睿擊王謙，攝陵州刺史。大定中，授儀同，攝邛州刺史。高祖受禪，坐事除名。河間王弘北征突厥，召典軍書，還除内史舍人。其年，兼散騎常侍，聘陳主使。道衡因奏曰：「江東蕞爾一隅，僭擅遂久，寔由永嘉已後，華夏分崩。劉、石、符、姚、慕容、赫連之輩，妄竊名號，尋亦滅亡。魏氏自北徂南，未遑遠略。周、齊兩立，務在兼并，所以江表逋誅，積有年祀。陛下聖德天挺，光膺寶祚，比隆三代，平一九州，豈容使區區之陳久在天網之外？臣今奉使，請責以稱藩。」高祖曰：「朕且含養，置之度外，勿以言辭相折，識朕意焉。」江東雅好篇什，陳主尤愛雕蟲，道衡每有所作，南人無不吟誦焉。

及八年伐陳，授淮南道行臺尚書吏部郎，兼掌文翰。王師臨江，高熲夜坐幕下，謂之曰：「今段之舉，克定江東已不？君試言之。」道衡答曰：「凡論大事成敗，先須以至理斷之。禹貢所載九州，本是王者封域。後漢之季，羣雄競起，孫權兄弟遂有吳、楚之地。晉武受命，尋即呑併，永嘉南遷，重此分割。自爾已來，戰爭不息，否終斯泰，天道之恒。郭璞有云：『江東偏王三百年，還與中國合。』今數將滿矣。以運數而言，其必克一也。有德者昌，無德者亡，自古興滅，皆由此道。主上躬履恭儉，憂勞庶政，叔寶峻宇雕牆，酣酒荒色。上下離心，人神同憤，其必克二也。爲國之體，在於任寄，彼之公卿，備員而已。拔小人施文慶委以政事，尚書令江總唯事詩酒，本非經略之才，蕭摩訶、任蠻奴是其大將，一夫之用耳。其必克三也。我有道而大，彼無德而小，量其甲士，不過十萬。西自巫峽，東至滄海，分之則勢懸而力弱，聚之則守此而失彼。其必克四也。席卷之勢，其在不疑。」熲忻然曰：「君言成敗，事理分明，吾今豁然矣。本以才學相期，不意籌略乃爾。」還除吏部侍郎。

後坐抽擢人物，有言其黨蘇威，任人有意故者，除名，配防嶺表。晉王廣時在揚州，陰令人諷道衡，從揚州路，將奏留之。道衡不樂王府，用漢王諒之計，遂出江陵道而去。尋有詔徵還，直內史省。晉王由是銜之，然愛其才，猶頗見禮。後數歲，授內史侍郎，加上儀同三司。

道衡每至構文，必隱坐空齋，蹋壁而卧，聞户外有人便怒，其沉思如此。高祖每曰：「薛道衡作文書稱我意。」然誡之以迂誕。後高祖善其稱職，謂楊素、牛弘曰：「道衡老矣，驅使勤勞，宜使其朱門陳戟。」於是進位上開府，賜物百段。道衡辭以無功，高祖曰：「爾久勞階陛，國家大事，皆爾宣行，豈非爾功也？」道衡久當樞要，才名益顯，太子諸王爭相與交，高熲、楊素雅相推重，聲名籍甚，無競一時。

仁壽中，楊素專掌朝政，道衡既與素善，上不欲道衡久知機密，因出檢校襄州總管。道衡久蒙驅策，一旦違離，不勝悲戀，言之哽咽。高祖愴然改容曰：「爾光陰晚暮，侍奉誠勞。朕欲令爾將攝，兼撫萌俗。今爾之去，朕如斷一臂。」於是賚物三百段，九環金帶，并時服一襲，馬十匹，慰勉遣之。在任清簡，吏民懷其惠。

煬帝嗣位，轉番州刺史〔二〕。歲餘，上表求致仕。帝謂內史侍郎虞世基曰：「道衡將至，當以祕書監待之。」道衡既至，上高祖文皇帝頌，其詞曰：

太始太素，荒茫造化之初，天皇、地皇，杳冥書契之外。其道絶，其迹遠，言談所不詣，耳目所不追。至於入穴登巢，鶉居鷇飲，不殊於羽族，取類於毛羣，亦何貴於人靈，何用於心識？羲、軒已降，爰暨唐、虞，則乾象而施法度，觀人文而化天下，然後帝王之位可重，聖哲之道爲尊。夏后、殷、周之國，禹、湯、文、武之主，功濟生民，聲流雅頌，然陵替於三五，慙德於干戈。秦居閏位，任刑名爲政本，漢執靈圖，雜霸道而爲業。當塗興而三方峙，典午末而四海亂，九州封域，窟穴鯨鯢之羣，五都遺黎，蹴踏戎馬之足。雖玄行定嵩、洛，木運據崤、函，未正滄海之流，詎息崑山之燎！叶千齡之旦暮，當萬葉之一朝者，其在大隋乎？

粵若高祖文皇帝，誕聖降靈則赤光照室，韜神晦迹則紫氣騰天。龍顏日角之奇，玉理珠衡之異，著在圖籙，彰乎儀表。而帝系靈長，神基崇峻，類邠、岐之累德，異豐、沛之勃起，俯膺歷試，納揆賓門，位長六卿，望高百辟，猶重華之爲太尉，若文命之任司空。蒼歷將盡，率土糜沸，玉弩驚天，金鉦照野，姦雄挻禍，據河朔而連海岱，猾長縱惡，杜白馬而塞成皋，庸、蜀逆命，憑銅梁之險，鄖、黃背誕，引金陵之寇，三川已震，九鼎將飛。高祖龍躍鳳翔，濡足授手，應赤伏之符，受玄狐之籙，命百下百勝之將，動九天九地之師，平共工而殄蚩尤，翦猰貐而戮鑿齒。不煩二十八將，無假五十二征，曾未踰時，妖逆咸殄，廓氛霧於區宇，出黎元於塗炭。天柱傾而還正，地維絶而更紐，殊方稽顙，識牛馬之内向，樂師伏地，懼鍾石之變聲。萬姓所以樂推，三靈於是改卜，壇場已備，猶弘五讓之心，億兆難違，方從四海之請。光臨寶祚，展禮郊丘，舞六代而降天神，陳四圭而饗上帝，乾坤交泰，品物咸亨。酌前王之令典，改易徽號，因庶萌之子來，移創都邑。天文上當朱鳥，地理下據黑龍，正位辨方，揆景於日月，内宫外座，取法於辰象。懸政教於魏闕，朝羣后於明堂，除舊布新，移風易俗。天街之表，地脉之外，獯獫孔熾，其來自久，横行十萬，樊噲於是失辭，提步五千，李陵所以陷没。周、齊兩盛，競結旄頭，娉狄后於漠北，未足息其侵擾，傾珍藏於山東，不能止其貪暴。炎靈啓祚，聖皇馭寓，運天策於帷扆，播神威於沙朔，柳室、氈裘之長，皆爲臣隸，瀚海、蹛林之地，盡充池苑〔三〕。三吴、百越，九江五湖，地分南北，天隔内外，談黄旗紫蓋之氣，恃龍蟠獸據之嶮，恒有僭僞之君，妄竊帝王之號。時經五代，年移三百，爰降皇情，永懷大道，愍彼黎獻，獨爲匪人。今上利建在唐，則哲居代，地憑宸極，天縱神武，受脤出車，一舉平定。於是八荒無外，九服大同，四海爲家，萬里爲宅。乃休牛散馬，偃武修文。

自華夏亂離，緜積年代，人造戰爭之具，家習澆僞之風，聖人之遺訓莫存，先王之舊典咸墜。爰命秩宗，刊定五禮，申勑大予[一四]，改正六樂，玉帛鐏俎之儀，節文乃備，金石匏革之奏，雅俗始分。而留心政術，垂神聽覽，早朝晏罷，廢寢忘食，憂百姓之未安，懼一物之失所。行先王之道，夜思待旦，革百王之弊，朝不及夕，見一善事，喜彰於容旨，聞一愆犯，歎深於在予。薄賦輕徭，務農重穀，倉廩有紅腐之積，黎萌無阻飢之慮。天性弘慈，聖心惻隱，恩加禽獸，胎卵於是獲全，仁霑草木，牛羊所以勿踐。至於憲章重典，刑名大辟，申法而屈情，決斷於俄頃，故能彝倫攸敘，上下齊肅。左右絶諂諛之路，縉紳無勢力之門，小心翼翼，敬事於天地，終日乾乾，誡慎於亢極。陶黎萌於德化，致風俗於太康，公卿庶尹，遐邇岳牧，僉以天平地成，千載之嘉會，登封降禪，百王之盛典。宜其金泥玉檢，展禮介丘，飛聲騰實，常爲稱首。天子爲而不恃，成而不居，沖旨凝邈，固辭弗許。而雖休勿休，上德不德，更乃潔誠岱岳，遜謝愆咎。方知六十四卦，謙撝之道爲尊，七十二君，告成之義爲小。巍巍蕩蕩，無得以稱焉。而深誠至德，感達於穹壤，和氣薰風，充溢於宇宙。二儀降福，百靈薦祉，日月星象，風雲草樹之祥，山川玉石，鱗介羽毛之瑞，歲見月彰，不可勝紀。至於振古所未有，圖籍所不載，目所不見，耳所未聞。古語稱聖人作，萬物覩，神靈滋，百寶用，此其効矣。

既而遊心姑射，脱屣之志已深，鑄鼎荆山，升天之駕遂遠。凡在黎獻，具惟帝臣〔一五〕，慕深考妣，哀纏弓劍，塗山幽峻，無復玉帛之禮，長陵寂寞，空見衣冠之遊。若乃降精熛怒，飛名帝籙，開運握圖，創業垂統，聖德也；撥亂反正，濟國寧人，六合八紘，同文共軌，神功也；玄酒陶匏，雲和孤竹，禋祀上帝，尊極配天，大孝也；偃伯戢戈，正禮裁樂，納民壽域，驅俗福林，至政也。張四維而臨萬寓，侔三皇而並五帝，豈直錙銖周、漢，幺麽魏、晉而已。雖五行之舞每陳於清廟，九德之歌無絶於樂府，而玄功暢洽不局於形器，懿業遠大豈盡於揄揚。

臣輕生多幸，命偶興運，趨事紫宸，驅馳丹陛，一辭天闕，奄隔鼎湖，空有攀龍之心，徒懷蓐蟻之意。庶憑毫翰，敢希贊述！昔堙海之禽不增於大地，泣河之士非益於洪流，盡其心之所存，忘其力之所及，輒緣斯義，不覺斐然。乃作頌曰：

悠哉邃古，邈矣季世，四海九州，萬王千帝。三代之後，其道逾替，爰逮金行，不勝其弊。戎狄猾夏，羣凶縱慝，竊號淫名，十有餘國。怙威逞暴，悖禮亂德，五嶽塵飛，三象霧塞。玄精啓曆，發迹幽方，并吞寇僞，獨擅雄强。載祀二百，比祚前王，江湖尚阻，區域未康。句吳、閩越，河朔、渭涘，九縣瓜分，三方鼎跱。狙詐不息，干戈競起，東夏雖平，亂離瘼矣。五運叶期，千年肇旦，赫矣高祖，人靈攸贊。聖德迥生，神謀獨斷，癉惡彰善，夷凶靜難。宗伯撰儀，太史練日，孤竹之管，雲和之瑟。展禮上玄，飛煙太一，珪璧朝會，山川望秩。占揆星景，移建邦畿，下憑赤壤，上叶紫微。布政衢室，懸法象魏，帝宅天府，固本崇威。匈河、瀚海，龍荒狼望，種落陸梁，時犯亭障。皇威遠懾，帝德遐暢，稽顙歸誠，稱臣内向。吴越提封，斗牛星象，積有年代，自稱君長。大風未繳，長鯨漏網，授鉞天人，豁然清蕩。戴日戴斗，太平太蒙，禮教周被，書軌大同。復禹之跡，成舜之功，禮以安上，樂以移風。憂勞庶績，矜育黔首，三面解羅，萬方引咎。納民軌物，驅時仁壽，神化隆平，生靈熙阜。虔心恭己，奉天事地，協氣横流，休徵紹至。壇場望幸，云亭虚位，推而不居，聖道彌粹。齊跡姬文，登發嗣聖，道類漢光，傳莊寶命。知來藏往，玄覽幽鏡，鼎業靈長，洪基隆盛。崆峒問道，汾射窅然，御辯遐逝，乘雲上仙。哀纏率土，痛感穹玄，流澤萬葉，用教百年。尚想叡圖，永惟聖則，道洽幽顯，仁霑動植。爻象不陳，乾坤將息，微臣作頌，用申罔極。

帝覽之不悦，顧謂蘇威曰：「道衡致美先朝，此魚藻之義也。」於是拜司隸大夫，將置之罪。道衡不悟。司隸刺史房彦謙素相善，知必及禍，勸之杜絶賓客，卑辭下氣，而道衡不能用。會議新令，久不能決，道衡謂朝士曰：「向使高熲不死，令決當久行。」有人奏之，帝怒曰：「汝憶高熲邪？」付執法者勘之。道衡自以非大過，促憲司早斷。暨於奏日，冀帝赦之，勑家人具饌，以備賓客來候者。及奏，帝令自盡。道衡殊不意，未能引訣。憲司重奏，縊而殺之，妻子徙且末。時年七十。天下冤之。有集七十卷，行於世。

有子五人，收最知名，出繼族父孺。孺清貞孤介，不交流俗，涉歷經史，有才思，雖不爲大文，所有詩詠，詞致清遠。開皇中，爲侍御史、揚州總管司功參軍。每以方直自處，府寮多不便之。及滿，轉清陽令、襄城郡掾，卒官。所經並有惠政。與道衡偏相友愛，收初生，即與孺爲後，養於孺宅。至於成長，殆不識本生。太常丞胡仲操曾在朝堂，就孺借刀子割爪甲。孺以仲操非雅士，竟不與之。其不肯妄交，清介獨行，皆此類也。

道衡兄子邁，官至選部郎，從父弟道實，官至禮部侍郎、離石太守，並知名於世。從子德音，有雋才，起家爲游騎尉。佐魏澹修魏史，史成，遷著作佐郎。及越王侗稱制東都，王世充之僭號也，軍書羽檄，皆出其手。世充平，以罪伏誅。所有文筆，多行於時。

史臣曰：二三子有齊之季皆以辭藻著聞，爰歷周、隋，咸見推重。李稱一代俊偉，薛則時之令望，握靈蛇以俱照，騁逸足以並驅，文雅縱橫，金聲玉振。靜言揚搉，盧居二子之右。李、薛紆青拖紫，思道官塗寥落，雖窮通有命，抑亦不護細行之所致也。

校勘記

〔一〕魏收陽休之祖孝徵等不過得一二首　「一二」，原作「三」，據宋甲本改。按，北史卷三〇盧玄傳附盧思道傳、隋書詳節卷一四盧思道傳亦作「一二」。

〔二〕故時人稱爲八米盧郎　「米」，至順本作「采」。按，隋書詳節卷一四盧思道傳亦作「采」。

〔三〕郭槐　原作「郭淮」，文苑英華卷七五八盧思道勞生論作「郭槐」，注云「一作淮，非」，今據改。按，郭槐事，見晉書卷四〇賈充傳等。

〔四〕武落　本作「虎落」，唐人諱改。

〔五〕駭耳穢目　「駭」，原作「駮」，據宋甲本、至順本、汲本改。

〔六〕奏内史侍郎事　「奏」，北史卷三〇盧玄傳附盧思道傳作「參」，册府卷四七三臺省部奏議、通志卷一六四盧思道傳作「兼」。

〔七〕官至河東長史　「長史」，北史卷三〇盧玄傳附盧思道傳作「縣長」。

〔八〕賜物三百段　「三百」，宋甲本、至順本作「二百」。按，北史卷三〇盧玄傳附盧昌衡傳亦作「二百」。

〔九〕有子允王　「允王」，原作「允玉」，新唐書卷七二上宰相世系表二上趙郡李氏，孝貞六子，分别爲賓王、遵王、讓王、師王、來王、允王，均以「王」字排行，今據改。

〔一〇〕魏齊州刺史　「齊」，原作「濟」，據宋甲本、至順本、汲本改。

〔一〕詔與諸儒修定五禮　「五」，原作「三」，據宋甲本、至順本、汲本改。

〔二〕轉番州刺史　「番州」，原作「潘州」，據本書卷四八楊素傳、卷六六房彥謙傳改。按，本書地理志隋時無「潘州」，卷三一地理志下南海郡有番州。

〔三〕盡充池苑　「池」，原作「沙」，據宋甲本、至順本、汲本改。

〔四〕申勑大予　「大予」，原作「太子」，據宋甲本改。按，文苑英華卷七七二薛道衡隋高祖功德頌并序作「申勑太常」，注「一作太予，後漢樂名」。

〔五〕具惟帝臣　「具」，原作「共」，據宋甲本、大德本、至順本、汲本改。

隋書卷五十八

列傳第二十三

明克讓

明克讓字弘道，平原鬲人也。父山賓，梁侍中。克讓少好儒雅，善談論，博涉書史，所覽將萬卷。三禮禮論[一]，尤所研精，龜筴曆象，咸得其妙。年十四，釋褐湘東王法曹參軍。時舍人朱异在儀賢堂講老子，克讓預焉。堂邊有脩竹，异令克讓詠之。克讓覽筆輒成，其卒章曰：「非君多愛賞，誰貴此貞心。」异甚奇之。仕歷司徒祭酒、尚書都官郎中、散騎侍郎，兼國子博士、中書侍郎。梁滅，歸于長安，周明帝引爲麟趾殿學士，俄授著作上士，轉外史下大夫，出爲衞王友，歷漢東、南陳二郡守。武帝即位，復徵爲露門學士，令與太史官屬正定新曆。拜儀同三司，累遷司調大夫，賜爵歷城縣伯，邑五百户。

高祖受禪，拜太子内舍人，轉率更令，進爵爲侯。太子以師道處之，恩禮甚厚。每有四方珍味，輒以賜之。于時東宮盛徵天下才學之士，至於博物洽聞，皆出其下。詔與太常牛弘等修禮議樂，當朝典故多所裁正。開皇十四年，以疾去官，加通直散騎常侍。卒，年七十〔二〕。上甚傷惜焉，賻物五百段，米三百石。太子又贈絹布二千匹，錢十萬，朝服一具，給棺槨。著孝經義疏一部，古今帝代記一卷，文類四卷，續名僧記一卷，集二十卷。

子餘慶，官至司門郎。越王侗稱制，爲國子祭酒。

魏澹

魏澹字彦深，鉅鹿下曲陽人也。祖鸞，魏光州刺史。父季景，齊大司農卿，稱爲著姓，世以文學自業。澹年十五而孤，專精好學，博涉經史，善屬文，詞采贍逸。齊博陵王濟聞其名，引爲記室。及琅邪王儼爲京畿大都督，以澹爲鎧曹參軍，轉殿中侍御史。尋與尚書左僕射魏收、吏部尚書陽休之、國子博士熊安生同修五禮。又與諸學士撰御覽，書成，除殿中郎中、中書舍人。復與李德林俱修國史。周武帝平齊，授納言中士。

及高祖受禪，出爲行臺禮部侍郎。尋爲散騎常侍、聘陳主使。還除太子舍人。廢太子勇深禮遇之，屢加優錫，令注庾信集，復撰笑苑、詞林集，世稱其博物。數年，遷著作郎，仍爲太子學士。

高祖以魏收所撰書，褒貶失實，平繪爲中興書，事不倫序，詔澹別成魏史。澹自道武下及恭帝，爲十二紀，七十八傳，別爲史論及例一卷，并目錄，合九十二卷。澹之義例與魏收多所不同：

其一曰，臣聞天子者，繼天立極，終始絕名。故穀梁傳曰：「太上不名。」曲禮曰：「天子不言出，諸侯不生名。」諸侯尚不生名，況天子乎！若爲太子，必須書名。良由子者對父生稱，父前子名，禮之意也。是以桓公六年九月丁卯，子同生，傳曰：「舉以太子之禮。」杜預注云：「桓公子莊公也。」十二公唯子同是嫡夫人之長子，備用太子之禮，故史書之於策。即位之日，尊成君而不名，春秋之義，聖人之微旨也。至如馬遷，周之太子並皆言名，漢之儲兩俱沒其諱，以尊漢卑周，臣子之意也。竊謂雖立此理，恐非其義。何者？春秋、禮記，太子必書名，天王不言出。此仲尼之褒貶，皇王之稱謂，非當時與異代遂爲優劣也。班固、范曄、陳壽、王隱、沈約參差不同，尊卑失序。至於魏收，諱儲君之名，書天子之字，過又甚焉。今所撰史，諱皇帝名，書太子字，欲以尊君卑臣，依春秋之義也。

其二曰，五帝之聖，三代之英，積德累功，乃文乃武，賢聖相承，莫過周室，名器不及后稷，追謚止於三王，此即前代之茂實，後人之龜鏡也。魏氏平文以前，部落之君長耳。太祖遠追二十八帝，並極崇高，違堯、舜憲章，越周公典禮。但道武出自結繩，未師典誥，當須南、董直筆，裁而正之。反更飾非，言是觀過，所謂決渤澥之水，復去隄防，襄陵之災，未可免也。但力微天女所誕，靈異絶世，尊爲始祖，得禮之宜。平文、昭成雄據塞表，英風漸盛，圖南之業，基自此始。長孫斤之亂也，兵交御坐，太子授命，昭成獲免。道武此時，后緍方娠，宗廟復存，社稷有主，大功大孝，寔在獻明。此之三世，稱謚可也。自茲以外，未之敢聞。

其三曰，臣以爲南巢桀亡，牧野紂滅，斬以黄鉞，懸首白旗，幽王死於驪山，厲王出奔於彘，未嘗隱諱，直筆書之，欲以勸善懲惡，貽誡將來者也。而太武、獻文並皆非命，前史立紀，不異天年，言論之間，頗露首尾。殺主害君，莫知名姓，逆臣賊子，何所懼哉！君子之過，如日月之食，圓首方足，孰不瞻仰，況復兵交御坐，矢及王屋，而可隱没者乎！今所撰史，分明直書，不敢迴避。且隱、桓之死，閔、昭殺逐，丘明據實敍於經下，況復懸隔異代而致依違哉！

其四曰，周道陵遲，不勝其敝，楚子親問九鼎，吴人來徵百牢，無君之心，實彰行路，夫子刊經，皆書曰卒。自晉德不競，宇宙分崩，或帝或王，各自署置。當其生日，聘使往來，略如敵國，及其終也，書之曰死，便同庶人。存没頓殊，能無懷愧！今所撰史，諸國凡處華夏之地者，皆書曰卒，同之吴、楚。

其五曰，壺遂發問，馬遷答之，義已盡矣。後之述者，仍未領悟。董仲舒、司馬遷之意，本云尚書者，隆平之典，春秋者，撥亂之法，興衰理異，制作亦殊。治定則直敍欽明，世亂則辭兼顯晦，分路命家，不相依放。故云「周道廢，春秋作焉，堯、舜盛，尚書載之」，是也。「漢興以來，改正朔，易服色，臣力誦聖德，仍不能盡，余所謂述故事，而君比之春秋，謬哉」。然則紀傳之體出自尚書，不學春秋，明矣。而范曄云：「春秋者，文既總略，好失事形，今之擬作，所以爲短。紀傳者，史、班之所變也，網羅一代，事義周悉，適之後學，此焉爲優，故繼而述之。」觀曄此言，豈直非聖人之無法，又失馬遷之意旨。孫盛自謂鑽仰具體而放之。魏收云：「魯史既修，達者貽則，子長自拘紀傳，不存師表，蓋泉源所由，地非企及。」雖復遜辭畏聖，亦未思紀傳所由來也。

澹又以爲司馬遷創立紀傳以來，述者非一，人無善惡，皆爲立論。計在身行迹，具在正書，事既無奇，不足懲勸。再述乍同銘頌，重敍唯覺繁文。案丘明亞聖之才，發揚聖旨，言「君子曰」者，無非甚泰，其間尋常，直書而已。今所撰史，竊有慕焉，可爲勸戒者，論其得失，其無損益者，所不論也。

澹所著魏書，甚簡要，大矯收、繪之失。上覽而善之。未幾，卒，時年六十五。有文集三十卷行於世。子信言，頗知名。

澹弟彥玄，有文學，歷揚州總管府記室、洧州司馬。有子滿行。

陸爽 侯白

陸爽字開明，魏郡臨漳人也。祖順宗，魏南青州刺史。父槩之，齊霍州刺史。爽少聰敏，年九歲就學，日誦二千餘言。齊尚書僕射楊遵彥見而異之，曰：「陸氏代有人焉。」年十七，齊司州牧、清河王岳召爲主簿。擢殿中侍御史，俄兼治書，累轉中書侍郎。及齊滅，周武帝聞其名，與陽休之、袁叔德等十餘人俱徵入關。諸人多將輜重，爽獨載書數千卷。至長安，授宣納上士。

高祖受禪，轉太子內直監，尋遷太子洗馬。與左庶子宇文愷等撰東宮典記七十卷。朝廷以其博學，有口辯，陳人至境，常令迎勞。開皇十一年，卒官，時年五十三，贈上儀同、宣州刺史，賜帛百匹。

子法言，敏學有家風，釋褐承奉郎。初，爽之爲洗馬，嘗奏高祖云：「皇太子諸子未有嘉名，請依春秋之義更立名字。」上從之。及太子廢，上追怒爽云：「我孫製名，寧不自解，陸爽乃爾多事！扇惑於勇，亦由此人。其身雖故，子孫並宜屏黜，終身不齒。」法言竟坐除名。

爽同郡侯白，字君素，好學有捷才，性滑稽，尤辯俊。舉秀才，爲儒林郎。通侻不恃威儀〔三〕，好爲誹諧雜説，人多愛狎之，所在之處，觀者如市。楊素甚狎之。素嘗與牛弘退朝，白謂素曰：「日之夕矣。」素大笑曰：「以我爲牛羊下來邪？」高祖聞其名，召與語，甚悦之，令於祕書修國史。每將擢之，高祖輒曰「侯白不勝官」而止。後給五品食，月餘而死，時人傷其薄命。著旌異記十五卷，行於世。

杜臺卿

杜臺卿字少山，博陵曲陽人也。父弼，齊衞尉卿。臺卿少好學，博覽書記，解屬文。仕齊奉朝請，歷司空西閤祭酒、司徒户曹、著作郎、中書黄門侍郎。性儒素，每以雅道自居。及周武帝平齊，歸于鄉里，以禮記、春秋講授子弟。開皇初，被徵入朝。臺卿嘗采月令，觸類而廣之爲書，名玉燭寶典十二卷。至是奏之，賜絹二百匹。臺卿患聾，不堪吏職，請修國史。上許之，拜著作郎。十四年，上表請致仕，勑以本官還第。數載，終於家。有集十五卷，撰齊記二十卷，並行於世。無子。

有兄蕤，學業不如臺卿，而幹局過之。仕至開州刺史。子公贍，少好學，有家風，卒於安陽令。公贍子之松，大業中，爲起居舍人。

辛德源

辛德源字孝基，隴西狄道人也。祖穆，魏平原太守。父子馥，尚書右丞。德源沉靜好學，年十四，解屬文。及長，博覽書記，少有重名。齊尚書僕射楊遵彦、殿中尚書辛術皆一時名士，見德源，並虛襟禮敬，因同薦之於文宣帝。起家奉朝請，後爲兼員外散騎侍郎，聘梁使副。後歷馮翊、華山二王記室。中書侍郎劉逖上表薦德源曰：「弱齡好古，晚節逾厲，枕藉六經，漁獵百氏。文章綺豔，體調清華，恭慎表於閨門，謙撝著於朋執。實後進之辭人，當今之雅器。必能効節一官，騁足千里。」由是除員外散騎侍郎，累遷比部郎中，復兼通直散騎常侍。聘于陳，及還，待詔文林館，除尚書考功郎中，轉中書舍人。及齊滅，仕周爲宣納上士。因取急詣相州，會尉迥作亂，以爲中郎。德源辭不獲免，遂亡去。

高祖受禪，不得調者久之，隱於林慮山，鬱鬱不得志，著幽居賦以自寄，文多不載。德源素與武陽太守盧思道友善，時相往來。魏州刺史崔彦武奏德源潛爲交結，恐其有姦計。由是謫令從軍討南寧，歲餘而還。祕書監牛弘以德源才學顯著，奏與著作郎王劭同脩國史〔四〕。德源每於務隙撰集，注春秋三傳三十卷，注揚子法言二十三卷。蜀王秀聞其名而引之，居數歲，奏以爲掾。後轉諮議參軍，卒官。有集二十卷，又撰政訓、内訓各二十卷。有子素臣、正臣，並學涉有文義。

柳䛒

柳䛒字顧言，本河東人也，永嘉之亂，徙家襄陽。祖惔，梁侍中。父暉，都官尚書。䛒少聰敏，解屬文，好讀書，所覽將萬卷。仕梁，釋褐著作佐郎。後蕭詧據荆州，以爲侍中，領國子祭酒、吏部尚書。及梁國廢，拜開府、通直散騎常侍，尋遷内史侍郎。以無吏幹去職，轉晉王諮議參軍。王好文雅，招引才學之士諸葛頴、虞世南、王胄、朱瑒等百餘人以充學士。而晉爲之冠，王以師友處之，每有文什，必令其潤色，然後示人。嘗朝京師還，作歸藩賦，命晉爲序，詞甚典麗。初，王屬文，爲庾信體，及見晉已後，文體遂變。仁壽初，引晉爲東宮學士，加通直散騎常侍，檢校洗馬。甚見親待，每召入卧内，與之宴謔。晉尤俊辯，多在侍從，有所顧問，應答如響。性又嗜酒，言雜誹諧，由是彌爲太子之所親狎。以其好内典，令撰法華玄宗，爲二十卷，奏之。太子覽而大悦，賞賜優洽，儕輩莫與爲比。

煬帝嗣位，拜祕書監，封漢南縣公。帝退朝之後，便命入閤，言宴諷讀，終日而罷。帝每與嬪后對酒，時逢興會，輒遣命之，至與同榻共席，恩若友朋。帝猶恨不能夜召，於是命匠刻木偶人，施機關，能坐起拜伏，以像於晉。帝每在月下對酒，輒令宫人置之於座，與相酬酢，而爲歡笑。從幸揚州，遇疾卒，年六十九。帝傷惜者久之，贈大將軍，謚曰康。撰晉王北伐記十五卷，有集十卷，行於世。

許善心

許善心字務本，高陽北新城人也。祖茂〔五〕，梁太子中庶子，始平天門二郡守、散騎常侍。父亨，仕梁至給事黄門侍郎，在陳歷羽林監、太中大夫、衛尉卿，領大著作。善心九歲而孤，爲母范氏所鞠養。幼聰明，有思理，所聞輒能誦記，多聞默識，爲當世所稱。家有舊書萬餘卷，皆徧通涉。十五解屬文，牋上父友徐陵，陵大奇之，謂人曰：「才調極高，此神童也。」起家除新安王法曹。太子詹事江總舉秀才，對策高第，授度支郎中，轉侍郎，補撰史學士。

禎明二年，加通直散騎常侍，聘於隋。遇高祖伐陳，禮成而不獲反命，累表請辭。上不許，留縶賓館。及陳亡，高祖遣使告之。善心衰服號哭於西階之下，藉草東向，經三日。勑書唁焉。明日，有詔就館，拜通直散騎常侍，賜衣一襲。善心哭盡哀，入房改服，復出北面立，垂涕再拜受詔。明日乃朝，伏泣於殿下，悲不能興〔六〕。上顧左右曰：「我平陳國，唯獲此人。既能懷其舊君，即是我誠臣也。」勑以本官直門下省，賜物千段，草馬二十匹。從幸太山，還授虞部侍郎。

十六年，有神雀降於含章闥，高祖召百官賜讌，告以此瑞。善心於座請紙筆，製神雀頌，其詞曰：

臣聞觀象則天，乾元合其德，觀法審地，域大表其尊。雨施雲行，四時所以生殺，川流岳立，萬物於是裁成。出震乘離之君，紀鳥司鳳之后，玉鍾玉斗而降，金版金縢以傳。並陶冶性靈，含煦動植，眇玄珠於赤水，寂明鏡乎虛堂。莫不景福氤氳，嘉貺轟集，馳聲南、董，越響雲、韶。

粵我皇帝之君臨，闡大方，抗太極，負鳳邸，據龍圖。不言行焉，攝提建指，不肅清焉，喉鈴啓閉。括地復夏，截海翦商，就望體其尊，登咸昌其會。緜區浹宇，遐至邇安，騰實飛聲，直暢傍施。無體之禮，威儀布政之宮，無聲之樂，綴兆總章之觀。上庠養老，躬問百年，下土字民，心爲百姓。月棲日浴，熱坂寒門，吹鱗没羽之荒，赤蛇青馬之裔，解辮請吏，削衽承風。豈止呼韓北場，頻勒狼居之岫，熄慎南境，近表不耐之城。故使天弗愛道，地寧吝寶，川岳展異，幽明効靈。狎素游赬，團膏漱醴，半景青赤，孳歷虧盈。足足懷仁，般般擾義，祥祐之來若此，升隆之化如彼。而登封盛典，云亭佇白檢之儀，致治成功，柴燎靡玄珪之告。雖奉常定禮，武騎草文，天子抑而未行，推而不有。允恭克讓，其在斯乎？七十二君，信蔑如也！故神禽顯賁，玄應特昭，白爵主鐵豸之奇〔七〕，赤爵銜丹書之貴。班固神爵之頌，履武戴文，曹植嘉爵之篇，棲庭集牖。未若于飛武帳，來賀文梍，刷采青蒲，將翱赤罽。玉几朝御，取翫軒楯之間，金門旦開，兼留翬翟之鑒。終古曠世，未或前聞，福召冥徵，得之兹日。

歲次上章，律諧大吕，玄枵會節，玄英統時。至尊未明求衣，晨興於含章之殿。爰有瑞爵，翱翔而下。載行載止，當扆宁而徐前，來集來儀，承軒墀而顧步。夫瑞者符也，明主之休徵；雀者爵也，聖人之大寶。謹案考異郵云：「軒轅有黃爵赤頭，立日傍。」占云：「土精之應。」又禮稽命徵云：「祭祀合其宜，則黃爵集。」昔漢集泰畤之殿，魏下文昌之宮，一見雍丘之祠，三入平東之府，並旁觀迴矚，事陋人微，奚足稱矣。抑又聞之，不刳胎剖卵則鸞鳳馴鳴，不漉浸焚原則螭龍盤蜿。是知陛下止殺，故飛走宅心，皇慈好生，而浮潛育德。臣面奉綸綍，垂示休祥，預承嘉宴，不勝藻躍。李虔僻處西土，陸機少長東隅，微臣慙於往賢，逢時盛乎曩代。輒竭庸瑣，敢獻頌云：

太素式肇，大德資生，功玄不器，道要無名。質文鼎革，沿習因成，祥圖瑞史，赫赫明明。天保大定，於鑠我君，武義迺武，文教惟文。横塞宇宙，旁凝射、汾，軒物重造，姚風再薰。煥發王策，昭彰帝道，御地七神，飛天五老。山祇吐祕，河靈孕寶，黑羽升壇，青鱗伏皁。丹烏流火，白雉從風，棲阿德劭，鳴岐祚隆。未如神爵，近賀王宮，五靈何有，百福攸同。孔圖獻赤，荀文表白，節節奇音，行行瑞跡。化玉黼扆，銜環陛戟，上天之命，明神所格。綏應在旃〔八〕，伊臣預焉，永緝韋素，方流管絃。頌歌不足，蹈儛無宣，臣拜稽首，億萬斯年。

頌成，奏之，高祖甚悦，曰：「我見神雀，共皇后觀之。今旦召公等入，適述此事，善心於座始知，即能成頌。文不加點，筆不停豪，常聞此言，今見其事。」因賜物二百段。十七年，除秘書丞。于時祕藏圖籍尚多淆亂，善心放阮孝緒七録更製七林，各爲總敍，冠於篇首。又於部録之下，明作者之意，區分其類例焉。又奏追李文博〔九〕、陸從典等學者十許人，正定經史錯謬。仁壽元年，攝黄門侍郎。二年，加攝太常少卿，與牛弘等議定禮樂，秘書丞、黄門，並如故。四年，留守京師。高祖崩于仁壽宫，煬帝祕喪不發，先易留守官人，出除巖州刺史。逢漢王諒反，不之官。

大業元年，轉禮部侍郎，奏薦儒者徐文遠爲國子博士，包愷、陸德明、褚徽、魯世達之輩並加品秩，授爲學官。其年，副納言楊達爲冀州道大使，以稱旨，賜物五百段。左衞大將軍宇文述每旦借本部兵數十人，以供私役，常半日而罷。攝御史大夫梁毗奏劾之。上方以腹心委述，初付法推，千餘人皆稱被役。經二十餘日，法官候伺上意，乃言役不滿日，其數雖多，不合通計，縱令有實，亦當無罪。諸兵士聞之，更云初不被役。上欲釋之，付議虚實，百寮咸議爲虚。善心以爲述於仗衞之所抽兵私役，雖不滿日，闕於宿衞，與常役所部，情狀乃殊。又兵多下番，散還本府，分道追至，不謀同辭。今殆一月，方始翻覆，姦狀分明，此何可捨。蘇威、楊汪等二十餘人，同善心之議。其餘皆議免罪。煬帝可免罪之奏。後數月，述譖善心曰：「陳叔寶卒，善心與周羅睺、虞世基、袁充、蔡徵等同往送葬。善心爲祭文，謂爲陛下，敢於今日加叔寶尊號。」召問有實，自援古例，事得釋，而帝甚惡之。又太史奏帝即位之年，與堯時符合，善心議，以國哀甫爾，不宜稱賀。述諷御史劾之，左遷給事郎，降品二等。四年，撰方物志奏之。七年，從至涿郡，帝方自御戎以東討，善心上封事忤旨，免官。其年復徵爲守給事郎。九年，攝左翊衞長史，從度遼，授建節尉。帝嘗言及高祖受命之符，因問鬼神之事，勑善心與崔祖濬撰靈異記十卷〔一〇〕。

初，善心父撰著梁史，未就而歿。善心述成父志，脩續家書，其序傳末，述制作之意曰：

謹案太素將萌，洪荒初判，乾儀資始，辰象所以正時，巛載厚生，品物於焉播氣。參三才而育德，肖二統而降靈。有人民焉，樹之君長，有貴賤矣，爲其宗極。保上天之睠命，膺下土之樂推，莫不執大方，振長策，感召風雲，驅馳英俊。干戈揖讓，取之也殊功，鼎玉龜符，成之也一致。革命朌制，竹素之道稍彰，紀事記言，筆墨之官漸著。炎農以往，存其名而漏其迹，黄軒以來，晦其文而顯其用。登丘納麓，具訓誥及典謨，貫昴入房，傳夏正與殷祀。洎辯方正位，論時訓功，南北左右，兼四名之別，檮杌、乘車，擅一家之稱。國惡雖諱，君舉必書，故賊子亂臣，天下大懼，元龜明鏡，昭然可察。及三郊遞襲，五勝相沿，俱稱百谷之王，並以四海自任，重光累德，何世無哉！

逮有梁之君臨天下，江左建國，莫斯爲盛。受命在於一君，繼統傳乎四主，克昌四十八載，餘祚五十六年。武皇帝出自諸生，爰升寶曆，拯百王之弊，救萬姓之危，反墝季之末流，登上皇之獨道。朝多君子，野無遺賢，禮樂必備，憲章咸舉。弘深慈於不殺，濟大忍於無刑，蕩蕩巍巍，可爲稱首。屬陰戎入潁，羯胡侵洛，沸騰彯黷，三季所未聞，掃地滔天，一元之巨厄。廊廟有序，翦成狐兔之場，珪帛有儀，碎夫犬羊之手。福善積而身禍，仁義在而國亡。豈天道歟？豈人事歟？嘗別論之，在序論之卷。

先君昔在前代，早懷述作，凡撰齊書爲五十卷；梁書紀傳，隨事勒成，及闕而未就者，目録注爲一百八卷。梁室交喪，墳籍銷盡。冢壁皆殘，不准無所盜，帷囊同毀，陳農何以求！秦儒既坑，先王之道將墜，漢臣徒請，口授之文亦絶。所撰之書，一時亡散。有陳初建，詔爲史官，補闕拾遺，心識口誦。依舊目録，更加修撰，且成百卷，已有六帙五十八卷，上祕閣訖。

善心早嬰荼蓼，弗荷薪構，太建之末，頻抗表聞，至德之初，蒙授史任。方願油素採訪，門庭記録，俯勵弱才，仰成先志；而單宗少强近，虚室類原、顏，退屏無所交遊，棲遲不求進益。假班嗣之書，徒聞其語，給王隱之筆，未見其人。加以庸瑣涼能，孤陋末學，忝職郎署，兼撰陳史，致此書延時，未即成續。禎明二年，以臺郎入聘，值本邑淪覆，佗鄉播遷，行人失時，將命不復。望都亭而長慟，遷別館而懸壺，家史舊書，在後焚蕩。今止有六十八卷在，又並缺落失次。自入京已來，隨見補葺，略成七十卷。四帝紀八卷，后妃一卷，三太子録一卷，爲一帙十卷。宗室王侯列傳一帙十卷。具臣列傳二帙二十卷。外戚傳一卷，孝德傳一卷，誠臣傳一卷，文苑傳二卷，儒林傳二卷，逸民傳一卷，數術傳一卷，藩臣傳一卷，合一帙十卷。止足傳一卷，烈女傳一卷〔一一〕，權幸傳一卷，羯賊傳二卷，逆臣傳二卷，叛臣傳二卷，敍傳論述一卷，合一帙十卷。凡稱史臣者，皆先君所言，下稱名案者，並善心補闕。別爲敍論一篇，託于敍傳之末。

十年，又從至懷遠鎮，加授朝散大夫。突厥圍雁門，攝左親衛武賁郎將，領江南兵宿衞殿省。駕幸江都郡，追敍前勳，授通議大夫，詔還本品，行給事郎。十四年，化及殺逆之日，隋官盡詣朝堂謁賀，善心獨不至。許弘仁馳告之曰：「天子已崩，宇文將軍攝政，合朝文武莫不咸集。天道人事，自有代終，何預於叔而低徊若此！」善心怒之，不肯隨去。弘仁反走上馬，泣而言曰：「將軍於叔全無惡意，忽自求死，豈不痛哉！」還告唐奉義，以狀白化及，遣人就宅執至朝堂。化及令釋之，善心不舞蹈而出。化及目送之曰：「此人大負氣。」命捉將來，罵云：「我好欲放你，敢如此不遜！」其黨輒牽曳，因遂害之，時年六十一。及越王稱制，贈左光禄大夫、高陽縣公，謚曰文節。

善心母范氏，梁太子中舍人孝才之女，少寡養孤，博學有高節。高祖知之，勑尚食每獻時新，常遣分賜。嘗詔范入内，侍皇后講讀，封永樂郡君。及善心遇禍，范年九十有二，臨喪不哭，撫柩曰：「能死國難，我有兒矣。」因卧不食，後十餘日亦終。

李文博

博陵李文博，性貞介鯁直，好學不倦，至於教義名理，特所留心。每讀書至治亂得失，忠臣烈士，未嘗不反覆吟翫。開皇中，爲羽騎尉，特爲吏部侍郎薛道衡所知，恒令在聽事帷中披檢書史，并察己行事。若遇治政善事，即抄撰記録，如選用疎謬，即委之臧否。道衡每得其語，莫不欣然從之。後直秘書内省，典校墳籍，守道居貧，晏如也。雖衣食乏絶，而清操逾厲，不妄通賓客，恒以禮法自處，儕輩莫不敬憚焉。道衡知其貧，每延于家，給以資費。文博商略古今，治政得失，如指諸掌，然無吏幹。稍遷校書郎，後出爲縣丞，遂得下考，數歲不調。道衡爲司隸大夫，遇之於東都尚書省，甚嗟愍之，遂奏爲從事。因爲齊王司馬李綱曰：「今日遂遇文博，得奏用之。」以爲歡笑。其見賞知音如此。在洛下，曾詣房玄齡，相送於衢路。玄齡謂之曰：「公生平志尚，唯在正直，今既得爲從事，故應有會素心。比來激濁揚清，所爲多少？」文博遂奮臂厲聲曰：「夫清其流者必絜其源，正其末者須端其本。今治源混亂，雖日免十貪郡守，亦何所益！」其訾直疾惡，不知忌諱，皆此類也。于時朝政浸壞，人多贓賄，唯文博不改其操，論者以此貴之。遭離亂播遷，不知所終。

初，文博在內校書，虞世基子亦在其內，盛飾容服，而未有所却。文博因從容問之年紀，答云：「十八。」文博乃謂之曰：「昔賈誼當此之年，議論何事？君今徒事儀容，故何爲者！」又秦孝王妃生男，高祖大喜，頒賜羣官各有差。文博家道屢空，人謂其悅，乃云：「賞罰之設，功過所歸，今王妃生男，於羣官何事，乃妄受賞也！」其循名責實，録過計功，必使賞罰不濫，功過無隱者皆爾。文博本爲經學，後讀史書，於諸子及論尤所該洽。性長議論，亦善屬文，著治道集十卷，大行於世。

史臣曰：明克讓、魏澹等，或博學洽聞，詞藻贍逸，既稱燕、趙之俊，寔曰東南之美。所在見寶，咸取禄位，雖無往非命，蓋亦道有存焉。澹之魏書，時稱簡正，條例詳密，足傳於後。此外諸子，各有記述，雖道或小大，皆志在立言，美矣。

校勘記

〔一〕三禮禮論　「禮論」，北史卷八三文苑明克讓傳作「論語」。

〔二〕年七十　明克讓墓誌稱其卒年「七十有三」。

〔三〕通侻不恃威儀　「恃」，宋甲本作「持」。按，北史卷八三文苑李文博傳附侯白傳、册府卷八九五總録部運命、卷九四四總録部佻薄、通志卷一六三陸爽傳附侯白傳亦作「持」。

〔四〕奏與著作郎王劭同脩國史　「王劭」，原作「王邵」，據殿本改。按，王劭，本書卷六九有傳。後同改，不另出校。

〔五〕祖茂　「茂」，梁書卷四〇、南史卷六〇有許懋傳，陳書卷三四文學許亨傳、通志卷一七六許善心傳均作「懋」。

〔六〕悲不能興　「能」，原作「復」，據宋甲本、至順本、汲本改。

〔七〕白爵主鐵豸之奇　「主」，原作「王」，據宋甲本、大德本、汲本、殿本改。

〔八〕綏應在斾　「綏」，原作「經」，據宋甲本、至順本、汲本改。

〔九〕李文博　原作「李文傳」，據宋甲本、至順本改。按，本卷下文有李文博傳。

〔一〇〕勑善心與崔祖濬撰靈異記十卷　「崔祖濬」，原作「崔祖璿」，據宋甲本、至順本、汲本、殿本改。按，北史卷八三文苑許善心傳亦作「崔祖濬」。崔祖濬即崔賾，本書卷七七有傳。

〔一一〕列女傳一卷　「烈女傳」，宋甲本、殿本作「列女傳」。按，北史卷八三文苑許善心傳、册府卷五六一國史部自序亦作「列女傳」。

隋書卷五十九

列傳第二十四

煬三子

煬帝三男，蕭皇后生元德太子昭、齊王暕，蕭嬪生趙王杲。

元德太子昭，煬帝長子也，生而高祖命養宮中。三歲時，於玄武門弄石師子，高祖與文獻后至其所。高祖適患腰痛，舉手憑后，昭因避去，如此者再三。高祖歎曰：「天生長者，誰復教乎！」由是大奇之。高祖嘗謂曰：「當爲爾娶婦。」昭應聲而泣。高祖問其故，對曰：「漢王未婚時，恒在至尊所，一朝娶婦，便則出外。懼將違離，是以啼耳。」上歎其有至性，特鍾愛焉。

年十二，立爲河南王。仁壽初，徙爲晉王，拜内史令，兼左衞大將軍。後三年，轉雍州牧。煬帝即位，便幸洛陽宫，昭留守京師。大業元年，帝遣使者立爲皇太子。昭有武力，能引强弩。性謙沖，言色恂恂，未嘗忿怒。有深嫌可責者，但云「大不是」。所膳不許多品，帷席極於儉素。臣吏有老父母者，必親問其安否，歲時皆有惠賜。其仁愛如此。明年，朝於洛陽。後數月，將還京師，願得少留，帝不許。拜請無數，體素肥，因致勞疾。帝令巫者視之，云：「房陵王爲祟。」未幾而薨。詔内史侍郎虞世基爲哀册文曰：

維大業二年七月癸丑朔二十三日，皇太子薨于行宫[一]。粤三年五月庚辰朔六日，將遷座于莊陵，禮也。蜃綍宵載，鶴關曉闢，肅文物以具陳，儼賓從其如昔。皇帝悼離方之云晦，嗟震宫之虧象，顧守器以長懷，臨登餕而興想。先遠戒日，占謀允從，庭彝徹祖，階阤收重，抗銘旌以啓路，動徐輪於振容。揆行度名，累德彰謚，爰詔史册，式遵典志，俾濬哲之徽猷，播長久乎天地。其辭曰：

宸基峻極，帝緒會昌。體元襲聖，儀耀重光。氣秀春陸，神華少陽。居周軼誦，處漢韜莊。有縱生知，誕膺惟睿。性道觿日，幾深綺歲。降迹大成，俯情多藝。樹親建國，命懿作藩。威蕤先路，舄奕渠門。庸服有紀，分器惟尊。風高楚殿，雅盛梁園。

睿后膺儲，天人叶順。本茂條遠，基崇體峻。改王參墟，奄有唐、晉。在貴能謙，居沖益慎。封畿千里，閶闔九重。神州王化，禁旅軍容。瞻言偃草，高視折衝。帷扆清祕，親賢允屬。汎景鳳瀾，飛華螭玉。揮翰泉涌，敷言藻縟。式是便煩，思謀啓沃。洪惟積德，豐衍繁祉。粤自天孫，光升元子。緑車逮事，翠纓奉祀。肅穆滿容，儀形讓齒。禮樂交暢，愛敬兼資。優游養德，恭己承儀。南山聘隱，東序尊師。有粹神儀，深穆其度。顯顯觀德，温温審論。炯戒齊箴，留連王賦〔二〕。入監出撫，日就月將。沖情玉裕，令問金相。宜綏景福，永作元良〔三〕。神理冥漠，天道難究。仁不必壽，善或愆祐。遽瑶山之頹壞，忽桂宮之毁構。痛結幽明，悲纏宇宙。慟皇情之深憫，摧具僚其如疚。嗚呼哀哉！迴環氣朔，荏苒居諸。沾零露於瑶圃，下申霜於玉除。夜漏盡兮空階曙，曉月懸兮帷殿虚。嗚呼哀哉！將寧甫竁，長違望苑。渡渭涘於造舟，遵長平之脩坂。望鶴駕而不追，顧龍樓而日遠。嗚呼哀哉！永隔存没，長分古今。去榮華於人世，即潛燧之幽深。霏夕煙而稍起，慘落景而將沈。聽哀挽之悽楚，雜灌木之悲吟。紛徒御而流袂，欷纓弁以霑衿。嗚呼哀哉！九地黄泉，千年白日。雖金石之能久，終天壤乎長畢。敢圖芳於篆素，永飛聲而騰實。

帝深追悼。

有子三人，韋妃生恭皇帝，大劉良娣生燕王倓，小劉良娣生越王侗。

燕王倓字仁安。敏慧美姿儀，煬帝於諸孫中特所鍾愛，常置左右。性好讀書，尤重儒素，非造次所及，有若成人。良娣早終，每至忌日，未嘗不流涕嗚咽。帝由是益以奇之。宇文化及弑逆之際，倓覺變，欲入奏，恐露其事，因與梁公蕭鉅、千牛宇文皛等穿芳林門側水竇而入。至玄武門，詭奏曰：「臣卒中惡，命縣俄頃，請得面辭，死無所恨。」冀以見帝，爲司宫者所遏，竟不得聞。俄而難作，爲賊所害，時年十六。

越王侗字仁謹，美姿儀，性寬厚。大業二年，立爲越王。帝每巡幸，侗常留守東都。楊玄感作亂之際，與民部尚書樊子蓋拒之。及玄感平，朝於高陽，拜高陽太守。俄以本官復留守東都。十三年，帝幸江都，復令侗與金紫光禄大夫段達、太府卿元文都、攝民部尚書韋津、右武衛將軍皇甫無逸等總留臺事。

宇文化及之弑逆也，文都等議，以侗元德太子之子，屬最爲近，於是乃共尊立，大赦，改元曰皇泰。謚帝曰明，廟號世祖。追尊元德太子爲孝成皇帝，廟號世宗。尊其母劉良娣爲皇太后。以段達爲納言、右翊衛大將軍、攝禮部尚書，王世充亦納言、左翊衛大將軍、攝吏部尚書，元文都内史令、左驍衞大將軍，盧楚亦内史令，皇甫無逸兵部尚書、右武衞大將軍，郭文懿内史侍郎，趙長文黄門侍郎，委以機務，爲金書鐵券，藏之宫掖。于時洛陽稱段達等爲「七貴」。

未幾，宇文化及立秦王子浩爲天子，來次彭城，所經城邑多從逆黨。侗懼，遣使者蓋琮、馬公政，招懷李密。密遂遣使請降，侗大悦，禮其使甚厚。即拜密爲太尉、尚書令、魏國公，令拒化及。下書曰：

我大隋之有天下，於兹三十八載。高祖文皇帝聖略神功，載造區夏。世祖明皇帝則天法地，混一華戎。東暨蟠木，西通細柳，前踰丹徼，後越幽都。日月之所臨，風雨之所至，圓首方足，禀氣食芼，莫不盡入提封，皆爲臣妾。加以寶貺畢集，靈瑞咸臻，作樂制禮，移風易俗。智周寰海，萬物咸受其賜，道濟天下，百姓用而不知。世祖往因歷試，統臨南服，自居皇極，順兹望幸。所以往歲省方，展禮肆覲，停鑾駐蹕，按駕清道，八屯如昔，七萃不移。豈意釁起非常，逮於軒陛，災生不意，延及冕旒。奉諱之日，五情崩隕，攀號荼毒，不能自勝。

且聞之，自古代有屯剥，賊臣逆子，無世無之。至如宇文化及，世傳庸品。其父述，往屬時來，早霑厚遇，賜以婚媾，置之公輔。位尊九命，禄重萬鍾，禮極人臣，榮冠世表。徒承海嶽之恩，未有涓塵之益。化及以此下材，夙蒙顧盻，出入外內，奉望階墀。昔陪藩國，統領禁衞，及從升皇祚，陪列九卿。但本性兇狠，恣其貪穢，或交結惡黨，或侵掠貨財，事重刑篇，狀盈獄簡。在上不遺簪履，恩加草芥，應至死辜，每蒙恕免。三經除解，尋復本職，再徙邊裔，仍即追還。生成之恩，昊天罔極，獎擢之義，人事罕聞。化及梟獍爲心〔四〕，禽獸不若，縱毒興禍，傾覆行宮。諸王兄弟，一時殘酷，痛暴行路，世不忍言。有窮之在夏時，犬戎之於周代，釁辱之極，亦未是過。朕所以刻骨崩心，飲膽嘗血，瞻天視地，無處容身。

今王公卿士，庶寮百辟，咸以大寶鴻名，不可顛墜，元兇巨猾，須早夷殄，翼戴朕躬，嗣守寶位。顧惟寡薄，志不逮此。今者出黼扆而杖旄鉞，釋衰麻而擐甲冑，銜冤誓衆，忍淚治兵，指日遄征，以平大盜。且化及僞立秦王之子，幽遏比於囚拘，其身自稱霸相，專擅擬於九五。履踐禁御，據有宮闈，昂首揚眉，初無慙色。衣冠朝望，外懼兇威，志士誠臣，内皆憤怨。以我義師，順彼天道，梟夷醜族，匪夕伊朝。

太尉、尚書令、魏公丹誠内發，宏略外舉，率勤王之師，討違天之逆。果毅爭先，熊羆競逐，金鼓振讋，若火焚毛，鋒刃縱横，如湯沃雪。魏公志在匡濟，投袂前驅，朕親御六軍，星言繼進。以此衆戰，以斯順舉，擘山可以動，射石可以入。況擁此人徒，皆有離德，京都侍衛，西憶鄉家，江左淳民，南思邦邑，比來表書駱驛，人信相尋。若王師一臨，舊章暫覩，自應解甲倒戈，冰銷葉散。且聞化及自恣，天奪其心，殺戮不辜，挫辱人士，莫不道路仄目〔五〕，號天跼地。朕今復讎雪恥，梟轘者一人，拯溺救焚，所哀者士庶。唯天鑒孔殷，祐我宗社，億兆感義，俱會朕心。梟戮元兇，策勳飲至，四海交泰，稱朕意焉。兵術軍機，並受魏公節度。

密見使者，大悦，北面拜伏，臣禮甚恭。密遂東拒化及。

「七貴」頗不協，陰有相圖之計。未幾，元文都、盧楚〔六〕、郭文懿、趙長文等爲世充所殺，皇甫無逸遁歸長安。世充詣侗所陳謝，辭情哀苦。侗以爲至誠，命之上殿，被髮爲盟，誓無貳志。自是侗無所關預。侗心不能平，遂與記室陸士季謀圖世充，事不果而止。及世充破李密，衆望益歸之，遂自爲鄭王，總百揆，加九錫，備法物，侗不能禁也。段達、雲定興等十人入見於侗曰：「天命不常，鄭王功德甚盛，願陛下揖讓告禪，遵唐、虞之迹。」侗聞之怒曰：「天下者，高祖之天下，東都者，世祖之東都。若隋德未衰，此言不可發；必天命有改，亦何論於禪讓！公等或先朝舊臣，績宣上代，或勤王立節，身服軒冕，忽有斯言，朕復當何所望！」神色懍然，侍衛者莫不流汗。既而退朝，對良娣而泣。世充更使人謂侗曰：「今海内未定，須得長君。待四方乂安，復子明辟，必若前盟，義不違負。」侗不得已，遜位於世充，遂被幽於含涼殿。世充僭僞號，封爲潞國公，邑五千户。月餘，宇文儒童、裴仁基等謀誅世充，復尊立侗，事泄，並見害。世充兄世惲因勸世充害侗，以絶民望。世充遣其姪行本齎鴆詣侗所曰：「願皇帝飲此酒。」侗知不免，請與母相見，不許。遂布席焚香禮佛，呪曰：「從今以去，願不生帝王尊貴之家。」於是仰藥，不能時絶，更以帛縊之。世充僞謚爲恭皇帝。

齊王暕字世朏，小字阿孩。美容儀，疎眉目，少爲高祖所愛。開皇中，立爲豫章王，邑千户。及長，頗涉經史，尤工騎射。初爲内史令。仁壽中，拜揚州總管沿淮以南諸軍事。煬帝即位，進封齊王，增邑四千户。大業二年，帝初入東都，盛陳鹵簿，暕爲軍導。尋轉豫州牧。俄而元德太子薨，朝野注望，咸以暕當嗣。帝又勑吏部尚書牛弘妙選官屬，公卿由是多進子弟。明年，轉雍州牧，尋徙河南尹，開府儀同三司。元德太子左右二萬餘人悉隸於暕，寵遇益隆，自樂平公主及諸戚屬競來致禮，百官稱謁，填咽道路。

暕頗驕恣，昵近小人，所行多不法，遣喬令則、劉虔安、裴該、皇甫諶、庫狄仲錡、陳智偉等求聲色狗馬。令則等因此放縱，訪人家有女者，輒矯暕命呼之，載入暕宅，因緣藏隱，恣行淫穢，而後遣之。仲錡、智偉二人詣隴西，撾炙諸胡，責其名馬，得數匹以進於暕。暕令還主，仲錡等詐言王賜，將歸於家，暕不之知也。又樂平公主嘗奏帝，言柳氏女美者，帝未有所答。久之，主復以柳氏進於暕，暕納之。其後帝問主，柳氏女所在，主曰：「在齊王所。」帝不悅。暕於東都營第，大門無故而崩，聽事栿中折，識者以爲不祥。其後從帝幸榆林，暕督後軍步騎五萬，恒與帝相去數十里而舍。會帝於汾陽宮大獵，詔暕以千騎入圍。暕大獲麋鹿以獻，而帝未有得也，乃怒從官，皆言爲暕左右所遏，獸不得前。帝於是發怒，求暕罪失。

時制縣令無故不得出境，有伊闕令皇甫詡幸於暕〔七〕，違禁將之汾陽宮。又京兆人達奚通有妾王氏善歌，貴遊宴聚，多或要致，於是展轉亦出入王家。御史韋德裕希旨劾暕，帝令甲士千餘〔八〕，大索暕第，因窮治其事。暕妃韋氏者，民部尚書沖之女也，早卒。暕遂與妃姊元氏婦通，遂産一女。外人皆不得知。陰引喬令則於第内酣宴，令則稱慶，脱暕帽以爲歡樂。召相工令徧視後庭，相工指妃姊曰：「此産子者當爲皇后。王貴不可言。」時國無儲副，暕自謂次當得立。又以元德太子有三子，内常不安，陰挾左道，爲厭勝之事。至是，事皆發，帝大怒，斬令則等數人，妃姊賜死，暕府寮皆斥之邊遠。時趙王杲猶在孩孺，帝謂侍臣曰：「朕唯有暕一子，不然者，當肆諸市朝，以明國憲也。」暕自是恩寵日衰，雖爲京尹，不復關預時政。帝恒令武賁郎將一人監其府事，暕有微失，武賁輒奏之。帝亦常慮暕生變，所給左右，皆以老弱，備員而已。暕每懷危懼，心不自安。又帝在江都宮，元會，暕具法服將朝，無故有血從裳中而下。又坐齋中，見羣鼠數十，至前而死，視皆無頭。暕意甚惡之。俄而化及作亂，兵將犯蹕，帝聞，顧謂蕭后曰：「得非阿孩邪？」其見疎忌如此。化及復令人捕暕，暕時尚卧未起，賊既進，暕驚曰：「是何人？」莫有報者，暕猶謂帝令捕之，因曰：「詔使且緩，兒不負國家。」賊於是曳至街而斬之，及其二子亦遇害。暕竟不知殺者爲誰。時年三十四。

有遺腹子政道〔九〕，與蕭后同入突厥，處羅可汗號爲隋王，中國人没入北蕃者，悉配之以爲部落，以定襄城處之。及突厥滅，歸于大唐，授員外散騎侍郎。

趙王杲小字季子。年七歲，以大業九年封趙王。尋授光禄大夫，拜河南尹。從幸淮南，詔行江都太守事。杲聰令，美容儀，帝有所製詞賦，杲多能誦之。性至孝，常見帝風動，不進膳，杲亦終日不食。又蕭后當灸，杲先請試炷，后不許之。杲泣請曰：「后所服藥，皆蒙嘗之。今灸，願聽嘗炷。」悲咽不已。后竟爲其停灸〔一〇〕，由是尤愛之。後遇化及反，杲在帝側，號慟不已。裴虔通使賊斬之於帝前，血湔御服。時年十二。

史臣曰：元德太子雅性謹重，有君人之量，降年不永，哀哉！齊王敏慧可稱，志不及遠，頗懷驕僭，故煬帝疎而忌之。心無父子之親，貌展君臣之敬，身非積善，國有餘殃。至令趙及燕、越皆不得其死，悲夫！

校勘記

〔一〕維大業二年七月癸丑朔二十三日皇太子薨于行宮　張元濟校勘記：「按本紀三，七月癸丑朔，甲戌皇太子昭薨，疑二十三日當作二十二日。」

〔二〕留連王賦　「王」，原作「主」，據宋甲本、至順本、汲本改。

〔三〕永作元良　「作」，宋甲本作「祚」，義長。

〔四〕化及梟獍爲心　「獍」，宋甲本、大德本、至順本、南監本、汲本、殿本作「鏡」。殿本考證引史記封禪書及顏氏家訓，以爲作「鏡」是。

〔五〕莫不道路仄目　「仄」，宋甲本作「以」。按，北史卷七一隋宗室諸王煬帝三子元德太子昭傳附越王侗傳、册府卷二八九宗室部圖興復亦作「以」。

〔六〕盧楚　原作「盧逸」，據本卷上文及北史卷七一隋宗室諸王煬帝三子元德太子昭傳附越王侗傳、册府卷二八九宗室部圖興復改。按，盧楚，本書卷七一有傳。

〔七〕有伊闕令皇甫詡幸於暕　「皇甫詡」，原作「皇甫翊」，據宋甲本、大德本、至順本、南監本改。按，北史卷七一隋宗室諸王煬帝三子齊王暕傳亦作「皇甫詡」。

〔八〕帝令甲士千餘　「千」，原作「十」，據宋甲本、至順本、汲本改。按，北史卷七一隋宗室諸王煬帝三子齊王暕傳亦作「千」。

〔九〕有遺腹子政道　「政道」，北史卷七一隋宗室諸王煬帝三子齊王暕傳作「愍」。

〔一〇〕後竟爲其停灸　「後」，宋甲本、殿本作「后」。按，北史卷七一隋宗室諸王煬帝三子趙王杲傳亦作「后」。

隋書卷六十

列傳第二十五

崔仲方

崔仲方字不齊，博陵安平人也。祖孝芬，魏荆州刺史。父宣猷，周小司徒。仲方少好讀書，有文武才幹。年十五，周太祖見而異之，令與諸子同就學。時高祖亦在其中，由是與高祖少相款密。後以明經爲晉公宇文護參軍事，尋轉記室，遷司玉大夫，與斛斯徵、柳敏等，同修禮律。後以軍功，授平東將軍、銀青光禄大夫，賜爵石城縣男，邑三百户。時武帝陰有滅齊之志，仲方獻二十策，帝大奇之。後與少内史趙芬删定格式。尋從帝攻晉州，齊之亞將崔景嵩請爲内應，仲方與段文振等登城應接，遂下晉州，語在文振傳。又令仲方說翼城等四城，下之。授儀同，進爵范陽縣侯。後以行軍長史從郯公王軌禽陳將吴明徹於吕梁，仲方計策居多。宣帝嗣位，爲少内史，奉使淮南而還。

會帝崩，高祖爲丞相，與仲方相見，握手極懽，仲方亦歸心焉。其夜上便宜十八事，高祖並嘉納之。又見衆望有歸，陰勸高祖應天受命，高祖從之。及受禪，上召仲方與高熲議正朔服色事。仲方曰：「晉爲金行，後魏爲水，周爲木。皇家以火承木，得天之統。又聖躬載誕之初，有赤光之瑞，車服旗牲，並宜用赤。」又勸上除六官，請依漢、魏之舊。上皆從之。進位上開府，尋轉司農少卿，進爵安固縣公。令發丁三萬，於朔方、靈武築長城，東至黄河，西拒綏州，南至勃出嶺，緜亘七百里。明年，上復令仲方發丁十五萬，於朔方已東緣邊險要築數十城，以遏胡寇。丁父艱去職。未朞，起爲虢州刺史。上書論取陳之策曰：

臣謹案晉太康元年歲在庚子，晉武平吴，至今開皇六年歲次丙午，合三百七載。春秋寶乾圖云：「王者三百年一蠲法。」今三百之期，可謂備矣。陳氏草竊，起於丙子，至今丙午，又子午爲衝，陰陽之忌。昔史趙有言曰：「陳，顓頊之族，爲水，故歲在鶉火以滅。」又云：「周武王克商，封胡公滿於陳。」至魯昭公九年，陳災，裨竈曰：「歲五及鶉火而後陳亡，楚剋之。」楚，祝融之後也，爲火正，故復滅陳。陳承舜後，舜承顓頊，雖太歲左行，歲星右轉，鶉火之歲，陳族再亡，戊午之年，嬀虞運盡，語迹雖殊，考事無別。皇朝五運相承，感火德而王，國號爲隋，與楚同分。楚是火正，午爲鶉火，未爲鶉首，中爲實沈，西爲大梁。既當周、秦、晉、趙之分，若當此分發兵，將得歲之助，以今量古，陳滅不疑。

臣謂午未申酉，並是數極。蓋聞天時不如地利，地利不如人和，況主聖臣良，兵强國富，動植迴心，人神叶契。陳既主昏於上，民讟於下，險無百二之固，衆非九國之師。夏癸、殷辛尚不能立，獨此島夷而稽天討！伏度朝廷自有宏謨，但芻蕘所見，冀中螢爝。今唯須武昌已下，蘄、和、滁、方、吴、海等州更帖精兵，密營渡計。益、信、襄、荆、基、郢等州速造舟楫，多張形勢，爲水戰之具。蜀、漢二江，是其上流，水路衝要，必爭之所。賊雖於流頭、荆門、延洲、公安、巴陵、隱磯、夏首、蘄口、盆城置舡，然終聚漢口、峽口，以水戰大決。若賊必以上流有軍，令精兵赴援者，下流諸將即須擇便横渡。如擁衆自衞，上江水軍鼓行以前。雖恃九江五湖之險，非德無以爲固，徒有三吴、百越之兵，無恩不能自立。

上覽而大悦，轉基州刺史，徵入朝。仲方因面陳經略，上善之，賜以御袍袴，并雜綵五百段，進位開府而遣之。及大舉伐陳，以仲方爲行軍總管，率兵與秦王會。及陳平，坐事免。未幾，復位。後數載，轉會州總管。時諸羌猶未賓附，詔令仲方擊之，與賊三十餘戰，紫祖、四鄰、望方、涉題〔一〕、千碉、小鐵圍山、白男王、弱水等諸部悉平。賜奴婢一百三十口，黄金三十斤，雜物稱是。

仁壽初，授代州總管，在職數年，被徵入朝。會上崩，漢王諒餘黨據呂州不下，煬帝令周羅睺攻之，中流矢卒，乃令仲方代總其衆，月餘拔之。進位大將軍，拜民部尚書，尋轉禮部尚書。後三載，坐事免。尋爲國子祭酒，轉太常卿。朝廷以其衰老，出拜上郡太守。未幾，以母憂去職。歲餘，起爲信都太守，上表乞骸骨，優詔許之。尋卒於家，時年七十六。子民壽，官至定陶令。

于仲文 兄顗 從父弟璽

于仲文字次武，建平公義之兄子。父寔，周大左輔、燕國公。仲文少聰敏，髫齓就學，耽閲不倦。其父異之曰：「此兒必興吾宗矣。」九歲，嘗於雲陽宫見周太祖，太祖問曰：「聞兒好讀書，書有何事？」仲文對曰：「資父事君，忠孝而已。」太祖甚嗟歎之。其後就博士李祥受周易、三禮，略通大義。及長，倜儻有大志，氣調英拔，當時號爲名公子。起家爲趙王屬，尋遷安固太守。有任、杜兩家各失牛，後得一牛〔一〕，兩家俱認，州郡久不能決。益州長史韓伯儁曰：「于安固少聰察，可令決之。」仲文曰：「此易解耳。」於是令二家各驅牛羣至，乃放所認者，遂向任氏羣中。又陰使人微傷其牛，任氏嗟惋，杜家自若。仲文於是訶詰杜氏，杜氏服罪而去。始州刺史屈突尚，宇文護之黨也，先坐事下獄，無敢繩者。仲文至郡窮治，遂竟其獄。蜀中爲之語曰：「明斷無雙有于公，不避强禦有次武。」未幾，徵爲御正下大夫，封延壽郡公，邑三千五百户。數從征伐，累勳授儀同三司。宣帝時，爲東郡太守。

高祖爲丞相，尉迥作亂，遣將檀讓收河南之地。復使人誘致仲文，仲文拒之。迥怒其不同己，遣儀同宇文威攻之。仲文迎擊，大破威衆，斬首五百餘級，以功授開府。迥又遣其將宇文胄渡石濟，宇文威、鄒紹自白馬，二道俱進，復攻仲文。賊勢逾盛，人情大駭，郡人赫連僧伽、敬子哲率衆應迥。仲文自度不能支，棄妻子，將六十餘騎，開城西門，潰圍而遯。爲賊所追，且戰且行，所從騎戰死者十七八。仲文僅而獲免，達於京師。迥於是屠其三子一女。高祖見之，引入卧内，爲之下泣。賜綵五百段，黄金二百兩，進位大將軍，領河南道行軍總管。給以鼓吹，馳傳詣洛陽發兵，以討檀讓。

時韋孝寬拒迥於永橋，仲文詣孝寬有所計議。時總管宇文忻頗有自疑之心，因謂仲文曰：「公新從京師來，觀執政意何如也？尉迥誠不足平，正恐事寧之後，更有藏弓之慮。」仲文懼忻生變，因謂之曰：「丞相寬仁大度，明識有餘，苟能竭誠，必心無貳。仲文在京三日，頻見三善，以此爲觀，非尋常人也。」忻曰：「三善如何？」仲文曰：「有陳萬敵者，新從賊中來，即令其弟難敵召募鄉曲，從軍討賊。此其有大度一也。上士宋謙，奉使勾檢，謙緣此別求佗罪。丞相責之曰：『入網者自可推求，何須別訪，以虧大體。』此其不求人私二也。言及仲文妻子，未嘗不潸泫。此其有仁心三也。」忻自此遂安。

仲文軍至汴州之東倪塢，與迴將劉子昂、劉浴德等相遇，進擊破之。軍次蓼隄，去梁郡七里，讓擁衆數萬，仲文以羸師挑戰。讓悉衆來拒，仲文僞北，讓軍頗驕。於是遣精兵左右翼擊之，大敗讓軍，生獲五千餘人，斬首七百級。進攻梁郡，迴守將劉子寬棄城遯走。仲文追擊，禽斬數千人，子寬僅以身免。初，仲文在蓼隄，諸將皆曰：「軍自遠來，士馬疲弊，不可決勝。」仲文令三軍趣食，列陳大戰。既而破賊，諸將皆請曰：「前兵疲不可交戰，竟而剋勝，其計安在？」仲文笑曰：「吾所部將士皆山東人，果於速進，不宜持久。乘勢擊之，所以制勝。」諸將皆以爲非所及也。進擊曹州，獲迴所署刺史李仲康及上儀同房勁。

檀讓以餘衆屯城武，別將高士儒以萬人屯永昌。仲文詐移書州縣曰：「大將軍至，可多積粟。」讓謂仲文未能卒至，方槌牛享士，仲文知其怠，選精騎襲之，一日便至。遂拔城武。迴將席毗羅，衆十萬，屯於沛縣，將攻徐州。其妻子在金鄉。仲文遣人詐爲毗羅使者，謂金鄉城主徐善淨曰：「檀讓明日午時到金鄉，將宣蜀公令，賞賜將士。」金鄉人謂爲信然，皆喜。仲文簡精兵，僞建迴旗幟，倍道而進。善淨望見仲文軍且至，以爲檀讓，乃出迎謁。仲文執之，遂取金鄉。諸將多勸屠之，仲文曰：「此城是毗羅起兵之所，當寬其妻子，其兵可自歸。如即屠之，彼望絶矣。」衆皆稱善。於是毗羅恃衆來薄官軍，仲文背城結陣，去軍數里，設伏於麻田中。兩陣纔合，伏兵發，俱曳柴鼓噪，塵埃張天。毗羅軍大潰，仲文乘之，賊皆投洙水而死〔三〕，爲之不流。獲檀讓，檻送京師，河南悉平。毗羅匿滎陽人家，執斬之，傳首闕下。勒石紀功，樹於泗上。

入朝京師，高祖引入卧内，宴享極歡。賜雜綵千餘段，妓女十人，拜柱國、河南道大行臺。屬高祖受禪，不行。未幾，其叔父太尉翼坐事下獄，仲文亦爲吏所簿，於獄中上書曰：

臣聞春生夏長，天地平分之功，子孝臣誠，人倫不易之道。曩者尉迴逆亂，所在影從。臣任處關、河，地居衝要，嘗膽枕戈，誓以必死。迴時購臣，位大將軍，邑萬户。臣不顧妻子，不愛身命，冒白刃，潰重圍，三男一女，相繼淪没，披露肝膽，馳赴闕庭。蒙陛下授臣以高官，委臣以兵革。于時河南兇寇，狼顧鴟張，臣以羸兵八千，掃除氛祲。摧劉寬於梁郡，破檀讓於蓼隄，平曹州，復東郡，安城武，定永昌，解亳州圍，殄徐州賊。席毗十萬之衆，一戰土崩，河南蟻聚之徒，應時戡定。

當羣兇問鼎之際，黎元乏主之辰，臣第二叔翼先在幽州，總馭燕、趙，南鄰羣寇，北捍旄頭，内外安撫，得免罪戾。臣第五叔智建旗黑水，與王謙爲鄰，式遏蠻陬，鎮綏蜀道。臣兄顗作牧淮南，坐制勍敵，乘機勦定，傳首京師。王謙竊據二江，叛換三蜀。臣第三叔義受脤廟庭，龔行天討。自外父叔兄弟，皆當文武重寄，或銜命危難之間，或侍衞鉤陳之側，合門誠款，冀有可明。伏願垂泣辜之恩，降雲雨之施，追草昧之始，録涓滴之功，則寒灰更然，枯骨生肉，不勝區區之至，謹冒死以聞。

上覽表，并翼俱釋之。

未幾，詔仲文率兵屯白狼塞以備胡。明年，拜行軍元帥，統十二總管以擊胡。出服遠鎮，遇虜，破之，斬首千餘級，六畜巨萬計。於是從金河出白道，遣總管辛明瑾、元滂、賀蘭志、呂楚、段諧等二萬人出盛樂道，趨那頡山。至護軍川北，與虜相遇，可汗見仲文軍容齊肅，不戰而退。仲文率精騎五千，踰山追之，不及而還。上以尚書文簿繁雜，吏多姦計，令仲文勘録省中事。其所發擿甚多，上嘉其明斷，厚加勞賞焉。上每憂轉運不給，仲文請決渭水，開漕渠。上然之，使仲文總其事。及伐陳之役，拜行軍總管，以舟師自章山出漢口。陳郢州刺史荀法尚、魯山城主誕法澄、鄧沙彌等請降，秦王俊皆令仲文以兵納之。高智慧等作亂江南，復以行軍總管討之。時三軍乏食，米粟踊貴，仲文私糶軍糧，坐除名。明年，復官爵，率兵屯馬邑以備胡。數旬而罷。

晉王廣以仲文有將領之才〔四〕，每常屬意，至是奏之，乃令督晉王軍府事。後突厥犯塞，晉王爲元帥，以仲文將前軍，大破賊而還。仁壽初，拜太子右衞率。煬帝即位，遷右翊衞大將軍，參掌文武選事。從帝討吐谷渾，進位光祿大夫，甚見親幸。

遼東之役，仲文率軍指樂浪道。軍次烏骨城，仲文簡羸馬驢數千，置於軍後。既而率衆東過，高麗出兵掩襲輜重，仲文迴擊，大破之。至鴨綠水，高麗將乙支文德詐降，來入其營。仲文先奉密旨，若遇高元及文德者，必禽之。至是，文德來，仲文將執之。時尚書右丞劉士龍爲慰撫使，固止之。仲文遂捨文德。尋悔，遣人紿文德曰：「更有言議，可復來也。」文德不從，遂濟。仲文選騎渡水追之，每戰破賊。文德遺仲文詩曰：「神策究天文，妙筭窮地理。戰勝功既高，知足願云止。」仲文答書諭之，文德燒柵而遯。時宇文述以糧盡欲還，仲文議以精銳追文德，可以有功。述固止之，仲文怒曰：「將軍仗十萬之衆，不能破小賊，何顏以見帝！且仲文此行也，固無功矣。」述因厲聲曰：「何以知無功？」仲文曰：「昔周亞夫之爲將也，見天子，軍容不變。此決在一人，所以功成名遂。今者人各其心，何以赴敵！」初，帝以仲文有計畫，令諸軍諮稟節度，故有此言。由是述等不得已而從之，遂行。東至薩水，宇文述以兵餒退歸，師遂敗績。帝以屬吏，諸將皆委罪於仲文。帝大怒，釋諸將，獨繫仲文。仲文憂恚發病，困篤方出之，卒於家，時年六十八。撰漢書刊繁三十卷、略覽三十卷。有子九人，欽明最知名。

顗字元武，身長八尺，美鬚眉。周大冢宰宇文護見而器之，妻以季女。尋以父勳，賜爵新野郡公，邑三千户。授大都督，遷車騎大將軍、儀同三司。其後累以軍功，授上開府。歷左、右宫伯，郢州刺史。大象中，以水軍總管從韋孝寬經略淮南。顗率開府元紹貴、上儀同毛猛等，以舟師自潁口入淮。陳防主潘深棄栅而走，進與孝寬攻拔壽陽。復引師圍硤石，守將許約懼而降，顗乃拜東廣州刺史。

尉迥之反也，時總管趙文表與顗素不協，顗將圖之，因卧閤内，詐得心疾，謂左右曰：「我見兩三人至我前者，輒大驚，即欲斫之，不能自制也。」其有賓客候問者，皆令去左右。顗漸稱危篤，文表往候之，令從者至大門而止，文表獨至顗所。顗欻然而起，抽刀斫殺之，因唱言曰：「文表與尉迥通謀，所以斬之。」其麾下無敢動者。時高祖以尉迥未平，慮顗復生邊患，因而勞勉之，即拜吴州總管。

陳將錢茂和率數千人襲江陽，顗逆擊走之。陳復遣將陳紀、周羅睺、燕合兒等襲顗，顗拒之而退，賜綵數百段。

高祖受禪，文表弟詣闕稱兄無罪。上令案其事，太傅竇熾等議顗當死。上以門著勳績，特原之，貶爲開府。後襲爵燕國公，邑萬六千户。尋以疾免。開皇七年，拜澤州刺史。數年，免職，卒於家。子世虔嗣。

璽字伯符。父翼，仕周爲上柱國、幽州總管、任國公。高祖爲丞相，尉迥作亂，遣人誘翼。翼鎖其使，送之長安，高祖甚悦。及高祖受禪，翼入朝，上爲之降榻，握手極歡。數日，拜爲太尉。歲餘，卒，謚曰穆。

璽少有器幹，仕周，起家右侍上士。尋授儀同，領右羽林，遷少胥附。武帝時，從齊王憲破齊師於洛陽，以功賜爵豐寧縣子，邑五百户。尋從帝平齊，加開府，改封黎陽縣公，邑千二百户，授職方中大夫。及宣帝嗣位，轉右勳曹中大夫。尋領右忠義。高祖爲丞相，加上開府。及受禪，進位大將軍，拜汴州刺史，甚有能名。上聞而善之，優詔褒揚，賜帛百匹。尋加上大將軍，進爵郡公。轉邵州刺史，在州數年，甚有恩惠。後檢校江陵總管，州人張願等數十人，詣闕上表，請留璽。上嘉歎良久，令還邵州，父老相賀。尋還洛州刺史，復爲熊州刺史，並有惠政。以疾徵還京師。仁壽末，卒于家，謚曰靜。有子志本。

段文振

段文振，北海期原人也。祖壽，魏滄州刺史。父威，周洮、河、甘、渭四州刺史。文振少有膂力，膽氣過人，性剛直，明達時務。初爲宇文護親信，護知其有幹用，擢授中外府兵曹。後武帝攻齊海昌王尉相貴於晉州，其亞將侯子欽、崔景嵩爲内應。文振杖槊登城，與崔仲方等數十人先登。文振隨景嵩至相貴所，拔佩刃劫之，相貴不敢動，城遂下。帝大喜，賜物千段。進拔文侯、華谷、高壁三城，皆有力焉。及攻并州，陷東門而入，齊安德王延宗懼而出降。録前後勳，將拜高秩，以讒毁獲譴，因授上儀同，賜爵襄國縣公，邑千户。進平鄴都，又賜綺羅二千匹。後從滕王逌擊稽胡，破之。歷相州别駕、揚州總管長史。入爲天官都上士，從韋孝寬經略淮南。

俄而尉迥作亂，時文振老母妻子俱在鄴城，迥遣人誘之，文振不顧，歸於高祖。高祖引爲丞相掾，領宿衛驃騎。司馬消難之奔陳也，高祖令文振安集淮南，還除衛尉少卿，兼内史侍郎。尋以行軍長史從達奚震討叛蠻，平之，加上開府。歲餘，遷鴻臚卿。衛王爽北征突厥，以文振爲長史，坐勳簿不實免官。後爲石、河二州刺史，甚有威惠。遷蘭州總管，改封龍崗縣公。突厥犯塞，以行軍總管擊破之，逐北至居延塞而還。九年，大舉伐陳，以文振爲元帥秦王司馬，别領行軍總管。及平江南，授揚州總管司馬。尋轉并州總管司馬，以母憂去職。未幾，起令視事，固辭不許。後數年，拜雲州總管，尋爲太僕卿。十九年，突厥犯塞，文振以行軍總管拒之，遇達頭可汗於沃野，擊破之。文振先與王世積有舊，初，文振北征，世積遺以駝馬。比還，世積以罪被誅，文振坐與交關，功遂不録。明年，率衆出靈州道以備胡，無虜而還。越巂蠻叛，文振擊平之，賜奴婢二百口。仁壽初，嘉州獠作亂，文振以行軍總管討之。引軍山谷間，爲賊所襲，前後阻險，不得相救，軍遂大敗。文振復收散兵，擊其不意，竟破之。文振性素剛直，無所降下。初，軍次益州，謁蜀王秀，貌頗不恭，秀甚銜之。及此，奏文振師徒喪敗。右僕射蘇威與文振有隙，因而譖之，坐是除名。及秀廢黜，文振上表自申理，高祖慰諭之，授大將軍。尋拜靈州總管。

煬帝即位，徵爲兵部尚書，待遇甚重。從征吐谷渾，文振督兵屯雪山，連營三百餘里，東接楊義臣，西連張壽，合圍渾主於覆袁川。以功進位右光禄大夫。帝幸江都，以文振行江都郡事。文振見高祖時容納突厥啓民居于塞内，妻以公主，賞賜重疊；及大業初，恩澤彌厚。文振以狼子野心，恐爲國患，乃上表曰：「臣聞古者遠不間近，夷不亂華，周宣外攘戎狄，秦帝築城萬里，蓋遠圖良筭，弗可忘也。竊見國家容受啓民，資其兵食，假以地利。

如臣愚計，竊又未安。何則？夷狄之性，無親而貪，弱則歸投，强則反噬，蓋其本心也。臣學非博覽，不能遠見，且聞晉朝劉曜，梁代侯景，近事之驗，衆所共知。以臣量之，必爲國患。如臣之計，以時喻遣，令出塞外。然後明設烽候，緣邊鎮防，務令嚴重，此乃萬歲之長策也。」時兵曹郎斛斯政專掌兵事，文振知政險薄，不可委以機要，屢言於帝，帝並弗納。

及遼東之役，授左候衛大將軍，出南蘇道。在道疾篤，上表曰：「臣以庸微，幸逢聖世，濫蒙獎擢，榮冠儕伍。而智能無取，叨竊已多，言念國恩，用忘寢食。常思効其鳴吠，以報萬分，而攝養乖方，疾患遂篤。抱此深愧，永歸泉壤，不勝餘恨，輕陳管穴。竊見遼東小醜，未服嚴刑，遠降六師，親勞萬乘。但夷狄多詐，深須防擬，口陳降款，心懷背叛，詭伏多端，勿得便受。水潦方降，不可淹遲，唯願嚴勒諸軍，星馳速發，水陸俱前，出其不意，則平壤孤城，勢可拔也。若傾其本根，餘城自剋。如不時定，脱遇秋霖，深爲艱阻，兵糧又竭，强敵在前，靺鞨出後，遲疑不決，非上策也。」後數日，卒於師。帝省表，悲歎久之，贈光禄大夫、尚書右僕射、北平侯，謚曰襄。賜物一千段，粟麥二千石，威儀鼓吹，送至墓所。有子十人。

長子詮，官至武牙郎將。次綸，少以俠氣聞。文振弟文操，大業中，爲武賁郎將，性甚剛嚴。帝令督祕書省學士。時學士頗存儒雅，文操輒鞭撻之，前後或至千數，時議者鄙之。

史臣曰：仲方兼資文武，雅有籌筭，伐陳之策，信爲深遠矣。聲績克舉，夫豈徒言哉！仲文博涉書記，以英略自許，尉迴之亂，遂立功名。自茲厥後，屢當推轂。遼東之役，實喪師徒。斯乃大樹將顛，蓋亦非戰人之罪也。文振少以膽略見重，終懷壯夫之志，時進讜言，頻稱諒直。其取高位厚秩，良有以也。

校勘記

〔一〕涉題　冊府卷三五六將帥部立功作「涉䟺」。

〔二〕後得一牛　「後」，原作「任」，據宋甲本、汲本改。按，北史卷二三于栗磾傳附于仲文傳、御覽卷二六二職官部六〇良太守下引隋書、冊府卷六九五牧守部折獄、隋書詳節卷一五于仲文傳亦作「後」。

〔三〕賊皆投洙水而死　「洙水」，原作「沬水」，據宋甲本、至順本、汲本改。

〔四〕晉王廣以仲文有將領之才　「廣」，原作一字空格，宋甲本作「諱」，據大德本、至順本補。

隋書卷六十一

列傳第二十六

宇文述 雲定興

宇文述字伯通，代郡武川人也〔一〕。本姓破野頭，役屬鮮卑俟豆歸，後從其主爲宇文氏。父盛，周上柱國。述少驍銳，便弓馬。年十一，時有相者謂述曰：「公子善自愛，後當位極人臣。」周武帝時，以父軍功，起家拜開府。述性恭謹沈密，周大冢宰宇文護甚愛之，以本官領護親信。及帝親總萬機，召爲左宮伯，累遷英果中大夫，賜爵博陵郡公，尋改封濮陽郡公。

高祖爲丞相，尉迥作亂相州，述以行軍總管率步騎三千，從韋孝寬擊之。軍至河陽，迥遣將李儁攻懷州，述別擊儁軍，破之。又與諸將擊尉惇於永橋，述先鋒陷陳，俘馘甚衆。

平尉迥，每戰有功，超拜上柱國，進爵褒國公，賜縑三千匹。

開皇初，拜右衛大將軍。平陳之役，復以行軍總管率衆三萬，自六合而濟。時韓擒、賀若弼兩軍趣丹陽，述進據石頭，以爲聲援。陳主既擒，而蕭瓛、蕭巖據東吳之地，擁兵拒守。述領行軍總管元契、張默言等討之，水陸兼進。落叢公燕榮以舟師自海至，亦受述節度。上下詔曰：「公鴻勳大業，名高望重，奉國之誠，久所知悉。金陵之寇，既已清蕩，而吳、會之地，東路爲遥，蕭巖、蕭瓛，並在其處。公率將戎旅，撫慰彼方，振揚國威，宣布朝化。以公明略，乘勝而往，風行電掃，自當稽服。若使干戈不用，黎庶獲安，方副朕懷，公之力也。」陳永新侯陳君範自晉陵奔瓛，并軍合勢。見述軍且至，瓛懼，立柵於晉陵城東，又絶塘道，留兵拒述。瓛自義興入太湖，圖掩述後。述進破其柵，迴兵擊瓛，大敗之，斬瓛司馬曹勒叉。前軍復陷吳州，瓛以餘衆保包山，燕榮擊破之。述進至奉公埭，蕭巖、陳君範等以會稽請降。述許之，二人面縛路左，吳、會悉平。以功拜一子開府，賜物三千段，拜安州總管。

時晉王廣鎮揚州，甚善於述，欲述近己，因奏爲壽州刺史總管。王時陰有奪宗之志，請計於述，述曰：「皇太子失愛已久，令德不聞於天下。大王仁孝著稱，才能蓋世，數經將領，深有大功。主上之與内宮，咸所鍾愛，四海之望，實歸於大王。然廢立者，國家之大事，處人父子骨肉之間，誠非易謀也。然能移主上者，唯楊素耳。素之謀者，唯其弟約。述雅知約，請朝京師，與約相見，共圖廢立。」晉王大悅，多齎金寶，資述入關。述數請約，盛陳器玩，與之酣暢，因而共博，每佯不勝，所齎金寶盡輸之。約所得既多，稍以謝述。述因曰：「此晉王之賜，令述與公爲歡樂耳。」約大驚曰：「何爲者？」述因爲王申意。約然其說，退言於素，素亦從之。於是素每與述謀事。晉王與述情好益密，命述子士及尚南陽公主，前後賞賜不可勝計。及晉王爲皇太子，以述爲左衞率。舊令，率官第四品，上以述素貴，遂進率品爲第三，其見重如此。

煬帝嗣位，拜左衞大將軍，改封許國公。大業三年，加開府儀同三司，每冬正朝會，輒給鼓吹一部。從幸榆林，時鐵勒契弊歌稜攻敗吐谷渾，其部攜散，遂遣使請降求救。帝令述以兵屯西平之臨羌城，撫納降附。吐谷渾見述擁强兵，懼不敢降，遂西遁。述領鷹揚郎將梁元禮、張峻、崔師等追之，至曼頭城，攻拔之，斬三千餘級。乘勝至赤水城，復拔之。其餘黨走屯丘尼川，述進擊，大破之，獲其王公、尚書、將軍二百人，前後虜男女四千口而還。渾主南走雪山，其故地皆空。帝大悅。明年，從帝西幸，巡至金山，登燕支，述每爲斥候。時渾賊復寇張掖，進擊走之。還至江都宮，勑述與蘇威常典選舉，參預朝政。

述時貴重，委任與蘇威等，其親愛則過之。帝所得遠方貢獻及四時口味，輒見班賜，中使相望於道。述善於供奉，俯仰折旋，容止便辟，宿衞者咸取則焉。又有巧思，凡有所裝飾，皆出人意表。數以奇服異物進獻宮掖，由是帝彌悅焉。時述貴倖，言無不從，勢傾朝廷。左衞將軍張瑾與述連官，嘗有評議，偶不中意，述張目叱之，瑾惶懼而走，文武百寮莫敢違忤。然性貪鄙，知人有珍異之物，必求取之。富商大賈及隴右諸胡子弟，述皆接以恩意，呼之爲兒。由是競加餽遺，金寶累積。後庭曳羅綺者數百，家僮千餘人，皆控良馬，被服金玉。述之寵遇，當時莫與爲比。

及征高麗，述爲扶餘道軍將。臨發，帝謂述曰：「禮，七十者行役以婦人從，公宜以家累自隨。古稱婦人不入軍，謂臨戰時耳。至於營壘之間，無所傷也。項籍虞姬，即其故事。」述與九軍至鴨渌水，糧盡，議欲班師。諸將多異同，述又不測帝意。會乙支文德來詣其營，述先與于仲文俱奉密旨，令誘執文德。既而緩縱，文德逃歸，語在仲文傳。述內不自安，遂與諸將度水追之。時文德見述軍中多飢色，欲疲述衆，每鬬便北。述一日之中七戰皆捷，既恃驟勝，又內逼羣議，於是遂進，東濟薩水，去平壤城三十里，因山爲營。文德復遣使僞降，請述曰：「若旋師者，當奉高元朝行在所。」述見士卒疲弊，不可復戰，又平壤嶮固，卒難致力，遂因其詐而還。衆半濟，賊擊後軍，於是大潰不可禁止，九軍敗績，一日一夜，還至鴨渌水，行四百五十里。初度遼，九軍三十萬五千人，及還至遼東城，唯二千七百人。帝大怒，以述等屬吏。至東都，除名爲民。

明年，帝有事遼東，復述官爵，待之如初。從至遼東，與將軍楊義臣率兵復臨鴨渌水。會楊玄感作亂，帝召述班師，令馳驛赴河陽，發諸郡兵以討玄感。時玄感逼東都，聞述軍將至，懼而西遁，將圖關中。述與刑部尚書衞玄、左禦衞將軍來護兒、武衞將軍屈突通等躡之。至閿鄉皇天原，與玄感相及。述與來護兒列陣當其前，遣屈突通以奇兵擊其後，大破之，遂斬玄感，傳首行在所。賜物數千段。復從東征，至懷遠而還。

突厥之圍雁門，帝懼，述請潰圍而出。樊子蓋固諫不可，帝乃止。及圍解，車駕次太原，議者多勸帝還京師，帝有難色。述因奏曰：「從官妻子多在東都，便道向洛陽，自潼關而入可也。」帝從之。是歲，至東都，述又觀望帝意，勸幸江都，帝大悦。

述於江都遇疾，中使相望，帝將親臨視之，羣臣苦諫乃止。遂遣司宫魏氏問述曰：「必有不諱，欲何所言？」述二子化及、智及，時並得罪于家，述因奏曰：「化及臣之長子，早預藩邸，願陛下哀憐之。」帝聞，泫然曰：「吾不忘也。」及薨，帝爲之廢朝，贈司徒、尚書令、十郡太守，班劍四十人，輼輬車，前後部鼓吹，謚曰恭。帝令黄門侍郎裴矩，祭以太牢，鴻臚監護喪事。子化及，别有傳。

雲定興者，附會於述。初，定興女爲皇太子勇昭訓，及勇廢，除名配少府。定興先得昭訓明珠絡帳，私賂於述，自是數共交遊。定興每時節必有賂遺，并以音樂干述。述素好著奇服，炫耀時人。定興爲製馬韉，於後角上缺方三寸，以露白色。世輕薄者爭放學之，謂爲許公缺勢。又遇天寒，定興曰：「入内宿衞，必當耳冷。」述曰：「然。」乃製裌頭巾，令深袙耳。又學之，名爲許公袙勢。述大悦曰：「雲兄所作，必能變俗。我聞作事可法，故不虛也。」後帝將事四夷，大造兵器，述薦之，因敕少府工匠並取其節度。述欲爲之求官，謂定興曰：「兄所製器仗並合上心，而不得官者，爲長寧兄弟猶未死耳。」定興曰：「此無用物，何不勸上殺之。」述因奏曰：「房陵諸子，年並成立。今欲動兵征討，若將從駕，則守掌爲難；若留一處，又恐不可。進退無用，請早處分。」帝從之，因鴆殺長寧，又遣以下七弟分配嶺表，仍遣閒使於路盡殺之。五年，大閱軍實，帝稱甲仗爲佳。述奏曰：「並雲定興之功也。」擢授少府丞。尋代何稠爲少監，轉衞尉少卿，遷左禦衞將軍，仍知少府事。十一年，授左屯衞大將軍。

凡述所薦達，皆至大官。趙行樞以太常樂户，家財億計，述謂爲兒，多受其賄。稱其驍勇，起家爲折衝郎將。

郭衍

郭衍字彥文，自云太原介休人也。父崇以舍人從魏武帝入關〔二〕，其後官至侍中。衍少驍武，善騎射。周陳王純引爲左右，累遷大都督。時齊氏未平，衍奉詔於天水募人，以鎮東境，得樂徙千餘家，屯於陝城。拜使持節、車騎大將軍、儀同三司。每有寇至，輒率所領禦之，一歲數告捷，頗爲齊人所憚。王益親任之。建德中，周武帝出幸雲陽，衍朝於行所〔三〕，時議欲伐齊，衍請爲前鋒。攻河陰城，授儀同大將軍。武帝圍晉州，慮齊兵來援，令衍從陳王守千里徑。又從武帝與齊主大戰於晉州，追齊師至高壁，敗之。仍從平并州，以功加授開府，封武强縣公〔四〕，邑一千二百户，賜姓叱羅氏。宣政元年，爲右中軍熊渠中大夫。

尉迥之起逆，從韋孝寬戰於武陟，進戰於相州。先是，迥遣弟子勤爲青州總管，率青、齊之衆來助迥。迥敗，勤與迥子惇、祐等欲東奔青州。衍將精騎一千，追破之，執祐於陣，勤遂遯走，而惇亦逃逸。衍至濟州，入據其城，又擊其餘黨於濟北，累戰破之，執送京師。超授上柱國，封武山郡公。賞物七千段。密勸高祖殺周室諸王，早行禪代。由是大被親昵。

開皇元年，勑復舊姓爲郭氏。突厥犯塞，以衍爲行軍總管，領兵屯於平涼。數歲，虜不入。徵爲開漕渠大監。部率水工，鑿渠引渭水，經大興城北，東至于潼關，漕運四百餘里。關内賴之，名之曰富民渠。五年，授瀛州刺史，遇秋霖大水，其屬縣多漂没，民皆上高樹，依大冢。衍親備船栰，并齎糧拯救之，民多獲濟。衍先開倉賑卹，後始聞奏。上大善之，選授朔州總管。所部有恒安鎮，北接蕃境，常勞轉運。衍乃選沃饒地，置屯田，歲剩粟萬餘石，民免轉輸之勞。又築桑乾鎮，皆稱旨。十年，從晉王廣出鎮揚州。遇江表搆逆，命衍爲總管，領精鋭萬人先屯京口。於貴洲南，與賊戰，敗之，生擒魁帥，大獲舟楫粮儲，以充軍實。乃討東陽、永嘉、宣城、黟、歙諸洞，盡平之。授蔣州刺史。

衍臨下甚踞，事上姦諂。晉王愛暱之，宴賜隆厚。遷洪州總管。王有奪宗之謀，託衍心腹，遣宇文述以情告之。衍大喜曰：「若所謀事果，自可爲皇太子。如其不諧，亦須據淮海，復梁、陳之舊。副君酒客，其如我何？」王因召衍，陰共計議。又恐人疑無故來往，託以衍妻患癭，王妃蕭氏有術能療之。以狀奏高祖，高祖聽衍共妻向江都，往來無度。衍又詐稱桂州俚反，王乃奏衍行兵討之。由是大修甲仗，陰養士卒。及王入爲太子，徵授左監門率，轉左宗衛率。高祖於仁壽宫將大漸，太子與楊素矯詔，令衍、宇文述領東宫兵，帖上臺宿衞，門禁並由之〔五〕。及上崩，漢王起逆，而京師空虚，使衍馳還，總兵居守。

大業元年，拜左武衞大將軍。帝幸江都，令衍統左軍，改授光禄大夫。又從討吐谷渾，出金山道，納降二萬餘户。衍能揣上意，阿諛順旨。帝每謂人曰：「唯有郭衍，心與朕同。」又嘗勸帝取樂，五日一視事〔六〕，無得効高祖空自劬勞。帝從之，益稱其孝順。初，新令行，衍封爵從例除。六年，以恩倖封真定侯。七年，從往江都，卒。贈左衞大將軍，賵賜甚厚，謚曰襄。長子臻，武牙郎將。次子嗣本，孝昌縣令。

史臣曰：謇謇匪躬，爲臣之高節，和而不同，事君之常道。宇文述、郭衍以水濟水，如脂如韋，便辟足恭，柔顏取悦。君所謂可，亦曰可焉，君所謂不，亦曰不焉。無所是非，不能輕重，默默苟容，偷安高位，甘素餐之責，受彼己之譏。此固君子所不爲，亦丘明之深恥也。

校勘記

〔一〕代郡武川人也　「代郡武川」，宇文述墓誌作「遼西貝城」。

〔二〕父崇以舍人從魏武帝入關　「崇」字原闕，據北史卷七四郭衍傳補。

〔三〕衍朝於行所　「朝」，原作「詞」，據至順本、殿本改。按，册府卷三八九將帥部請行亦作「朝」。又，南監本作「伺」，意亦可通。或諸本「詞」是「伺」之誤字，姑存疑。

〔四〕封武强縣公　「武强」，册府卷三八四將帥部褒異作「武安」。

〔五〕令衍宇文述領東宮兵帖上臺宿衛門禁並由之　「兵」字原闕，據宋甲本、大德本、汲本補。按，北史卷七四郭衍傳亦有「兵」字。又，本書卷四八楊素傳、册府卷三三九宰輔部不忠作：「素矯詔追東宮兵士帖上臺宿衛，門禁出入，並取宇文述、郭衍節度。」

〔六〕五日一視事　「事」字原闕，據宋甲本、大德本、汲本補。按，北史卷七四郭衍傳、册府卷六二八環衛部奸佞亦有「事」字。

隋書卷六十二

列傳第二十七

王韶

王韶字子相，自云太原晉陽人也，世居京兆。祖諧，原州刺史。父諒，早卒[一]。韶幼而方雅，頗好奇節，有識者異之。在周，累以軍功，官至車騎大將軍、儀同三司。復轉軍正。武帝既拔晉州，意欲班師，韶諫曰：「齊失紀綱，於茲累世，天獎王室，一戰而扼其喉。加以主昏於上，民懼於下，取亂侮亡，正在今日[二]。方欲釋之而去，以臣愚固，深所未解，願陛下圖之。」帝大悅，賜縑一百匹。及平齊氏，以功進位開府，封晉陽縣公，邑五百户，賜口馬雜畜以萬計。遷内史中大夫。宣帝即位，拜豐州刺史，改封昌樂縣公。高祖受禪，進爵項城郡公，邑二千户。轉靈州刺史，加位大將軍。晉王廣之鎮并州也，除行臺右僕射，賜綵五百匹。韶性剛直，王甚憚之，每事諮詢，不致違於法度。韶嘗奉使檢行長城，其後王穿池，起三山，韶既還，自鎖而諫，王謝而罷之。高祖聞而嘉歎，賜金百兩，并後宮四人。平陳之役，以本官爲元帥府司馬，帥師趣河陽，與大軍會。既至壽陽，與高熲支度軍機，無所擁滯。及剋金陵，韶即鎮焉。晉王廣班師，留韶於石頭防遏，委以後事。歲餘，徵還，高祖謂公卿曰：「晉王以幼稚出藩，遂能剋平吳、越，綏靜江湖，子相之力也。」於是進位柱國，賜奴婢三百口，綿絹五千段。

開皇十一年，上幸并州〔三〕，以其稱職，特加勞勉。其後，上謂韶曰：「自朕至此，公鬚鬢漸白，無乃憂勞所致？柱石之望，唯在於公，努力勉之！」韶辭謝曰：「臣比衰暮，殊不解作官人。」高祖曰：「是何意也？不解者，是未用心耳〔四〕。」韶對曰：「臣昔在昏季，猶且用心，況逢明聖，敢不罄竭！但神化精微，非駑蹇所逮。加以今年六十有六，桑榆云晚，比於疇昔，昏忘又多。豈敢自寬，以速身累，恐以衰暮，虧紊朝綱耳。」上勞而遣之。

秦王俊爲并州總管，仍爲長史。歲餘，馳驛入京，勞弊而卒，時年六十八。高祖甚傷惜之，謂秦王使者曰：「語爾王，我前令子相緩來，如何乃遣馳驛？殺我子相，豈不由汝邪？」言甚悽愴。使有司爲之立宅，曰：「往者何用宅爲，但以表我深心耳。」又曰：「子相受我委寄，十有餘年，終始不易，寵章未極，舍我而死乎！」發言流涕。因命取子相封事數十紙，傳示羣臣。上曰：「其直言匡正，裨益甚多，吾每披尋，未嘗釋手。」煬帝即位，追贈司徒、尚書令、靈豳等十州刺史、魏國公。子士隆嗣。

士隆略知書計，尤便弓馬，慷慨有父風。大業之世，頗見親重，官至備身將軍，改封耿公。數令討擊山賊，往往有捷。越王侗稱帝，士隆率數千兵自江、淮而至。會王世充僭號，甚禮重之，署尚書右僕射。士隆憂憤，疽發背卒。

元巖

元巖字君山，河南洛陽人也。父禎，魏敷州刺史。巖好讀書，不治章句，剛鯁有器局，以名節自許，少與渤海高熲、太原王韶同志友善。仕周，釋褐宣威將軍、武賁給事。大冢宰宇文護見而器之，以爲中外記室。累遷內史中大夫，昌國縣伯。宣帝嗣位，爲政昏暴，京兆郡丞樂運乃輿櫬詣朝堂，陳帝八失，言甚切至。帝大怒，將戮之。朝臣皆恐懼，莫有救者。巖謂人曰：「臧洪同日，尚可俱死，其況比干乎！若樂運不免，吾將與之俱斃。」詣閤請見，言於帝曰：「樂運知書奏必死，所以不顧身命者，欲取後世之名。陛下若殺之，乃成其名，落其術內耳。不如勞而遣之，以廣聖度。」運因獲免。後帝將誅烏丸軌，巖不肯署詔。御正顔之儀切諫不入，巖進繼之，脱巾頓顙，三拜三進。帝曰：「汝欲黨烏丸軌邪？」巖曰：「臣非黨軌，正恐濫誅失天下之望。」帝怒，使閹豎搏其面，遂廢于家。

高祖爲丞相，加位開府、民部中大夫。及受禪，拜兵部尚書，進爵平昌郡公，邑二千户。巖性嚴重，明達世務，每有奏議，侃然正色，庭諍面折，無所迴避。上及公卿，皆敬憚之。時高祖初即位，每懲周代諸侯微弱，以致滅亡，由是分王諸子，權侔王室，以爲磐石之固，遣晉王廣鎮并州，蜀王秀鎮益州。二王年並幼稚，於是盛選貞良有重望者爲之寮佐。于時巖與王韶俱以骨鯁知名，物議稱二人才具侔於高熲，由是拜巖爲益州總管長史，韶爲河北道行臺右僕射。高祖謂之曰：「公宰相大器，今屈輔我兒，亦如曹參相齊之意也〔五〕。」及巖到官，法令明肅，吏民稱焉。蜀王性好奢侈，嘗欲取獠口以爲閹人，又欲生剖死囚，取膽爲藥。巖皆不奉教，排閤切諫，王輒謝而止，憚巖爲人，每循法度。蜀中獄訟，巖所裁斷，莫不悦服。其有得罪者，相謂曰：「平昌公與吾罪，吾何怨焉。」上甚嘉之，賞賜優洽。十三年，卒官，上悼惜久之。益州父老莫不殞涕，于今思之。巖卒之後，蜀王竟行其志，漸致非法，造渾天儀、司南車、記里鼓，凡所被服，擬於天子。又共妃出獵，以彈彈人，多捕山獠，以充宦者。寮佐無能諫止。及秀得罪，上曰：「元巖若在，吾兒豈有是乎！」子弘嗣。仕歷給事郎、司朝謁者、北平通守。

劉行本

劉行本，沛人也。父瓌，仕梁，歷職清顯。行本起家武陵王國常侍〔六〕。遇蕭脩以梁州北附，遂與叔父璠同歸于周，寓居京兆之新豐。每以諷讀爲事，精力忘疲，雖衣食乏絶，晏如也。性剛烈，有不可奪之志。周大冢宰宇文護引爲中外府記室。武帝親總萬機，轉御正中士，兼領起居注。累遷掌朝下大夫。周代故事，天子臨軒，掌朝典筆硯，持至御坐，則承御大夫取以進之。及行本爲掌朝，將進筆於帝，承御復欲取之。行本抗聲謂承御曰：「筆不可得。」帝驚視問之，行本言於帝曰：「臣聞設官分職，各有司存。臣既不得佩承御刀，承御亦焉得取臣筆。」帝曰：「然。」因令二司各行所職。及宣帝嗣位，多失德，行本切諫忤旨，出爲河內太守。

高祖爲丞相，尉迥作亂，進攻懷州。行本率吏民拒之，拜儀同，賜爵文安縣子。及踐阼，徵拜諫議大夫，檢校治書侍御史。未幾，遷黃門侍郎。上嘗怒一郎，於殿前笞之。行本進曰：「此人素清，其過又小，願陛下少寬假之。」上不顧。行本於是正當上前曰：「陛下不以臣不肖，置臣左右。臣言若是，陛下安得不聽？臣言若非，當致之於理，以明國法，豈得輕臣而不顧也！臣所言非私。」因置笏於地而退，上斂容謝之，遂原所笞者。

于時天下大同，四夷内附，行本以党項羌密邇封域，最爲後服，上表劾其使者曰：「臣聞南蠻遵校尉之統，西域仰都護之威。比見西羌鼠竊狗盜，不父不子，無君無臣，異類殊方，於斯爲下。不悟羈縻之惠，詎知含養之恩，狼戾爲心，獨乖正朔。使人近至，請付推科。」上奇其志焉。雍州别駕元肇言於上曰：「有一州吏，受人餽錢二百文〔七〕，依律合杖一百。然臣下車之始，與其爲約。此吏故違，請加徒一年。」行本駁之曰：「律令之行，並發明詔，與民約束。今肇乃敢重其教命，輕忽憲章。欲申己言之必行，忘朝廷之大信，虧法取威，非人臣之禮。」上嘉之，賜絹百匹。

在職數年，拜太子左庶子，領治書如故。皇太子虚襟敬憚。時唐令則亦爲左庶子，太子昵狎之，每令以絃歌教内人。行本責之曰：「庶子當匡太子以正道，何有嬖昵房帷之間哉！」令則甚慙而不能改。時沛國劉臻、平原明克讓、魏郡陸爽並以文學爲太子所親。行本怒其不能調護，每謂三人曰：「卿等正解讀書耳。」時左衞率長史夏侯福爲太子所昵，嘗於閤内與太子戲。福大笑，聲聞於外。行本時在閤下聞之，待其出，行本數之曰：「殿下寬容，賜汝顏色。汝何物小人，敢爲褻慢！」因付執法者治之。數日，太子爲福致請，乃釋之。太子嘗得良馬，令福乘而觀之。太子甚悦，因欲令行本復乘之。行本不從，正色而進曰：「至尊置臣於庶子之位者，欲令輔導殿下以正道，非爲殿下作弄臣也。」太子慙而止。復以本官領大興令，權貴憚其方直，無敢至門者。由是請託路絶，法令清簡，吏民懷之。未幾，卒官，上甚傷惜之。及太子廢，上曰：「嗟乎！若使劉行本在，勇當不及於此。」無子。

梁毗

梁毗字景和，安定烏氏人也。祖越，魏涇、豫、洛三州刺史，郃陽縣公。父茂，周滄、兗二州刺史。毗性剛謇，頗有學涉。周武帝時，舉明經，累遷布憲下大夫。平齊之役，以毗爲行軍總管長史，剋并州，毗有力焉。除爲別駕，尋加儀同三司〔八〕。宣政中，封易陽縣子，邑四百户。遷武藏大夫。

高祖受禪，進爵爲侯。開皇初，置御史官，朝廷以毗鯁正，拜治書侍御史，名爲稱職。尋轉大興令，遷雍州贊治。毗既出憲司，復典京邑，直道而行，無所迴避，頗失權貴心，由是出爲西寧州刺史，改封邯鄲縣侯。在州十一年。先是，蠻夷酋長皆服金冠，以金多者爲豪儁，由此遞相陵奪，每尋干戈，邊境略無寧歲。毗患之。後因諸酋長相率以金遺毗，於是置金坐側，對之慟哭而謂之曰：「此物飢不可食，寒不可衣。汝等以此相滅，不可勝數。今將此來，欲殺我邪？」一無所納，悉以還之。於是蠻夷感悟，遂不相攻擊。高祖聞而善之，徵爲散騎常侍、大理卿。處法平允，時人稱之。歲餘，進位上開府。

毗見左僕射楊素貴寵擅權，百寮震慴，恐爲國患，因上封事曰：「臣聞臣無有作威福，臣之作威福，其害乎而家，凶乎而國。竊見左僕射、越國公素，幸遇愈重，權勢日隆，搢紳之徒，屬其視聽。忤意者嚴霜夏零，阿旨者膏雨冬澍，榮枯由其脣吻，廢興候其指麾。所私皆非忠讜，所進咸是親戚，子弟布列，兼州連縣。天下無事，容息異圖，四海稍虞，必爲禍始。夫姦臣擅命，有漸而來。王莽資之於積年，桓玄基之於易世，而卒殄漢祀，終傾晉祚。季孫專魯，田氏篡齊，皆載典誥，非臣臆說。陛下若以素爲阿衡，臣恐其心未必伊尹也。伏願揆鑒古今，量爲處置，俾洪基永固，率土幸甚。輕犯天顏，伏聽斧鑕。」高祖大怒，命有司禁止，親自詰之。毗極言曰：「素既擅權寵，作威作福，將領之處，殺戮無道。又太子及蜀王罪廢之日，百寮無不震悚，惟素揚眉奮肘，喜見容色，利國家有事以爲身幸。」毗發言謇謇，有誠亮之節，高祖無以屈也，乃釋之。素自此恩寵漸衰。但素任寄隆重，多所折挫，當時朝士無不慴伏，莫有敢與相是非。辭氣不撓者，獨毗與柳彧及尚書右丞李綱而已。後上不復專委於素，蓋由察毗之言也。

煬帝即位，遷刑部尚書，并攝御史大夫事。奏劾宇文述私役部兵，帝議免述罪，毗固諍，因忤旨，遂令張衡代爲大夫。毗憂憤，數月而卒。帝令吏部尚書牛弘弔之，贈縑五百匹。

子敬真，大業之世，爲大理司直。時帝欲成光禄大夫魚俱羅之罪，令敬真治其獄，遂希旨陷之極刑。未幾，敬真有疾，見俱羅爲之厲，數日而死。

柳彧

柳彧字幼文，河東解人也。七世祖卓，隨晉南遷，寓居襄陽。父仲禮，爲梁將，敗歸周，復家本土。彧少好學，頗涉經史。周大冢宰宇文護引爲中外府記室，久而出爲寧州總管掾。武帝親總萬機，彧詣闕求試。帝異之，以爲司武中士。轉鄭令。平齊之後，帝大賞從官，留京者不預。彧上表曰：「今太平告始，信賞宜明，酬勳報勞，務先有本。屠城破邑，出自聖規，斬將搴旗，必由神略。若負戈擐甲，征扞劬勞，至於鎮撫國家，宿衞爲重。俱禀成筭，非專己能，留從事同，功勞須等。皇太子以下，實有守宗廟之功。昔蕭何留守，茅土先於平陽，穆之居中，没後猶蒙優策。不勝管見，奉表以聞。」於是留守並加汎級。

高祖受禪，累遷尚書虞部侍郎，以母憂去職。未幾，起爲屯田侍郎，固讓弗許。時制三品已上，門皆列戟。左僕射高熲子弘德封應國公，申牒請戟。彧判曰：「僕射之子更不異居，父之戟槊已列門外。尊有壓卑之義，子有避父之禮，豈容外門既設，內閤又施！」事竟不行，熲聞而歎伏。後遷治書侍御史，當朝正色，甚爲百寮之所敬憚。上嘉其婞直，謂彧曰：「大丈夫當立名於世，無容容而已。」賜錢十萬，米百石。

于時刺史多任武將，類不稱職。彧上表曰：「方今天下太平，四海清謐，共治百姓，須任其才。昔漢光武一代明哲，起自布衣，備知情僞，與二十八將，披荊棘，定天下，及功成之後，無所職任。伏見詔書以上柱國和干子爲杞州刺史〔九〕，其人年垂八十，鍾鳴漏盡。前任趙州，闇於職務，政由羣小，賄賂公行，百姓吁嗟，歌謠滿道。乃云：『老禾不早殺，餘種穢良田。』古人有云：『耕當問奴，織當問婢。』此言各有所能也。干子弓馬武用，是其所長，治民莅職，非其所解。至尊思治，無忘寢興，如謂優老尚年，自可厚賜金帛，若令刺舉，所損殊大。臣死而後已，敢不竭誠。」上善之，干子竟免。有應州刺史唐君明，居母喪，娶雍州長史庫狄士文之從父妹。彧劾之曰：「臣聞天地之位既分，夫婦之禮斯著，君親之義生焉，尊卑之教攸設。是以孝惟行本，禮實身基，自國刑家，率由斯道。竊以愛敬之情，因心至切，喪紀之重，人倫所先。君明鑽燧雖改，在文無變，忽劬勞之痛，成嬿爾之親，冒此苴縗，命彼褕翟。不義不昵，春秋載其將亡，無禮無儀，詩人欲其遄死。士文贊務神州，名位通顯，整齊風教，四方是則。棄二姓之重匹，違六禮之軌儀。請禁錮終身，以懲風俗。」二人竟坐得罪。隋承喪亂之後，風俗頹壞，彧多所矯正，上甚嘉之。

又見上勤於聽受，百寮奏請，多有煩碎，因上疏諫曰：「臣聞自古聖帝，莫過唐、虞，象地則天，布政施化，不爲叢脞，是謂欽明。語曰：『天何言哉，四時行焉。』故知人君出令，誡在煩數。是以舜任五臣，堯咨四岳，設官分職，各有司存，垂拱無爲，天下以治。所謂勞於求賢，逸於任使。又云：『天子穆穆，諸侯皇皇。』此言君臣上下，體裁有別。比見四海一家，萬機務廣，事無大小，咸關聖聽。陛下留心治道，無憚疲勞，亦由羣官懼罪，不能自決，取判天旨。聞奏過多，乃至營造細小之事，出給輕微之物，一日之內，酬答百司，至乃日旰忘食，夜分未寢，動以文簿，憂勞聖躬。伏願思臣至言，少減煩務，以怡神爲意，以養性爲懷，思武王安樂之義，念文王勤憂之理。若其經國大事，非臣下裁斷者，伏願詳決。自餘細務，責成所司，則聖體盡無疆之壽，臣下蒙覆育之賜也。」上覽而嘉之。後以忤旨免。未幾，復令視事，因謂彧曰：「無改爾心。」以其家貧，敕有司爲之築宅。因曰：「柳彧正直士，國之寶也。」其見重如此。

右僕射楊素當塗顯貴，百寮懾憚，無敢忤者。嘗以少譴，敕送南臺。素恃貴，坐彧牀。

彧從外來，見素如此，於階下端笏整容謂素曰：「奉勅治公之罪。」素遽下。彧據案而坐，立素於庭，辨詰事狀。素由是銜之。彧時方爲上所信任，故素未有以中之。

彧見近代以來，都邑百姓每至正月十五日，作角抵之戲，遞相誇競，至於糜費財力，上奏請禁絶之，曰：「臣聞昔者明王訓民治國〔一〇〕，率履法度，動由禮典。非法不服，非道不行，道路不同，男女有別，防其邪僻，納諸軌度。竊見京邑，爰及外州，每以正月望夜，充街塞陌，聚戲朋遊。鳴鼓聒天，燎炬照地，人戴獸面，男爲女服，倡優雜技，詭狀異形。以穢嫚爲歡娱，用鄙褻爲笑樂，内外共觀，曾不相避。高棚跨路，廣幕陵雲，袨服靚粧，車馬填噎。肴醑肆陳，絲竹繁會，竭貲破産，競此一時。盡室并孥，無問貴賤，男女混雜，緇素不分。穢行因此而生，盜賊由斯而起。浸以成俗，實有由來，因循敝風，曾無先覺。非益於化，實損於民，請頒行天下，並即禁斷。康哉雅、頌，足美盛德之形容，鼓腹行歌，自表無爲之至樂。敢有犯者，請以故違勅論。」詔可其奏。是歲，持節巡省河北五十二州，奏免長吏贓汙不稱職者二百餘人，州縣肅然，莫不震懼。上嘉之，賜絹布二百匹、氈三十領，拜儀同三司。歲餘，加員外散騎常侍，治書如故。仁壽初，復持節巡省太原道十九州。及還，賜絹百五十匹。

彧嘗得博陵李文博所撰治道集十卷，蜀王秀遣人求之。彧送之於秀，秀復賜彧奴婢十口。及秀得罪，楊素奏彧以内臣交通諸侯，除名爲民，配戍懷遠鎮。行達高陽，有詔徵還。至晉陽，值漢王諒作亂，遣使馳召彧，將與計事。彧爲使所逼，初不知諒反，將入城而諒反形已露。彧度不得免，遂詐中惡不食，自稱危篤。諒怒，囚之。及諒敗，楊素奏彧心懷兩端，以候事變，迹雖不反，心實同逆，坐徙敦煌。楊素卒後，乃自申理，有詔徵還京師，卒於道。有子紹，爲介休令。

趙綽

趙綽，河東人也，性質直剛毅。在周，初爲天官府史，以恭謹恪勤，擢授夏官府下士。稍以明幹見知，累轉内史中士。父艱去職，哀毁骨立，世稱其孝。既免喪，又爲掌教中士。高祖爲丞相，知其清正，引爲録事參軍。尋遷掌朝大夫，從行軍總管是云暉擊叛蠻，以功拜儀同，賜物千段。

高祖受禪，授大理丞。處法平允，考績連最，轉大理正。尋遷尚書都官侍郎，未幾轉刑部侍郎。治梁士彦等獄，賜物三百段，奴婢十口，馬二十匹。每有奏讞，正色侃然，上嘉之，漸見親重。上以盜賊不禁，將重其法。綽進諫曰：「陛下行堯、舜之道，多存寬宥。況律者天下之大信，其可失乎！」上忻然納之，因謂綽曰：「若更有聞見，宜數陳之也。」遷大理少卿。故陳將蕭摩訶，其子世略在江南作亂，摩訶當從坐。上曰：「世略年未二十，亦何能爲！以其名將之子，爲人所逼耳。」因赦摩訶。綽固諫不可，上不能奪，欲綽去而赦之，固命綽退食。綽曰：「臣奏獄未決，不敢退朝。」上曰：「大理其爲朕特赦摩訶也。」因命左右釋之。刑部侍郎辛亶，嘗衣緋褌，俗云利於官，上以爲厭蠱，將斬之。綽曰：「據法不當死，臣不敢奉詔。」上怒甚，謂綽曰：「卿惜辛亶而不自惜也？」命左僕射高熲將綽斬之，綽曰：「陛下寧可殺臣，不得殺辛亶。」至朝堂，解衣當斬，上使人謂綽曰：「竟何如？」對曰：「執法一心，不敢惜死。」上拂衣而入，良久乃釋之。明日，謝綽，勞勉之，賜物三百段。時上禁行惡錢，有二人在市，以惡錢易好者，武候執以聞，上令悉斬之。綽進諫曰：「此人坐當杖，殺之非法。」上曰：「不關卿事。」綽曰：「陛下不以臣愚暗，置在法司，欲妄殺人，豈得不關臣事！」上曰：「撼大木不動者，當退。」對曰：「臣望感天心，何論動木！」上復曰：「啜羹者，熱則置之。天子之威，欲相挫耶？」綽拜而益前，訶之不肯退。上遂入。治書侍御史柳彧復上奏切諫，上乃止。上以綽有誠直之心，每引入閤中，或遇上與皇后同榻，即呼綽坐，評論得失。前後賞賜萬計。其後進位開府，贈其父爲蔡州刺史。

時河東薛冑爲大理卿，俱名平恕。然冑斷獄以情，而綽守法，俱爲稱職。上每謂綽曰：「朕於卿無所愛惜，但卿骨相不當貴耳。」仁壽中卒官，時年六十三。上爲之流涕，中使弔祭，鴻臚監護喪事。有二子：元方、元襲。

裴肅

裴肅字神封，河東聞喜人也。父俠，周民部大夫。肅少剛正，有局度，少與安定梁毗同志友善。仕周，釋褐給事中士，累遷御正下大夫。以行軍長史從韋孝寬征淮南。屬高祖爲丞相，肅聞而歎曰：「武帝以雄才定六合，墳土未乾，而一朝遷革，豈天道歟！」高祖聞之，甚不悦，由是廢于家。

開皇五年，授膳部侍郎。後二歲，遷朔州總管長史，轉貝州長史，俱有能名。仁壽中，肅見皇太子勇、蜀王秀、左僕射高熲俱廢黜，遣使上書曰：「臣聞事君之道，有犯無隱，愚情所懷，敢不聞奏。竊見高熲以天挺良才，元勳佐命，陛下光寵，亦已優隆。但鬼瞰高明，世疵俊異，側目求其長短者，豈可勝道哉！願陛下録其大功，忘其小過。臣又聞之，古先聖帝，教而不誅，陛下至慈，度越前聖。二庶人得罪已久，寧無革心？願陛下弘君父之慈，顧天性之義，各封小國，觀其所爲。若能遷善，漸更增益，如或不悛，貶削非晚。今者自新之路永絶，愧悔之心莫見，豈不哀哉！」書奏，上謂楊素曰：「裴肅憂我家事，此亦至誠也。」於是徵肅入朝。皇太子聞之，謂左庶子張衡曰：「使勇自新，欲何爲也？」衡曰：「觀肅之意，欲令如吴太伯、漢東海王耳。」皇太子甚不悦。頃之，肅至京師，見上于含章殿，上謂肅曰：「吾貴爲天子，富有四海，後宫寵幸，不過數人，自勇以下，並皆同母，非爲憎愛輕事廢立。」因言勇不可復收之意。既而罷遣之。

未幾，上崩。煬帝嗣位，不得調者久之，肅亦杜門不出。後執政者以嶺表荒遐，遂希旨授肅永平郡丞，甚得民夷心。歲餘，卒，時年六十二。夷獠思之，爲立廟於鄣江之浦。有子尚賢。

史臣曰：猛獸之處山林，藜藿爲之不採，正臣之立朝廷，姦邪爲之折謀。皆志在匪躬，義形于色，豈惟綱紀由其隆替，抑亦社稷繫以存亡者也。晉、蜀二王，帝之愛子，擅以權寵，莫拘憲令，求其恭肅，不亦難乎！元巖、王韶，任當彼相，並見嚴憚，莫敢爲非，謇諤之風，有足稱矣。行本正色於房陵，梁毗抗言於楊素，直辭鯁氣，懔焉可想。趙綽之居大理，囹圄無冤，柳彧之處憲臺，姦邪自肅。然不畏强禦，梁毗其有焉，邦之司直，行本、柳彧近之矣。裴肅朝不坐，宴不預，忠誠慷慨，犯忤龍鱗，固知嫠婦憂宗周之亡，處女悲太子之少，非徒語也。方諸前載，有閻纂之風焉。

校勘記

〔一〕祖諧原州刺史父諒早卒　傳主王韶，子士隆。王士隆墓誌載，祖毅，原州刺史。誌、傳名字不同，官職相混。姑存疑。

〔二〕正在今日　「今」，原作「令」，據宋甲本、至順本、南監本、北監本、汲本、殿本改。

〔三〕開皇十一年上幸并州　「十一年」，疑應作「十年」。按，本書卷二高祖紀下、北史卷一一隋本紀上文帝紀，開皇十年二月，高祖行幸并州，四月還。

〔四〕不解者是未用心耳　「者」字原闕，據宋甲本、至順本、南監本補。

〔五〕亦如曹參相齊之意也　「亦」字原闕，據宋甲本、至順本補。按，北史卷七五元巖傳、隋書詳節卷一五元巖傳亦有「亦」字。

〔六〕行本起家武陵王國常侍　「王」字原闕，據北史卷七〇劉璠傳附劉行本傳、册府卷七九八總録部勤學補。

〔七〕受人餽錢二百文　「二百文」，原作「三百文」，據宋甲本、大德本、至順本、南監本、北監本、汲本改。按，北史卷七〇劉璠傳附劉行本傳、册府卷四六九臺省部封駁、卷六一七刑法部守法、隋書詳節卷一五劉行本傳亦作「二百文」。

〔八〕尋加儀同三司　「尋」字原闕，據宋甲本補。

〔九〕伏見詔書以上柱國和干子爲杞州刺史　「和干子」，原作「和平子」，據宋甲本改。按，北史卷七七柳彧傳、周書卷八靜帝紀、隋書詳節卷一五柳彧傳亦作「和干子」。下同改，不另出校。

〔一〇〕臣聞昔者明王訓民治國　「明王」，原作「明主」，據宋甲本、至順本、汲本改。

隋書卷六十三

列傳第二十八

樊子蓋

樊子蓋字華宗，廬江人也。祖道則，梁越州刺史。父儒，侯景之亂奔于齊，官至仁州刺史。子蓋解褐武興王行參軍，出爲慎縣令，東汝、北陳二郡太守〔一〕，員外散騎常侍，封富陽縣侯，邑五百户。周武帝平齊，授儀同三司，治郢州刺史。

高祖受禪，以儀同領鄉兵，後除樅陽太守。平陳之役，以功加上開府，改封上蔡縣伯，食邑七百户，賜物三千段，粟九千斛。拜辰州刺史，俄轉嵩州刺史。母憂去職。未幾，起授齊州刺史，固讓，不許。其年，轉循州總管，許以便宜從事。十八年入朝，奏嶺南地圖，賜以良馬雜物，加統四州，令還任所，遣光禄少卿柳謇之餞於霸上。

煬帝即位，徵還京師，轉涼州刺史。子蓋言於帝曰：「臣一居嶺表，十載於茲，犬馬之情，不勝戀戀。願趨走闕庭，萬死無恨。」帝賜物三百段，慰諭遣之。授銀青光禄大夫，武威太守，以善政聞。大業三年入朝，帝引之內殿，特蒙褒美。乃下詔曰：「設官之道，必在用賢，安人之術，莫如善政。龔、汲振德化於前，張、杜垂清風於後，共治天下，實資良守。子蓋幹局通敏，操履清潔，自剖符西服〔三〕，愛惠爲先，撫道有方，寬猛得所，處脂膏不潤其質，酌貪泉豈渝其性，故能治績克彰，課最之首。凡厥在位，莫匪王臣，若能人思奉職，各展其効，朕將冕旒垂拱，何憂不治哉！」於是進位金紫光禄大夫，賜物千段，太守如故。

五年，車駕西巡，將入吐谷渾。子蓋以彼多鄣氣，獻青木香以禦霧露。及帝還，謂之曰：「人道公清，定如此不？」子蓋謝曰：「臣安敢言清，止是小心不敢納賄耳。」由此賜之口味百餘斛。又下詔曰：「導德齊禮，寔惟共治，懲惡勸善，用明黜陟。朕親巡河右，觀省人風，所歷郡縣，訪採治績，罕遵法度，多蹈刑網。而金紫光禄大夫、武威太守樊子蓋，執操清絜，處涅不渝，立身雅正，臨人以簡。威惠兼舉，寬猛相資，故能畏而愛之，不嚴斯治。實字人之盛績，有國之良臣，宜加褒顯，以弘獎勵。可右光禄大夫，太守如故。」賜縑千匹，粟麥二千斛。子蓋又自陳曰：「臣自南裔，即適西垂，常爲外臣，未居內職。不得陪屬車，奉丹陛，溘死邊城，没有遺恨。惟陛下察之。」帝曰：「公侍朕則一人而已，委以西方則萬人之敵，宜識此心。」

六年，帝避暑隴川宮，又云欲幸河西。子蓋傾望鑾輿，願巡郡境。帝知之，下詔曰：「卿夙懷恭順，深執誠心，聞朕西巡，欣然望幸。丹款之至，甚有可嘉，宜保此純誠，克終其美。」是歲，朝於江都宮，帝謂之曰：「富貴不還故鄉，真衣繡夜行耳。」勑廬江郡設三千人會，賜米麥六千石，使謁墳墓，宴故老。當時榮之。還除民部尚書。時處羅可汗及高昌王款塞，復以子蓋檢校武威太守，應接二蕃。

遼東之役，徵攝左武衞將軍，出長岑道。後以宿衞不行。進授左光禄大夫，尚書如故。其年帝還東都，以子蓋爲涿郡留守。九年，車駕復幸遼東，命子蓋爲東都留守。屬楊玄感作逆，來逼王城，子蓋遣河南贊治裴弘策逆擊之，返爲所敗，遂斬弘策以徇。國子祭酒楊汪小有不恭，子蓋又將斬之。汪拜謝，頓首流血，久乃釋免。於是三軍莫不戰慄，將吏無敢仰視。玄感每盡鋭攻城，子蓋徐設備禦，至輒摧破，故久不能克。會來護兒等救至，玄感解去。子蓋凡所誅殺者數萬人。

又檢校河南内史。車駕至高陽，追詣行在所。既而引見，帝逆勞之曰：「昔高祖留蕭何於關西，光武委寇恂以河内，公其人也。」子蓋謝曰：「臣任重器小，寧可竊譬兩賢！但以陛下威靈，小盜不足除耳。」進位光禄大夫，封建安侯，尚書如故。賜縑三千匹，女樂五十人。子蓋固讓，優詔不許。帝顧謂子蓋曰：「朕遣越王留守東都，示以皇枝盤石，社稷大事，終以委公，特宜持重。戈甲五百人而後出，此亦勇夫重閉之義也。無賴不軌者，便誅鋤之，凡可施行，無勞形迹。今爲公別造玉麟符，以代銅獸。」又指越、代二王曰：「今以二孫委公與衞文昇耳。宜選貞良宿德有方幅者教習之。動靜之節，宜思其可。」於是賜以良田、甲第。

十年冬，車駕還東都，帝謂子蓋曰：「玄感之反〔三〕，神明故以彰公赤心耳。析珪進爵，宜有令謨。」是日下詔，進爵爲濟公，言其功濟天下，特爲立名，無此郡國也。賜縑三千匹，奴婢二十口。後與蘇威、宇文述陪宴積翠亭，帝親以金杯屬子蓋酒，曰：「良筭嘉謀，俟公後動，即以此杯賜公，用爲永年之瑞。」并綺羅百匹。

十一年，從駕汾陽宫。至于雁門，車駕爲突厥所圍，頻戰不利。帝欲以精騎潰圍而出，子蓋諫曰：「陛下萬乘之主，豈宜輕脱，一朝狼狽，雖悔不追。未若守城以挫其鋭，四面徵兵，可立而待。陛下亦何所慮，乃欲身自突圍！」因垂泣，「願暫停遼東之役，以慰衆望。聖躬親出慰撫，厚爲勳格，人心自奮，不足爲憂」。帝從之。其後援兵稍至，虜乃引去。納言蘇威追論勳格太重，宜在斟酌。子蓋執奏不宜失信。帝曰：「公欲收物情邪？」子蓋默然不敢對。

從駕還東都。時絳郡賊敬槃陀、柴保昌等阻兵數萬，汾、晉苦之。詔令子蓋進討。于時人物殷阜，子蓋善惡無所分别，汾水之北，村塢盡焚之。百姓大駭，相率爲盜。其有歸首者，無少長悉坑之。擁數萬之衆，經年不能破賊，有詔徵還。又將兵擊宜陽賊，以疾停，卒于京第，時年七十有二。上悲傷者久之，顧謂黄門侍郎裴矩曰：「子蓋臨終有何語？」矩對曰：「子蓋病篤，深恨雁門之恥。」帝聞而歎息，令百官就弔，賜縑三百匹，米五百斛，贈開府儀同三司，謚曰景。會葬者萬餘人。武威民吏聞其死，莫不嗟痛，立碑頌德。

子蓋無佗權略，在軍持重，未嘗負敗，臨民明察，下莫敢欺。然嚴酷少恩，果於殺戮，臨終之日，見斷頭鬼前後重沓爲之厲云。

史祥

史祥字世休，朔方人也。父寧，周少司徒。祥少有文武才幹，仕周太子車右中士，襲爵武遂縣公。高祖踐阼，拜儀同，領交州事，進爵陽城郡公。祥在州頗有惠政。後數年，轉驃騎將軍。伐陳之役，從宜陽公王世積，以舟師出九江道，先鋒與陳人合戰，破之，進拔江州。上聞而大悦，下詔曰：「朕以陳叔寶世爲僭逆，擬虐生民，故命諸軍救彼塗炭。小寇狼狽，顧恃江湖之險，遂敢汎舟檝，擬抗王師。公親率所部，應機奮擊，沉溺俘獲，厥功甚茂。又聞帥旅進取江州。行軍總管、襄邑公賀若弼既獲京口，新義公韓擒尋剋姑熟。驃騎既渡江岸，所在横行。晉王兵馬即入建業，清蕩吴越，旦夕非遠。驃騎高才壯志，是朕所知，善爲經略，以取大賞，使富貴功名永垂竹帛也。」進位上開府。尋拜蘄州總管，未幾，徵拜左領左右將軍。後以行軍總管從晉王廣擊突厥於靈武，破之。遷右衞將軍。

仁壽中，率兵屯弘化以備胡。煬帝時在東宫，遺祥書曰：

將軍總戎塞表，胡虜清塵，秣馬休兵，猶事校獵，足使李廣慙勇，魏尚媿能，冠彼二賢，獨在吾子。昔余濫舉，推轂治兵，振皇靈於塞外，驅犬羊乎大漠。于時同行軍旅，契闊戎旃，望龍城而衝冠，眄狼居而發憤。將軍英圖不世，猛氣無前，但物不遂心，僶俛從事。每一思此，我勞如何。將軍宿心素志，早同膠漆，久而敬之，方成魚水。

近者陪隨鑾駕，言旋上京，本即述職南蕃，宣條下國，不悟皇鑒曲發，備位少陽，戰戰兢兢，如臨冰谷。至如建節邊境，征伐四方，褰帷作牧，綏撫百姓，上禀成規，下盡臣節，是所願也，是所甘心。仰慕前修，庶得自效。謬其入守神器，元良萬國，身輕負重，何以克堪！所望故人匡其不逮。

比監國多暇，養疾閑宫，厭北閣之端居，罷南皮之馳射。博望之苑，既乏名賢，飛蓋之園，理乖終宴。親朋遠矣，琴書寂然，想望吾賢，疹如疾首。

祥答書曰：

行人戾止，奉所賜況，恩紀綢繆，形於文墨。不悟飛雪增冰之地，忽載三陽，毳幙韋韝之鄉，俄聞九奏。精駭思越，莫知啓處。

祥少不學軍旅，長遇升平，幸以先人緒餘，備職宿衛。懼駑蹇無致遠之用，朽薄非折衝之材，豈欲追蹤古人，語其優劣？曩者王師薄伐，天人受脤，絶漠揚旌，威震海外。當此之時，猛將如雲，謀夫如雨，至若祥者，列於卒伍，預聞指蹤之規，得免逗遛之責，循涯揣分，實爲幸甚。爰以情喻雷、陳，事方劉、葛，信聖人之屈己，非庸人之擬議。何則？川澤之大，汙潦攸歸，松柏之高，蔦蘿斯託。微心眷眷，孟侯所知也。仰惟體元良之德，焕重離之暉，三善克修，萬邦以正。斯固道高周誦，契叶商皓，豈在管蠡所能窺測！

伏承監國多暇，養德怡神，咀嚼六經，逍遥百氏。追西園之愛客，眷南皮之出遊，疇昔之恩，無忘造次。祥自忝式遏，載罹寒暑，身在邊隅，情馳魏闕。每至清風夕起，朗月孤照，想鳴葭之啓路，思託乘於後車。塞表京華，山川悠遠，瞻望浮雲，伏增潸結。

太子甚親遇之。

煬帝即位，漢王諒發兵作亂，遣其將綦良自滏口徇黎陽〔四〕，塞白馬津，余公理自太行下河内。帝以祥爲行軍總管，軍於河陰，久不得濟。祥謂軍吏曰：「余公理輕而無謀，才用素不足稱。又新得志，謂其衆可恃。恃衆必驕。且河北人先不習兵，所謂擁市人而戰。以吾籌之，不足圖也。」乃令軍中修攻具，公理使諜知之，果屯兵於河陽内城以備祥。祥於是艤船南岸，公理聚甲以當之。祥乃簡精鋭於下流潛渡，公理率衆拒之。祥至須水，兩軍相對，公理未成列，祥縱擊，大破之〔五〕。東趣黎陽討綦良等。良列陣以待，兵未接，良棄軍而走。於是其衆大潰，祥縱兵乘之，殺萬餘人。進位上大將軍，賜縑綵七千段，女妓十人，良馬二十匹。轉太僕卿。帝嘗賜祥詩曰：「伯奭朝寄重，夏侯親遇深。貴耳唯聞古，賤目詎知今！早摽勁草質，久有背淮心。掃逆黎山外，振旅河之陰。功已書王府，留情太僕箴。」祥上表辭謝，帝降手詔曰：「昔歲勞公問罪河朔，賊爾日塞兩關之路，據倉阻河，百姓脅從，人亦衆矣。公竭誠奮勇，一舉剋定。詩不云乎：『喪亂既平，既安且寧。』非英才大略，其孰能與於此邪！故聊示所懷，亦何謝也。」

尋遷鴻臚卿。時突厥啓民可汗請朝，帝遣祥迎接之。從征吐谷渾，祥率衆出間道擊虜〔六〕，破之，俘男女千餘口。賜奴婢六十人，馬三百匹〔七〕。進位左光禄大夫，拜左驍衛將軍。及遼東之役，出蹋頓道，不利而還。由是除名爲民。俄拜燕郡太守，被賊高開道所圍，祥稱疾不視事。及城陷，開道甚禮之。會開道與羅藝通和，送祥於涿郡，卒於塗。

有子義隆，永年令。祥兄雲〔八〕，字世高，弟威，字世儀〔九〕，並有幹局。雲官至萊州刺史、武平縣公，威官至武賁郎將、武當縣公。

元壽

元壽字長壽，河南洛陽人也。祖敦，魏侍中、邵陵王。父寶，周涼州刺史。壽少孤，性仁孝，九歲喪父，哀毀骨立，宗族鄉黨咸異之。事母以孝聞。及長，方直，頗涉經史。周武成初，封隆城縣侯，邑千户。保定四年，改封儀隴縣侯，授儀同三司。

開皇初，議伐陳，以壽有思理，奉使於淮浦監修船艦，以强濟見稱。四年，參督漕渠之役，授尚書主爵侍郎。八年，從晉王伐陳，除行臺左丞，兼領元帥府屬。及平陳，拜尚書左丞。高祖嘗出苑觀射，文武並從焉。開府蕭摩訶妻患且死，奏請遣子向江南收其家産，御史見而不言。壽奏劾之曰：

臣聞天道不言，功成四序，聖皇垂拱，任在百司。御史之官，義存糾察，直繩莫舉，憲典誰寄？今月五日，鑾輿徙蹕，親臨射苑，開府儀同三司蕭摩訶幸廁朝行，預觀盛禮，奏稱請遣子世略暫往江南重收家產。妻安遇患，彌留有日，安若長逝，世略不合此行。竊以人倫之義，伉儷爲重，資愛之道，烏鳥弗虧。摩訶遠念資財，近忘匹好，又命其子捨危惙之母，爲聚斂之行。一言纔發，名教頓盡。而兼殿内侍御史臣韓微之等親所聞見，竟不彈糾。若知非不舉，事涉阿縱；如不以爲非，豈關理識？謹按儀同三司、太子左庶子、檢校治書侍御史臣劉行本出入宫省，備蒙任遇，攝職憲臺，時月稍久，庶能整肅纓冕，澄清風教。而在法司虧失憲體，瓶罄罍恥，何所逃愆！臣謬膺朝寄，忝居左轄，無容寢嘿，謹以狀聞。其行本、微之等，請付大理。上嘉納之。尋授太常少卿。數年，拜基州刺史，在任有公廉之稱。入爲太府少卿，進位開府。

煬帝嗣位，漢王諒舉兵反，左僕射楊素爲行軍元帥，壽爲長史。壽每遇賊，爲士卒先，以功授大將軍，遷太府卿。四年，拜内史令，從帝西討吐谷渾。壽率衆屯金山，東西連營三百餘里，以圍渾主。及還，拜右光禄大夫。七年，兼左翊衛將軍，從征遼東。行至涿郡，遇疾卒，時年六十三。帝悼惜焉，哭之甚慟。贈尚書右僕射、光禄大夫，謚曰景。

子敏，頗有才辯，而輕險多詐。壽卒後，帝追思之，擢敏爲守内史舍人，而交通博徒，數漏泄省中語。化及之反也，敏創其謀，僞授内史侍郎，爲沈光所殺。

楊義臣

楊義臣，代人也，本姓尉遲氏。父崇，仕周爲儀同大將軍，以兵鎮恒山。時高祖爲定州總管，崇知高祖相貌非常，每自結納〔一〇〕，高祖甚親待之。及爲丞相，尉迥作亂，崇以宗族之故，自囚於獄，遣使請罪。高祖下書慰諭之，即令馳驛入朝，恒置左右。開皇初，封秦興縣公。歲餘，從行軍總管達奚長儒擊突厥於周盤，力戰而死。贈大將軍、豫州刺史，以義臣襲崇官爵。

時義臣尚幼，養於宫中，年未弱冠，奉詔宿衛如千牛者數年，賞賜甚厚。上嘗從容言及恩舊，顧義臣嗟歎久之，因下詔曰：「朕受命之初，羣凶未定，明識之士，有足可懷。尉義臣與尉迥，本同骨肉，既狂悖作亂鄴城，其父崇時在常山，典司兵甲，與迥鄰接，又是至親。知逆順之理，識天人之意，即陳丹款，慮染惡徒，自執有司，請歸相府。及北夷内侵，横戈制敵，輕生重義，馬革言旋。操表存亡，事貫幽顯，雖高官大賞，延及於世，未足表松筠之志，彰節義之門。義臣可賜姓楊氏，賜錢三萬貫，酒三十斛，米麥各百斛，編之屬籍，爲皇從孫。」未幾，拜陝州刺史。義臣性謹厚，能馳射，有將領之才，由是上甚重之。其後突厥達頭可汗犯塞，以行軍總管率步騎三萬出白道，與賊遇，戰，大破之。明年，突厥又寇邊，雁門、馬邑多被其患。義臣擊之，虜遂出塞，因而追之，至大斤山，與虜相遇。時太平公史萬歲軍亦至，義臣與萬歲合軍擊虜，大破之。萬歲爲楊素所陷而死，義臣功竟不録。仁壽初，拜朔州總管，賜以御甲。

煬帝嗣位，漢王諒作亂并州。時代州總管李景爲漢王將喬鍾葵所圍，詔義臣救之。義臣率馬步二萬，夜出西陘〔一〕，遲明行數十里。鍾葵覘見義臣兵少，悉衆拒之。鍾葵亞將王拔，驍勇，善用矟，射之者不能中，每以數騎陷陳。義臣患之，募能當拔者。車騎將軍楊思恩請當之。義臣見思恩氣貌雄勇〔二〕，顧之曰：「壯士也！」賜以巵酒。思恩望見拔立於陳後，投觴於地，策馬赴之。再往不剋，義臣復選騎士十餘人從之。思恩遂突擊，殺數人，直至拔麾下。短兵方接，所從騎士退，思恩爲拔所殺。拔遂乘之，義臣軍北者十餘里。於是購得思恩屍，義臣哭之甚慟，三軍莫不下泣。所從騎士皆要斬。義臣自以兵少，悉取軍中牛驢，得數千頭，復令兵數百人，人持一鼓，潛驅之澗谷間，出其不意。義臣晡後復與鍾葵軍戰，兵初合，命驅牛驢者疾進。一時鳴鼓，塵埃張天，鍾葵軍不知〔三〕，以爲伏兵發，因而大潰，縱擊破之。以功進位上大將軍，賜物二千段，雜綵五百段，女妓十人，良馬二十四。尋授相州刺史。

後三歲，徵爲宗正卿。未幾，轉太僕卿。從征吐谷渾，令義臣屯琵琶峽，連營八十里，南接元壽，北連段文振，合圍渾主於覆袁川。其後復征遼東，以軍將指肅慎道。至鴨淥水，與乙支文德戰，每爲先鋒，一日七捷。後與諸軍俱敗，竟坐免。俄而復位。明年，以爲軍副，與大將軍宇文述趣平壤。至鴨淥水，會楊玄感作亂，班師，檢校趙郡太守。妖賊向海公聚衆作亂〔一四〕，寇扶風、安定間，義臣奉詔擊平之。尋從帝復征遼東，進位左光祿大夫。時渤海高士達、清河張金稱並相聚爲盜，衆已數萬，攻陷郡縣。帝遣將軍段達討之，不能剋，詔義臣率遼東還兵數萬擊之，大破士達，斬金稱。又收合降賊，入豆子䴚，討格謙，擒之，以狀聞奏。帝惡其威名，遽追入朝，賊由是復盛。義臣以功進位光祿大夫，尋拜禮部尚書。未幾，卒官。

衞玄

衞玄字文昇，河南洛陽人也。祖悦，魏司農卿。父㯹，侍中、左武衞大將軍。玄少有器識，周武帝在藩，引爲記室。遷給事上士，襲爵興勢公，食邑四千户。轉宣納下大夫。

武帝親總萬機，拜益州總管長史，賜以萬釘寶帶。稍遷開府儀同三司、太府中大夫，治內史事，仍領京兆尹，稱爲强濟。宣帝時，以忤旨免官。

高祖作相，檢校熊州事。和州蠻反，玄以行軍總管擊平之。及高祖受禪，遷淮州總管，進封同軌郡公，坐事免。未幾，拜嵐州刺史。會起長城之役，詔玄監督之。俄檢校朔州總管事。後爲衞尉少卿。仁壽初，山獠作亂，出爲資州刺史以鎮撫之。玄既到官，時獠攻圍大牢鎮，玄單騎造其營，謂羣獠曰：「我是刺史，銜天子詔安養汝等，勿驚懼也。」諸賊莫敢動。於是説以利害，渠帥感悦，解兵而去，前後歸附者十餘萬口。高祖大悦，賜縑二千匹，除遂州總管，仍令劍南安撫。

煬帝即位，復徵爲衞尉卿。夷獠攀戀，數百里不絶。玄曉之曰：「天子詔徵，不可久住。」因與之訣，夷獠各揮涕而去。歲餘，遷工部尚書。其後拜魏郡太守，尚書如故。帝謂玄曰：「魏郡名都，衝要之所，民多姦宄，是用煩公。此郡去都，道里非遠，宜數往來，詢謀朝政。」賜物五百段而遣之。未幾，拜右候衞大將軍，檢校左候衞事。大業八年，轉刑部尚書。遼東之役，檢校右禦衞大將軍，率師出增地道。時諸軍多不利，玄獨全衆而還。拜金紫光禄大夫。

九年，車駕幸遼東，使玄與代王侑留守京師，拜爲京兆内史，尚書如故。許以便宜從事，勑代王待以師傅之禮。會楊玄感圍逼東都，玄率步騎七萬援之。至華陰，掘楊素冢，焚其骸骨，夷其塋域，示士卒以必死。既出潼關，議者恐崤、函有伏兵，請於陝縣沿流東下，直趣河陽，以攻其背。玄曰：「以吾度之，此計非豎子所及。」於是鼓行而進。既度函谷，卒如所量。於是遣武賁郎將張峻爲疑軍於南道，玄以大兵直趣城北。玄感逆拒之，且戰且行，屯軍金谷。於軍中掃地而祭高祖曰：「刑部尚書、京兆内史臣衞文昇，敢昭告于高祖文皇帝之靈。自皇家啓運，三十餘年，武功文德，漸被海外。楊玄感孤負聖恩，躬爲虵豕，蜂飛蟻聚，犯我王略。臣二世受恩，一心事主，董率熊羆，志梟兇逆。若社稷靈長，宜令醜徒冰碎，如或大運去矣，幸使老臣先死。」詞氣抑揚，三軍莫不涕咽。時衆寡不敵，與賊頻戰不利，死傷太半。玄感盡鋭來攻，玄苦戰，賊稍却，進屯北芒。會宇文述、來護兒等援兵至，玄感懼而西遁。玄遣通議大夫斛斯萬善、監門直閤龐玉前鋒追之，及于閿鄉，與宇文述等合擊破之。車駕至高陽，徵詣行在所。帝勞之曰：「社稷之臣也。使朕無西顧之憂。」乃下詔曰：「近者妖氛充斥，擾動關、河，文昇率勵義勇，應機響赴，表裏奮擊，摧破兇醜，宜升榮命，式弘賞典。可右光禄大夫。」賜以良田、甲第，資物鉅萬。還鎮京師，帝謂之曰：「關右之任，一委於公。公安，社稷乃安；公危，社稷亦危。出入須有兵衞，坐卧恒宜自牢，勇夫重閉，此其義也。今特給千兵，以充侍從。」賜以玉麟符。

十一年，詔玄安撫關中。時盜賊蜂起，百姓饑饉，玄竟不能救恤，而官方壞亂，貨賄公行。玄自以年老，上表乞骸骨，帝使内史舍人封德彝馳諭之曰：「京師國本，王業所基，宗廟園陵所在。藉公耆舊，卧以鎮之。朕爲國計，義無相許，故遣德彝口陳指意。」玄乃止。義師入關，自知不能守，憂懼稱疾，不知政事。城陷，歸于家。義寧中卒，時年七十七。

子孝則，官至通事舍人、兵部承務郎，早卒。

劉權

劉權字世略，彭城豐人也。祖軌，齊羅州刺史。權少有俠氣，重然諾，藏亡匿死，吏不敢過門。後更折節好學，動循法度。初爲州主簿，仕齊，釋褐奉朝請、行臺郎中。及齊滅，周武帝以爲假淮州刺史。

高祖受禪，以車騎將軍領鄉兵。後從晉王廣平陳，以功進授開府儀同三司，賜物三千段。宋國公賀若弼甚禮之。開皇十二年，拜蘇州刺史，賜爵宗城縣公。于時江南初平，物情尚擾，權撫以恩信，甚得民和。

煬帝嗣位，拜衞尉卿，進位銀青光禄大夫。大業五年，從征吐谷渾，權率衆出伊吾道〔一五〕，與賊相遇，擊走之。逐北至青海，虜獲千餘口，乘勝至伏俟城。帝復令權過曼頭、赤水，置河源郡、積石鎮，大開屯田，留鎮西境。在邊五載，諸羌懷附，貢賦歲入，吐谷渾餘燼遠遁，道路無壅。徵拜司農卿，加位金紫光禄大夫。

尋爲南海太守。行至鄱陽，會羣盜起，不得進，詔令權召募討之。權率兵與賊相遇，不與戰，先乘單舸詣賊營，説以利害。羣賊感悦〔一六〕，一時降附。帝聞而嘉之。既至南海，甚有異政。數歲，遇盜賊羣起，數來攻郡。豪帥多願推權爲首，權竟盡力固守以拒之。子世徹又密遣人齎書詣權，稱四方擾亂，英雄並起，時不可失，諷令舉兵。權召集佐寮，對斬其使，竟無異圖，守之以死。卒官，時年七十。

世徹倜儻不羈，頗爲時人所許。大業末，羣雄並起，世徹所至之處，輒爲所忌，多拘禁之，後竟爲兖州賊帥徐圓朗所殺。

權從父烈，字子將，美容儀，有器局，官至鷹揚郎將。有子德威，知名於世。

史臣曰：子蓋雅有幹局，質性嚴敏，見義而勇，臨機能斷，保全都邑，勤亦懋哉！楊諒干紀，史祥著獨克之効，羣盜侵擾，義臣致三捷之功。此皆名重當年，聲流後葉者也。文元壽彈奏行本，有意存夫名教，然其計功稱伐，猶居義臣之後，端揆之贈，不已優乎？

昪，東都解圍，頗亦宣力，西京居守，政以賄成，鄙哉鄙哉，夫何足數！劉權，淮、楚舊族，早著雄名，屬擾攘之辰，居尉佗之地，遂能拒子邪計，無所覬覦，雖謝勤王之謀，足爲守節之士矣。

校勘記

〔一〕東汝北陳二郡太守　「東汝」，北史卷七六樊子蓋傳作「東海」。

〔二〕自剖符西服　「西」，原作「四」，據宋甲本、至順本、汲本改。

〔三〕玄感之反　「反」，原作「友」，據宋甲本、大德本、至順本、汲本改。

〔四〕遣其將綦良自滏口徇黎陽　「綦良」，北史卷六一史寧傳附史祥傳、通志卷一六一史祥傳作「綦母良」。

〔五〕祥至須水兩軍相對公理未成列祥縱擊大破之　此十九字原闕，據宋甲本、至順本、汲本補。按，册府卷三六五將帥部機略、通典卷一五三兵六示形在彼而攻於此亦有此十九字。惟汲本闕前「祥」字。「須水」，通典作「溴水」，册府作「沮水」。

〔六〕祥率衆出間道擊虜　北史卷六一史寧傳附史祥傳、通志卷一六一史祥傳云「祥出玉門道，擊虜破之」。玉門道是隋時西方用兵的重要通道，「門」、「間」形近，疑「間道」或爲「玉門道」之訛文。

〔七〕馬三百匹　「三百」，宋甲本、至順本、北監本、汲本作「二百」。

〔八〕祥兄雲　「兄」，周書卷二八史寧傳作「弟」。

〔九〕弟威字世儀　「世儀」，原作「世武」。北史卷六一史寧傳附史祥傳作「世儀」。按，周書卷二八史寧傳、北史卷六一史寧傳附史雄傳俱載，史雄，字世武，則史威表字當從北史作世儀，今據改。

〔一〇〕高祖爲定州總管崇知高祖相貌非常每自結納　此十九字原闕，據宋甲本、至順本、汲本補。按，册府卷七六六總録部攀附亦有此十九字。

〔一一〕詔義臣救之義臣率馬步二萬夜出西陘　「義臣救之」四字原闕，據宋甲本、至順本、北監本、汲本、殿本補。按，御覽卷三一三兵部四四決戰下引隋書、册府卷四二五將帥部死事亦有此四字。

〔一二〕義臣見思恩氣貌雄勇　「義臣」，原作「義士」，據宋甲本、至順本、南監本、北監本、汲本、殿本改。按，北史卷七三楊義臣傳、御覽卷三一三兵部四四決戰下引隋書、册府卷四二五將帥部死事亦作「義臣」。

〔一三〕鍾葵軍不知　北史卷七三楊義臣傳此下有「所以」二字。

〔一四〕妖賊向海公聚衆作亂　「向海公」，本書卷四煬帝紀下、卷二三五行志下、北史卷一二隋本紀下煬帝紀、通鑑卷一八二隋紀六煬帝大業九年作「向海明」。

〔一五〕權率衆出伊吾道　「伊吾道」，本書卷六五趙才傳、北史卷七八趙才傳、册府卷三八四將帥部褒異作「合河道」。

〔一六〕羣賊感悦　「感」，至順本作「大」。

隋書卷六十四

列傳第二十九

李圓通

李圓通，京兆涇陽人也。父景，以軍士隸武元皇帝，因與家僮黑女私，生圓通。景不之認，由是孤賤，給使高祖家。及爲隋國公，擢授參軍事。初，高祖少時，每醼賓客，恒令圓通監厨。圓通性嚴整，左右婢僕咸所敬憚。唯世子乳母恃寵輕之，賓客未供，每有干請，圓通不許，或輒持去。圓通大怒，叱厨人撾之數十，叫呼之聲徹於閤内，僚吏左右代其失色。賓去之後，高祖具知之，召圓通，命坐賜食，從此獨善之，以爲堪當大任。

高祖作相，賜封懷昌男。久之，授帥都督，進爵新安子，委以心膂。圓通多力勁捷，長於武用。周氏諸王素憚高祖，每伺高祖之隙，圖爲不利；賴圓通保護，獲免者數矣。高祖深感之，由是參預政事。授相國外兵曹，仍領左親信。尋授上儀同。高祖受禪，拜内史侍郎，領左衞長史，進爵爲伯。歷左右庶子、給事黄門侍郎，尚書左丞，攝刑部尚書，深被任信。後以左丞領左翊衞驃騎將軍。伐陳之役，圓通以行軍總管從楊素出信州道，以功進位大將軍，進封萬安縣侯，拜揚州總管長史。尋轉并州總管長史。秦孝王仁柔自善，少斷決，府中事多決於圓通。入爲司農卿、治粟内史，遷刑部尚書。後數歲，復爲并州長史。孝王以奢侈得罪，圓通亦坐免官。尋檢校刑部尚書事。仁壽中，以勳舊進爵郡公。

煬帝嗣位，拜兵部尚書。帝幸揚州，以圓通留守京師。判宇文述田以還民，述訴其受賂。帝怒而徵之，見帝於洛陽，坐是免官。圓通憂懼發疾而卒。贈柱國，封爵悉如故。子孝常，大業末，爲華陰令。

陳茂

陳茂，河東猗氏人也。家世寒微，質直恭謹，爲州里所敬。高祖爲隋國公，引爲寮佐，遇待與圓通等。每令典家事，未嘗不稱旨，高祖善之。後從高祖與齊師戰於晉州，賊甚盛，高祖將挑戰，茂固止不得，因捉馬鞚。高祖忿之，拔刀斫其額，流血被面，詞氣不撓。

高祖感而謝之，厚加禮敬。其後官至上士。高祖爲丞相，委以心膂。及受禪，拜給事黄門侍郎，封魏城縣男，每典機密。在官十餘年，轉益州總管司馬，遷太府卿，進爵爲伯。後數載，卒官。子政嗣。

政字弘道，倜儻有文武大略，善鍾律，便弓馬。少養宫中，年十七，爲太子千牛備身。時京師大俠劉居士重政才氣，數從之遊。圓通子孝常與政相善，並與居士交結。及居士下獄誅，政及孝常當從坐，上以功臣子，撻之二百而赦之。由是不得調。煬帝時，授協律郎，遷通事謁者，兵曹承務郎。帝美其才，甚重之。宇文化及之亂也，以爲太常卿。後歸大唐，卒於梁州總管。

張定和

張定和字處謐，京兆萬年人也。少貧賤，有志節。初爲侍官。會平陳之役，定和當從征，無以自給。其妻有嫁時衣服，定和將鬻之，妻靳固不與，定和於是遂行。以功拜儀同，賜帛千匹，遂棄其妻。是後數以軍功，加上開府、驃騎將軍。從上柱國李充擊突厥，先登陷陣，虜刺之中頸，定和以草塞瘡而戰，神氣自若，虜遂敗走。上聞而壯之，遣使者齎藥，馳詣定和所勞問之。進位柱國，封武安縣侯，賞物二千段，良馬二匹，金百兩。煬帝嗣位，拜宜州刺史，尋轉河内太守，頗有惠政。歲餘，徵拜左屯衞大將軍。從帝征吐谷渾，至覆袁川。時吐谷渾主與數騎而遁，其名王詐爲渾主，保車我真山，帝命定和率師擊之。既與賊相遇，輕其衆少，呼之令降，賊不肯下。定和不被甲，挺身登山，賊伏兵於巖谷之下，發矢中之而斃。其亞將柳武建擊賊，悉斬之。帝爲流涕，贈光禄大夫。時舊爵例除，於是復封武安侯，謚曰壯武。贈絹千匹，米千石。子世立嗣，尋拜爲光禄大夫。

張奫

張奫字文懿，自云清河人也，家於淮陰。好讀兵書，尤便刀楯。周世，鄉人郭子冀密引陳寇，奫父雙欲率子弟擊之，猶豫未決。奫贊成其謀，竟以破賊，由是以勇決知名。起家州主簿。

高祖作相，授大都督，領鄉兵。賀若弼之鎮壽春也〔一〕，恒爲間諜，平陳之役，頗有功焉。進位開府儀同三司，封文安縣子，邑八百户，賜物二千五百段，粟二千五百石。歲餘，率水軍破逆賊笮子游於京口，薛子建於和州。徵入朝，拜大將軍。高祖命升御坐而宴之，謂奫曰：「卿可爲朕兒，朕爲卿父。今日聚集，示無外也。」其後賜綺羅千匹，緑沉甲、獸文具裝。尋從楊素征江表，別破高智慧於會稽〔二〕，吴世華於臨海。進位上大將軍，賜奴婢六十口，縑綵三百匹。歷撫、顯、齊三州刺史〔三〕，俱有能名。開皇十八年，爲行軍總管，從漢王諒征遼東，諸軍多物故，奫衆獨全。高祖善之，賜物二百五十段。仁壽中，遷潭州總管，在職三年卒。有子孝廉。

麥鐵杖

麥鐵杖，始興人也。驍勇有膂力，日行五百里，走及奔馬。性疎誕使酒，好交遊，重信義，每以漁獵爲事，不治產業。陳太建中，結聚爲羣盜，廣州刺史歐陽頠俘之以獻，没爲官户，配執御傘。每罷朝後，行百餘里，夜至南徐州，踰城而入，行光火劫盜。旦還，及牙時〔四〕，仍又執傘。如此者十餘度，物主識之，州以狀奏。朝士見鐵杖每旦恒在，不之信也。後數告變，尚書蔡徵曰：「此可驗耳。」於仗下時，購以百金，求人送詔書與南徐州刺史。鐵杖出應募，齎勑而往，明旦及奏事〔五〕。帝曰：「信然，爲盜明矣。」惜其勇捷，誡而釋之。

陳亡後，徙居清流縣。遇江東反，楊素遣鐵杖頭戴草束，夜浮渡江，覘賊中消息，具知還報。後復更往，爲賊所擒。逆帥李稜遣兵仗三十人衞之，縛送高智慧。行至庱亭，衞者憩食，哀其餒，解手以給其餐。鐵杖取賊刀，亂斬衞者，殺之皆盡，悉割其鼻，懷之以歸。素大奇之。後敍戰勳，不及鐵杖，遇素馳驛歸于京師，鐵杖步追之，每夜則同宿。素見而悟，特奏授儀同三司。以不識書，放還鄉里。成陽公李徹稱其驍武，開皇十六年，徵至京師，除車騎將軍。仍從楊素北征突厥，加上開府。

煬帝即位，漢王諒反於并州，又從楊素擊之，每戰先登。進位柱國。尋除萊州刺史，無治名。後轉汝南太守，稍習法令，羣盜屏跡。後因朝集，考功郎竇威嘲之曰：「麥是何姓？」鐵杖應口對曰〔六〕：「麥豆不殊，那忽相怪！」威赧然，無以應之，時人以爲敏慧。尋除右屯衞大將軍，帝待之逾密。

鐵杖自以荷恩深重，每懷竭命之志。及遼東之役，請爲前鋒，顧謂醫者吴景賢曰：「大丈夫性命自有所在，豈能艾炷灸頞，瓜蔕歕鼻，治黄不差，而卧死兒女手中乎？」將度遼，謂其三子曰：「阿奴當備淺色黄衫。吾荷國恩，今是死日。我既被殺，爾當富貴。唯誠與孝，爾其勉之。」及濟，橋未成，去東岸尚數丈，賊大至。鐵杖跳上岸，與賊戰，死。武賁郎將錢士雄、孟金叉亦死之，左右更無及者。帝爲之流涕，購得其屍，下詔曰：「鐵杖志氣驍果，夙著勳庸，陪麾問罪，先登陷陣，節高義烈，身殞功存。興言至誠，追懷傷悼，宜賚殊榮，用彰飾德。可贈光禄大夫，宿國公。謚曰武烈。」子孟才嗣，尋授光禄大夫。孟才有二弟，仲才、季才，俱拜正議大夫。賵贈鉅萬，賜轀輬車，給前後部羽葆鼓吹。平壤道敗將宇文述等百餘人皆爲執紼，王公已下送至郊外。士雄贈左光禄大夫、右屯衞將軍、武强侯，謚曰剛。子傑嗣。金叉贈右光禄大夫，子善誼襲官。

孟才字智稜，果烈有父風。帝以孟才死節將子，恩賜殊厚，拜武賁郎將。及江都之難，慨然有復讎之志。與武牙郎錢傑素交友，二人相謂曰：「吾等世荷國恩，門著誠節。今賊臣弒逆，社稷淪亡，無節可紀，何面目視息世間哉！」於是流涕扼腕，遂相與謀，糾合恩舊，欲於顯福宮邀擊宇文化及。事臨發，陳藩之子謙知其謀而告之，與其黨沈光俱爲化及所害，忠義之士哀焉。

沈光

沈光字總持，吴興人也。父君道，仕陳吏部侍郎，陳滅，家于長安。皇太子勇引署學士。後爲漢王諒府掾，諒敗，除名。光少驍捷，善戲馬，爲天下之最。略綜書記，微有詞藻，常慕立功名，不拘小節。家甚貧窶，父兄並以傭書爲事，光獨跅弛，交通輕俠，爲京師惡少年之所朋附。人多贍遺，得以養親，每致甘食美服，未嘗困匱。初建禪定寺，其中幡竿高十餘丈，適遇繩絶，非人力所及，諸僧患之。光見而謂僧曰：「可持繩來，當相爲上耳〔七〕。」諸僧驚喜，因取而與之。光以口銜索，拍竿而上，直至龍頭。繫繩畢，手足皆放，透空而下，以掌拒地，倒行數十步。觀者駭悦，莫不嗟異，時人號爲「肉飛仙」。

大業中，煬帝徵天下驍果之士以伐遼左，光預焉。同類數萬人，皆出其下。光將詣行在所，賓客送至灞上者百餘騎。光酹酒而誓曰：「是行也，若不能建立功名，當死於高麗，不復與諸君相見矣。」及從帝攻遼東，以衝梯擊城，竿長十五丈，光升其端，臨城與賊戰，短兵接，殺十數人。賊競擊之而墜，未及於地，適遇竿有垂絙，光接而復上。帝望見，壯異之，馳召與語，大悦，即日拜朝請大夫〔八〕，賜寶刀良馬，恒致左右，親顧漸密。未幾，以爲折衝郎將，賞遇優重。帝每推食解衣以賜之，同輩莫與爲比。

光自以荷恩深重，思懷竭節。及江都之難，潛構義勇，將爲帝復讎。先是，帝寵昵官奴，名爲給使，宇文化及以光驍勇，方任之，令其總統，營於禁内。時孟才、錢傑等陰圖化及，因謂光曰：「我等荷國厚恩，不能死難以衞社稷，斯則古人之所恥也。今又俛首事讎，受其驅率，有靦面目，何用生爲？吾必欲殺之，死無所恨。公義士也，肯從我乎？」光泣下雹衿，曰：「是所望於將軍也。僕領給使數百人，並荷先帝恩遇，今在化及内營。以此復讎，如鷹鸇之逐鳥雀。萬世之功，在此一舉，願將軍勉之。」孟才爲將軍，領江淮之衆數千人，期以營將發時，晨起襲化及。光語洩，陳謙告其事。化及大懼曰：「此麥鐵杖子也，及沈光者，並勇決不可當，須避其鋒。」是夜即與腹心走出營外，留人告司馬德戡等，遣領兵馬，逮捕孟才。光聞營内諠聲，知事發，不及被甲，即襲化及營，空無所獲。值舍人元敏，數而斬之。遇德戡兵入，四面圍合。光大呼潰圍，給使齊奮，斬首數十級，賊皆披靡。德戡輒復遣騎，持弓弩，翼而射之。光身無介胄，遂爲所害。麾下數百人皆鬭而死，一無降者。時年二十八。壯士聞之，莫不爲之隕涕。

來護兒

來護兒字崇善，江都人也。幼而卓詭，好立奇節。初讀詩，至「擊鼓其鏜，踊躍用兵」，「羔裘豹飾，孔武有力」，捨書而歎曰：「大丈夫在世當如是。會爲國滅賊以取功名，安能區區久事隴畝！」羣輩驚其言而壯其志。

護兒所住白土村，密邇江岸。于時江南尚阻，賀若弼之鎮壽州也，常令護兒爲間諜，授大都督。平陳之役，護兒有功焉，進位上開府。從楊素擊高智慧于浙江，而賊據岸爲營，周亘百餘里，船艦被江，鼓譟而進。素令護兒率數百輕艓徑登江岸，直掩其營，破之。時賊前與素戰不勝，歸無所據，因而潰散。智慧將逃於海，護兒追至泉州，智慧窮蹙，遁走閩、越。進位大將軍，除泉州刺史。時有盛道延擁兵作亂，侵擾州境，護兒進擊，破之。又從蒲山公李寬破汪文進於黟、歙，進位柱國。仁壽三年，除瀛州刺史，賜爵黄縣公，邑三千户。尋加上柱國，除右禦衞將軍。

煬帝即位，遷右驍衞大將軍，帝甚親重之。大業六年，從駕江都，賜物千段，令上先人塚，宴父老，州里榮之。數歲，轉右翊衞大將軍。遼東之役，護兒率樓船，指滄海，入自浿水，去平壤六十里，與高麗相遇。進擊，大破之，乘勝直造城下，破其郛郭。於是縱軍大掠，稍失部伍，高元弟建武募敢死士五百人邀擊之。護兒因却，屯營海浦，以待期會。後知宇文述等敗，遂班師。明年，又出滄海道，師次東萊，會楊玄感作逆黎陽，進逼鞏、洛，護兒勒兵與宇文述等擊破之。封榮國公，邑二千户。十年，又帥師度海，至卑奢城，高麗舉國來戰，護兒大破之，斬首千餘級。將趣平壤，高元震懼，遣使執叛臣斛斯政，詣遼東城下，上表請降。帝許之，遣人持節詔護兒旋師。護兒集衆曰：「三度出兵，未能平賊。此還也，不可重來。今高麗困弊，野無青草，以我衆戰，不日剋之。吾欲進兵，徑圍平壤，取其僞主，獻捷而歸。」答表請行，不肯奉詔。長史崔君肅固爭，不許。護兒曰：「賊勢破矣，專以相任，自足辦之。吾在閫外，事合專決，豈容千里稟聽成規！俄頃之間，動失機會，勞而無功，故其宜也。吾寧征得高元，還而獲譴，捨此成功，所不能矣。」君肅告衆曰：「若從元帥，違拒詔書，必當聞奏，皆獲罪也。」諸將懼，盡勸還，方始奉詔。

十三年，轉爲左翊衛大將軍，進位開府儀同三司，任委逾密，前後賞賜不可勝計。江都之難，宇文化及忌而害之。

長子楷，以父軍功授散騎郎、朝散大夫。楷弟弘，仕至果毅郎將、金紫光祿大夫。弘弟整，武賁郎將、右光祿大夫。整尤驍勇，善撫士衆，討擊羣盜，所向皆捷。諸賊甚憚之，爲作歌曰：「長白山頭百戰場，十十五五把長槍，不畏官軍十萬衆，只畏榮公第六郎。」化及反，皆遇害，唯少子恒、濟獲免。

魚俱羅

魚俱羅，馮翊下邽人也。身長八尺，膂力絶人，聲氣雄壯，言聞數百步。弱冠爲親衛，累遷大都督。從晉王廣平陳，以功拜開府，賜物一千五百段。未幾，沈玄懀、高智慧等作亂江南，楊素以俱羅壯勇，請與同行。每戰有功，加上開府，封高唐縣公〔九〕，拜疊州總管。以母憂去職。還至扶風，會楊素率兵將出靈州道擊突厥，路逢俱羅，大悅，遂奏與同行。及遇賊，俱羅與數騎奔擊，瞋目大呼，所當皆披靡，出左入右，往返若飛。以功進位柱國，拜豐州總管。初，突厥數入境爲寇，俱羅輒擒斬之，自是突厥畏懼屏迹，不敢畜牧於塞下〔一〇〕。

初，煬帝在藩，俱羅弟贇以左右從，累遷大都督。及帝嗣位，拜車騎將軍。贇性凶暴，虐其部下，令左右炙肉，遇不中意，以籤刺瞎其眼。有温酒不適者，立斷其舌。帝以贇藩邸之舊，不忍加誅，謂近臣曰：「弟既如此，兄亦可知。」因召俱羅，譴責之，出贇於獄，令自爲計。贇至家，飲藥而死。帝恐俱羅不自安，慮生邊患，轉爲安州刺史。歲餘，遷趙郡太守。後因朝集，至東都，與將軍梁伯隱有舊，數相往來。又從郡多將雜物以貢獻，帝不受，因遺權貴。御史劾俱羅以郡將交通内臣，帝大怒，與伯隱俱坐除名。

未幾，越嶲飛山蠻作亂，侵掠郡境。詔俱羅白衣領將，并率蜀郡都尉段鍾葵討平之。大業九年，重征高麗，以俱羅爲碣石道軍將。及還，江南劉元進作亂，詔俱羅將兵向會稽諸郡逐捕之。于時百姓思亂，從盜如市，俱羅擊賊帥朱爕、管崇等，戰無不捷。然賊勢浸盛，敗而復聚。俱羅度賊非歲月可平，諸子並在京、洛，又見天下漸亂，終恐道路隔絶。于時東都饑饉，穀食踊貴，俱羅遣家僕將船米至東都糶之，益市財貨，潛迎諸子。朝廷微知之，恐其有異志，發使案驗。使者至，前後察問，不得其罪。帝復令大理司直梁敬真就鎖將詣東都。俱羅相表異人，目有重瞳，陰爲帝之所忌。敬真希旨，奏俱羅師徒敗衄，於是斬東都市，家口籍没。

陳稜

陳稜字長威，廬江襄安人也。祖碩，以漁釣自給。父峴，少驍勇，事章大寶爲帳内部曲。告大寶反，授譙州刺史。陳滅，廢于家。高智慧、汪文進等作亂江南，廬江豪桀亦舉兵相應，以峴舊將，共推爲主。峴欲拒之，稜謂峴曰：「衆亂既作，拒之禍且及己。不如僞從，別爲後計。」峴然之。時柱國李徹軍至當塗，峴潛使稜至徹所，請爲内應。徹上其事，拜上大將軍、宣州刺史，封譙郡公，邑一千户，詔徹應接之。徹軍未至，謀洩，爲其黨所殺，稜僅以獲免。上以其父之故，拜開府，尋領鄉兵。

煬帝即位，授驃騎將軍。大業三年，拜武賁郎將。後三歲，與朝請大夫張鎮周發東陽兵萬餘人〔一〕，自義安汎海，擊流求國，月餘而至。流求人初見船艦，以爲商旅，往往詣軍中貿易。稜率衆登岸，遣鎮周爲先鋒。其主歡斯渴剌兜遣兵拒戰，鎮周頻擊破之。稜進至低没檀洞，其小王歡斯老模率兵拒戰，稜擊敗之，斬老模。其日霧雨晦冥，將士皆懼，稜刑白馬以祭海神。既而開霽，分爲五軍，趣其都邑。渴剌兜率衆數千逆拒，稜遣鎮周又先鋒擊走之。稜乘勝逐北，至其栅，渴剌兜背栅而陣。稜盡鋭擊之，從辰至未，苦鬬不息。渴剌兜自以軍疲，引入栅。稜遂填壍，攻破其栅，斬渴剌兜，獲其子島槌，虜男女數千而歸。帝大悦，進稜位右光禄大夫，武賁如故，鎮周金紫光禄大夫。

遼東之役，以宿衞遷左光禄大夫。明年，帝復征遼東，稜爲東萊留守。楊玄感之作亂也，稜率衆萬餘人擊平黎陽，斬玄感所署刺史元務本。尋奉詔於江南營戰艦。至彭城，賊帥孟讓衆將十萬，據都梁宫，阻淮爲固。稜潛於下流而濟，至江都，率兵襲讓，破之。以功進位光禄大夫，賜爵信安侯。

後帝幸江都宫，俄而李子通據海陵，左才相掠淮北，杜伏威屯六合，衆各數萬。帝遣稜率宿衞兵擊之，往往克捷。超拜右禦衞將軍。復度清江，擊宣城賊。俄而帝以弑崩，宇文化及引軍北上，召稜守江都。稜集衆縞素，爲煬帝發喪，備儀衞，改葬於吴公臺下，衰杖送喪，慟感行路，論者深義之。稜後爲李子通所陷，奔杜伏威，伏威忌之，尋而見害。

王辯 斛斯萬善

王辯字警略，馮翊蒲城人也。祖訓，以行商致富。魏世，出粟助給軍糧，爲假清河太守。辯少習兵書，尤善騎射，慷慨有大志。在周，以軍功授帥都督。開皇初，遷大都督。仁壽中，遷車騎將軍。漢王諒之作亂也，從楊素討平之。賜爵武寧縣男，邑三百户。後三歲，遷尚舍奉御。從征吐谷渾，拜朝請大夫。數年，轉鷹揚郎將。遼東之役，以功加通議大夫，尋遷武賁郎將。

及山東盜賊起，上谷魏刀兒自號歷山飛，衆十餘萬，劫掠燕、趙。帝引辯升御榻，問以方略。辯論取賊形勢，帝稱善，曰：「誠如此計，賊何足憂也。」於是發從行步騎三千，擊敗之，賜黄金二百兩。明年，渤海賊帥高士達自號東海公，衆以萬數。復令辯擊之，屢挫其鋭。帝在江都宫，聞而馳召之。及引見，禮賜甚厚，復令往信都經略。士達於是復戰，破之，優詔褒顯。時賊帥郝孝德、孫宣雅、時季康、竇建德、魏刀兒等往往屯聚，大至十萬，小至數千，寇掠河北。辯進兵擊之，所往皆捷，深爲羣賊所憚。及翟讓寇徐、豫，辯進，頻擊走之。讓尋與李密屯據洛口倉，辯與王世充討密，阻洛水相持經年。辯率諸將攻敗密，因薄其營戰，破外栅，密諸營已有潰者。乘勝將入城，世充不知，恐將士勞倦，於是鳴角收兵，翻爲密徒所乘。官軍大潰，不可救止。辯至洛水，橋已壞，不得度，遂涉水，至中流，爲溺人所引墜馬。辯時身被重甲，敗兵前後相蹈藉，不能復上馬，竟溺死焉。時年五十六。三軍莫不痛惜之。

河南斛斯萬善，驍勇果毅，與辯齊名。大業中，從衞玄討楊玄感，頻戰有功。及玄感敗走，萬善與數騎追及之，玄感窘迫自殺。由是知名，拜武賁郎將。突厥始畢之圍鴈門也，萬善奮擊之，所向皆破。每賊至，輒出當其鋒〔一三〕，或下馬坐地，引强弓射賊，所中皆殪。由是突厥莫敢逼城，十許日竟退，萬善之力也。其後頻討羣盜，累功至將軍。

時有將軍鹿愿、范貴、馮孝慈，俱爲將帥，數從征討，並有名於世。然事皆亡失，故史官無所述焉。

史臣曰：楚、漢未分，絳、灌所以宣力，曹、劉競逐，關、張所以立名。然則名立資草昧之初，力宣候經綸之會，攀附鱗翼，世有之矣。圓通、護兒之輩，定和、鐵杖之倫，皆一時之壯士，困於貧賤。當其鬱抑未遇，亦安知其有鴻鵠之志哉！終能振拔汙泥之中，騰躍風雲之上，符馬革之願，快生平之心，非遇其時，焉能至於此也！俱羅欲加之罪，非其咎釁，王辯殞身勍敵，志實勤王。陳稜縞素發喪，哀感行路，義之所動，固已深乎！孟才、錢傑、沈光等，感恩懷舊，臨難忘生，雖功無所成，其志有可稱矣。

校勘記

〔一〕賀若弼之鎮壽春也　「壽春」，北史卷七八張奫傳作「江都」。

〔二〕別破高智慧於會稽　「高智慧」，原作「高智惠」，據南監本改。按，本書卷三煬帝紀上、本卷陳稜傳亦作「高智慧」。

〔三〕歷撫顯齊三州刺史　「撫顯齊三州」，北史卷七八張奫傳作「撫濟二州」。

〔四〕及牙時　「牙」字原闕，據北史卷七八麥鐵杖傳、册府卷七八八總録部智、卷八四五總録部趫捷、卷九三〇總録部寇竊補。

〔五〕明旦及奏事　「及」，北史卷七八麥鐵杖傳作「反」。

〔六〕鐵杖應口對曰　「口」，宋甲本、至順本作「之」，北史卷七八麥鐵杖傳、册府卷八〇〇總録部敏捷作「聲」。

〔七〕可持繩來當相爲上耳　「相」，宋甲本、汲本作「柜」。下文稱「以掌拒地」，疑「相」、「柜」俱爲「拒」之訛字。北史卷七八麥鐵杖傳附沈光傳作「當相爲上繩」。

〔八〕即日拜朝請大夫　「朝請大夫」，北史卷七八麥鐵杖傳附沈光傳、册府卷八四五總録部趫捷作「朝散大夫」。

〔九〕封高唐縣公　「封」字原闕，據宋甲本、至順本、汲本補。按，北史卷七八魚俱羅傳亦有「封」字。

〔一〇〕不敢畜牧於塞下　「下」，原作「上」，據宋甲本、至順本、汲本改。按，北史卷七八魚俱羅傳、册府卷三九三將帥部威名亦作「下」。

〔一一〕與朝請大夫張鎮周發東陽兵萬餘人　「張鎮周」，本書卷三煬帝紀上、卷四煬帝紀下、卷二四食貨志、卷八一東夷流求國傳作「張鎮州」。

〔一二〕輒出當其鋒　汲本「輒」下有「獨」字，殿本「輒」作「獨」。

隋書卷六十五

列傳第三十

周羅睺

周羅睺字公布，九江尋陽人也。父法暠，仕梁冠軍將軍、始興太守、通直散騎常侍、南康内史，臨蒸縣侯。羅睺年十五，善騎射，好鷹狗，任俠放蕩，收聚亡命，陰習兵書。從祖景彦誡之曰：「吾世恭謹，汝獨放縱，難以保家。若不喪身，必將滅吾族。」羅睺終不改。

陳宣帝時，以軍功授開遠將軍、句容令。後從大都督吴明徹與齊師戰於江陽，爲流矢中其左目。齊師圍明徹於宿預也，諸軍相顧，莫有鬬心。羅睺躍馬突進，莫不披靡。太僕卿蕭摩訶因而副之，斬獲不可勝計。進師徐州，與周將梁士彦戰於彭城，摩訶臨陣墮馬，羅睺進救，拔摩訶於重圍之内，勇冠三軍。明徹之敗也，羅睺全衆而歸，拜光遠將軍、鍾離太守。十一年，授使持節、都督霍州諸軍事。平山賊十二洞，除右軍將軍、始安縣伯，邑四百户，總管檢校揚州内外諸軍事。賜金銀三千兩，盡散之將士，分賞驍雄。陳宣帝深歎美之。出爲晉陵太守，進爵爲侯，增封一千户。除太僕卿，增封并前一千六百户。尋除雄信將軍，使持節、都督豫章十郡諸軍事、豫章内史。獄訟庭決，不關吏手，民懷其惠，立碑頌德焉。

至德中，除持節、都督南川諸軍事。江州司馬吴世興密奏羅睺甚得人心，擁衆嶺表，意在難測，陳主惑焉。蕭摩訶、魯廣達等保明之。外有知者，或勸其反，羅睺拒絶之。軍還，除太子左衛率，信任逾重，時參宴席。陳主曰：「周左率武將，詩每前成，文士何爲後也？」都官尚書孔範對曰：「周羅睺執筆製詩，還如上馬入陣，不在人後。」自是益見親禮。出督湘州諸軍事，還拜散騎常侍。

晉王廣之伐陳也，都督巴峽緣江諸軍事，以拒秦王俊，軍不得度，相持踰月。遇丹陽陷，陳主被擒，上江猶不下，晉王廣遣陳主手書命之，羅睺與諸將大臨三日，放兵士散，然後迺降。高祖慰諭之，許以富貴。羅睺垂泣而對曰：「臣荷陳氏厚遇，本朝淪亡，無節可紀。陛下所賜，獲全爲幸，富貴榮禄，非臣所望。」高祖甚器之。賀若弼謂之曰：「聞公郢、漢捉兵，即知揚州可得。王師利涉，果如所量。」羅睺答曰：「若得與公周旋，勝負未可知也。」其年秋，拜上儀同三司，鼓吹羽儀，送之于宅。先是，陳裨將羊翔歸降于我，使爲鄉導，位至上開府，班在羅睺上。韓擒於朝堂戲之曰：「不知機變，立在羊翔之下，能無媿乎？」羅睺答曰：「昔在江南，久承令問，謂公天下節士。今日所言，殊匪誠臣之論。」擒有媿色。其年冬，除豳州刺史，俄轉涇州刺史，母憂去職。未朞，復起，授豳州刺史，並有能名。

十八年，起遼東之役，徵爲水軍總管。自東萊汎海，趣平壤城，遭風，船多飄没，無功而還。十九年，突厥達頭可汗犯塞，從楊素擊之，虜衆甚盛，羅睺白素曰：「賊陣未整，請擊之。」素許焉，與輕勇二十騎直衝虜陣，從中至酉，短兵屢接，大破之。進位大將軍。仁壽元年，爲東宫右虞候率，賜爵義寧郡公，食邑一千五百户。俄轉右衞率。

煬帝即位，授右武候大將軍。漢王諒反，詔副楊素討平之，進授上大將軍。其年冬，帝幸洛陽。陳主卒，羅睺請一臨哭，帝許之。縗絰送至墓所，葬還釋服而後入朝。帝甚嘉尚，世論稱其有禮。時諒餘黨據晉、絳等三州未下，詔羅睺行絳、晉、吕三州諸軍事，進兵圍之。爲流矢所中，卒于師，時年六十四。送柩還京，行數里，無故輿馬自止，策之不動，有飄風旋遶焉。絳州長史郭雅稽顙呪曰：「公恨小寇未平邪？尋即除殄，無爲繾恨。」於是風静馬行，見者莫不悲歎。其年秋七月，子仲隱夢見羅睺曰：「我明日當戰。」其靈坐所有弓箭刀劍，無故自動，若人帶持之狀。絳州城陷，是其日也。贈柱國、右翊衛大將軍，謚曰壯。贈物千段。子仲安，官至上開府。

周法尚

周法尚字德邁，汝南安成人也。祖靈起，梁直閤將軍、義陽太守、廬桂二州刺史。父炅，定州刺史、平北將軍。法尚少果勁，有風槩，好讀兵書。年十八，爲陳始興王中兵參軍，尋加伏波將軍。其父卒後，監定州事，督父本兵。數有戰功，遷使持節、貞毅將軍、散騎常侍，領齊昌郡事，封山陰縣侯，邑五千户。以其兄武昌縣公法僧代爲定州刺史。

法尚與長沙王叔堅不相能，叔堅言其將反。陳宣帝執禁法僧，發兵欲取法尚。其下將吏皆勸之歸北，法尚猶豫未決。長史殷文則曰：「樂毅所以辭燕，良由不獲已。事勢如此，請早裁之。」法尚遂歸于周。宣帝甚優寵之，拜開府、順州刺史，封歸義縣公，邑千户。賜良馬五匹，女妓五人，綵物五百段，加以金帶。陳將樊猛濟江討之，法尚遣部曲督韓明詐爲背己奔于陳〔一〕，僞告猛曰：「法尚部兵不願降北，人皆竊議，盡欲叛還。若得軍來，必無鬬者，自當於陳倒戈耳。」猛以爲然，引師急進。法尚乃陽爲畏懼，自保於江曲。猛陳兵挑戰，法尚先伏輕舸於浦中，又伏精鋭於古村之北，自張旗幟，迎流拒之。戰數合〔二〕，僞退登岸，投古村。猛捨舟逐之，法尚又疾走，行數里，與村北軍合，復前擊猛。猛退走赴船，既而浦中伏舸取其舟楫，建周旗幟。猛於是大敗，僅以身免，虜八千人。

高祖爲丞相，司馬消難作亂，陰遣上開府段珣率兵陽爲助守，因欲奪其城。法尚覺其詐〔三〕，閉門不納，珣遂圍之。于時倉卒，兵散在外，因率吏士五百人守拒二十日。外無救援，自度力不能支，遂拔所領，棄城遁走。消難虜其母弟及家累三百人歸于陳。

高祖受禪，拜巴州刺史，破三鵶叛蠻於鐵山，復從柱國王誼擊走陳寇。遷衡州總管、四州諸軍事，改封譙郡公，邑二千户。後上幸洛陽，召之，及引見，賜金鈿酒鍾一雙，綵五百段，良馬十五匹，奴婢三百口，給鼓吹一部。法尚固辭，上曰：「公有大功於國，特給鼓吹者，欲令公鄉人知朕之寵公也。」固與之。歲餘，轉黄州總管，上降密詔，使經略江南，伺候動静。及伐陳之役，以行軍總管隸秦孝王，率舟師三萬出于樊口。陳城州刺史熊門超出師拒戰，擊破之，擒超於陣。轉鄂州刺史，尋遷永州總管，安集嶺南，賜縑五百段，良馬五匹，仍給黄州兵三千五百人爲帳内。陳桂州刺史錢季卿、南康内史柳璿、西衡州刺史鄧暠、陽山太守毛爽等前後詣法尚降。陳定州刺史吕子廓據山洞反，法尚引兵踰嶺，子廓兵衆日散，與千餘人走保巖嶮，其左右斬之而降。賜綵五百段，奴婢五十口，并銀甕寶帶，良馬十匹。十年，尋轉桂州總管，仍爲嶺南安撫大使。

後數年入朝，以本官宿衛。賜綵三百段，米五百石，絹五百匹。未幾，桂州人李光仕舉兵作亂〔四〕，令法尚與上柱國王世積討之〔五〕。法尚馳往桂州，發嶺南兵，世積出岳州，徵嶺北軍，俱會于尹州。光仕來逆戰，擊走之。世積所部多遇瘴，不能進，頓于衡州，法尚獨討之。光仕帥勁兵保白石洞，法尚捕得其弟光略、光度，大獲家口。其黨有來降附，輒以妻子還之。居旬日，降者數千人。法尚遣兵列陣，以當光仕，親率奇兵，蔽林設伏。兩陣始交，法尚馳擊其栅，栅中人皆走散，光仕大潰，追斬之。賜奴婢百五十口，黄金百五十兩，銀百五十斤。仁壽中，遂州獠叛，復以行軍總管討平之。巂州烏蠻反，攻陷州城，詔令法尚便道擊之。軍將至，賊棄州城，散走山谷間，法尚捕不能得。於是遣使慰諭，假以官號，僞班師，日行二十里。軍再舍，潛遣人覘之，知其首領盡歸栅，聚飲相賀。法尚選步騎數千人，襲擊破之，獲其渠帥數千人〔六〕，虜男女萬餘口。賜奴婢百口，物三百段，蜀馬二十匹。軍還，檢校潞州事。

煬帝嗣位，轉雲州刺史。後三歲，轉定襄太守，進位金紫光禄大夫。時帝幸榆林，法尚朝于行宫。内史令元壽言於帝曰：「漢武出塞，旌旗千里。今御營之外，請分爲二十四軍，日別遣一軍發，相去三十里，旗幟相望，鉦鼓相聞，首尾連注，千里不絕。此亦出師之盛者也。」法尚曰：「不然，兵亘千里，動間山川，卒有不虞，四分五裂。腹心有事，首尾未知，道阻且長，難以相救。雖是故事，此乃取敗之道也。」帝不懌曰：「卿意以爲如何？」法尚曰：「結爲方陣，四面外距，六宮及百官家口並住其間。若有變起，當頭分抗，內引奇兵，出外奮擊，車爲壁壘，重設鉤陳，此與據城理亦何異！若戰而捷，抽騎追奔，或戰不利，屯營自守。臣謂牢固萬全之策也。」帝曰：「善。」因拜左武衞將軍，賜良馬一匹，絹三百匹。

明年，黔安夷向思多反〔七〕，殺將軍鹿愿，圍太守蕭造，法尚與將軍李景分路討之。法尚擊思多于清江，破之，斬首三千級。還，從討吐谷渾，法尚別出松州道，逐捕亡散，至于青海。賜奴婢一百口，物二百段，馬七十匹。出爲敦煌太守，尋領會寧太守。

遼東之役，以舟師指朝鮮道，會楊玄感反，與將軍宇文述、來護兒等破之。以功進右光祿大夫，賜物九百段。時有齊郡人王薄、孟讓等舉兵爲盜，衆十餘萬，保長白山。頻戰，每挫其鋭。賜奴婢百口。明年，復臨滄海，在軍疾甚，謂長史崔君肅曰：「吾再臨滄海，未能利涉，時不我與，將辭人世。立志不果，命也如何！」言畢而終，時年五十九。贈武衞大將軍，謚曰僖。有子六人。長子紹基，靈壽令，少子紹範，最知名。

李景

李景字道興，天水休官人也。父超，周應、戎二州刺史。景容貌奇偉，膂力過人，美鬚髯，驍勇善射。平齊之役，頗有力焉，授儀同三司。以平尉迥，進位開府，賜爵平寇縣公，邑千五百户。開皇九年，以行軍總管從王世積伐陳，陷陣有功，進位上開府，賜奴婢六十口，物千五百段。及高智慧等作亂江南，復以行軍總管從楊素擊之。别平倉嶺，還授鄜州刺史。十七年，遼東之役，爲馬軍總管，及還，配事漢王。高祖奇其壯武，使袒而觀之，曰："卿相表當位極人臣。"尋從史萬歲擊突厥於大斤山，别路邀賊，大破之。後與上明公楊紀送義成公主於突厥，至恒安，遇突厥來寇。時代州總管韓洪爲虜所敗，景率所領數百人援之。力戰三日，殺虜甚衆，賜物三千段〔八〕，授韓州刺史。以事王故，不之官。

仁壽中，檢校代州總管。漢王諒作亂并州，景發兵拒之。諒遣劉嵩襲景，戰於城東。升樓射之，無不應弦而倒。選壯士擊之，斬獲略盡。諒復遣嵐州刺史喬鍾葵率勁勇三萬攻之。景戰士不過數千，加以城池不固，爲賊衝擊，崩毁相繼〔九〕。景且戰且築，士卒皆殊死鬬，屢挫賊鋒。司馬馮孝慈、司法參軍吕玉並驍勇善戰，儀同三司侯莫陳乂多謀畫〔一〇〕，工拒守之術〔一一〕。景知將士可用，其後推誠於此三人，無所關預，唯在閤持重，時出撫循而已。月餘，朔州總管楊義臣以兵來援，合擊大破之。先是，景府内井中甃上生花如蓮，并有龍見，時變爲鐵馬甲士。又有神人長數丈見於城下，其跡長四尺五寸。景問巫，對曰：「此是不祥之物，來食人血耳。」景大怒，推出之。旬日而兵至，死者數萬焉。景尋被徵入京，進位柱國，拜右武衛大將軍，賜縑九千匹，女樂一部，加以珍物。

景智略非所長，而忠直爲時所許，帝甚信之。擊叛蠻向思多，破之，賜奴婢八十口〔一二〕。明年，擊吐谷渾於青海，破之，進位光禄大夫。賜奴婢六十口，縑二千匹。五年，車駕西巡，至天水，景獻食於帝。帝曰：「公，主人也。」賜坐齊王暕之上。至隴川宮，帝將大獵，景與左武衛大將軍郭衍俱有難言，爲人所奏。帝大怒，令左右搤之，竟以坐免。歲餘，復位，與宇文述等參掌選舉。明年，攻高麗武厲城〔一三〕，破之，賜爵苑丘侯〔一四〕，物一千段。八年，出渾彌道。九年，復出遼東。及旋師，以景爲殿。高麗追兵大至，景擊走之。賚物三千段，進爵滑國公。楊玄感之反也，朝臣子弟多預焉，而景獨無關涉。帝曰：「公誠直天然，我之梁棟也。」賜以美女。帝每呼李大將軍而不名，其見重如此。十二年，帝令景營遼東戰具於北平，賜御馬一匹，名師子駱。會幽州賊楊仲緒率衆萬餘人來攻北平，景督兵擊破之，斬仲緒。于時盜賊蜂起，道路隔絶，景遂召募，以備不虞。武賁郎將羅藝與景有隙，遂誣景將反。帝遣其子慰諭之曰：「縱人言公闚天闕，據京師〔一五〕，吾無疑也。」後爲高開道所圍〔一六〕，獨守孤城，外無聲援，歲餘，士卒患脚腫而死者十將六七，景撫循之，一無離叛。遼東軍資多在其所，粟帛山積，既逢離亂，景無所私焉。及帝崩於江都，遼西太守鄧暠率兵救之，遂歸柳城。後將還幽州，在道遇賊，見害。契丹、靺鞨素感其恩，聞之莫不流涕，幽、燕人士于今傷惜之。有子世謨。

慕容三藏

慕容三藏，燕人也。父紹宗，齊尚書左僕射，東南道大行臺。三藏幼聰敏，多武略，頗有父風。仕齊，釋褐太尉府參軍事，尋遷備身都督。武平初，襲爵燕郡公，邑八百户。其年，敗周師於孝水，又破陳師於壽陽，轉武衞將軍。又敗周師於河陽，授武衞大將軍。又轉右衞將軍，别封范陽縣公，食邑千户。周師入鄴也，齊後主失守東遁，委三藏等留守鄴宮。齊之王公以下皆降，三藏猶率麾下抗拒周師。及齊平，武帝引見，恩禮甚厚，詔曰：「三藏父子誠節著聞，宜加榮秩。」授開府儀同大將軍。其年，稽胡叛，令三藏討平之。

開皇元年，授吴州刺史。九年，奉詔持節涼州道黜陟大使。其年，嶺南酋長王仲宣反，圍廣州，詔令柱國、襄陽公韋洸爲行軍總管，三藏爲副。至廣州，與賊交戰，洸爲流矢所中，卒，詔令三藏檢校廣州道行軍事。十年，賊衆四面攻圍，三藏固守月餘。城中糧少矢盡，三藏以爲不可持久，遂自率驍鋭，夜出突圍擊之。賊衆敗散，廣州獲全。以功授大將軍，賜奴婢百口，加以金銀雜物。十二年，授廓州刺史。州極西界，與吐谷渾鄰接，姦宄犯法者皆遷配彼州，流人多有逃逸。及三藏至，招納綏撫，百姓愛悦，繦負日至，吏民歌頌之。高祖聞其能，屢有勞問。其年，當州畜産繁孳，獲醍醐奉獻，賚物百段。十三年，州界連雲山響，稱萬年者三，詔頒郡國，仍遣使醮於山所。其日景雲浮於上，雉間兔馴壇側，使還具以聞，上大悦。十五年，授疊州總管。党項羌時有翻叛，三藏隨便討平之，部内夷夏咸得安輯。仁壽元年，改封河内縣男。

大業元年，授和州刺史。三年，轉任淮南郡太守，所在有惠政。其年，改授金紫光禄大夫。大業七年卒〔一七〕。

三藏從子遐，爲澶水丞，漢王反，抗節不從，以誠節聞。

薛世雄

薛世雄字世英，本河東汾陰人也，其先寓居關中。父回，字道弘，仕周，官至涇州刺史。開皇初，封舞陰郡公，領漕渠監，以年老致事，終於家。世雄爲兒童時，與羣輩遊戲，輒畫地爲城郭，令諸兒爲攻守之勢，有不從令者，世雄輒撻之，諸兒畏憚，莫不齊整。其父見而奇之，謂人曰：「此兒當興吾家矣。」年十七，從周武帝平齊，以功拜帥都督。開皇時，數有戰功，累遷儀同三司、右親衞車騎將軍。煬帝嗣位，番禺夷獠相聚爲亂，詔世雄討平之。遷右監門郎將。從帝征吐谷渾，進位通議大夫。

世雄性廉謹，凡所行軍破敵之處，秋毫無犯，帝由是嘉之。帝嘗從容謂羣臣曰：「我欲舉好人，未知諸君識不？」羣臣咸曰：「臣等何能測聖心。」帝曰：「我欲舉者薛世雄。」羣臣皆稱善。帝復曰：「世雄廉正節槩，有古人之風。」於是超拜右翊衞將軍。

歲餘，以世雄爲玉門道行軍大將，與突厥啓民可汗連兵擊伊吾。師次玉門，啓民可汗背約，兵不至，世雄孤軍度磧。伊吾初謂隋軍不能至，皆不設備，及聞世雄兵已度磧，大懼，請降，詣軍門上牛酒。世雄遂於漢舊伊吾城東築城，號新伊吾，留銀青光禄大夫王威，以甲卒千餘人戍之而還。天子大悦，進位正議大夫，賜物二千段。

遼東之役，以世雄爲沃沮道軍將，與宇文述同敗績於平壤。還次白石山，爲賊所圍百餘重，四面矢下如雨。世雄以羸師爲方陣，選勁騎二百先犯之，賊稍却，因而縱擊，遂破之而還。所亡失多，竟坐免。明年，帝復征遼東，拜右候衞將軍，將兵指蹋頓道〔一八〕。軍至烏骨城，會楊玄感作亂，班師。帝至柳城，以世雄爲東北道大使，行燕郡太守，鎮懷遠。于時突厥頗爲寇盜，緣邊諸郡多苦之，詔世雄發十二郡士馬，巡塞而還。十年，復從帝至遼東，遷左禦衞大將軍，仍領涿郡留守。未幾，李密逼東都，中原搔動，詔世雄率幽、薊精兵將擊之。軍次河間，營於郡城南，河間諸縣並集兵，依世雄大軍爲營，欲討竇建德。建德將家口遁，自選精鋭數百，夜來襲之。先犯河間兵，潰奔世雄營。時遇雰霧晦冥，莫相辨識，軍不得成列，皆騰栅而走，於是大敗。世雄與左右數十騎遁入河間城，慙恚發病，歸於涿郡，未幾而卒，時年六十三。有子萬述、萬淑、萬鈞、萬徹，並以驍武知名。

王仁恭

王仁恭字元實，天水上邽人也。祖建，周鳳州刺史。父猛，鄯州刺史。仁恭少剛毅脩謹，工騎射。弱冠，州補主簿，秦孝王引爲記室，轉長道令，遷車騎將軍。從楊素擊突厥於靈武，以功拜上開府，賜物三千段。以驃騎將軍典蜀王軍事。山獠作亂，蜀王命仁恭討破之，賜奴婢三百口。及蜀王以罪廢，官屬多罹其患。上以仁恭素質直，置而不問。

煬帝嗣位，漢王諒舉兵反，從楊素擊平之。以功進位大將軍，拜呂州刺史〔一九〕，賜帛四千匹，女妓十人。歲餘，轉衞州刺史，尋改爲汲郡太守，有能名。徵入朝，帝呼上殿，勞勉之，賜雜綵六百段，良馬二匹。遷信都太守，汲郡吏民扣馬號哭於道，數日不得出境，其得人情如此。

遼東之役，以仁恭爲軍將。及帝班師，仁恭爲殿，遇賊，擊走之。進授左光祿大夫，賜絹六千段，馬四十匹。明年，復以軍將指扶餘道〔二〇〕，帝謂之曰：「往者諸軍多不利，公獨以一軍破賊。古人云，敗軍之將不可以言勇，諸將其可任乎？今委公爲前軍，當副所望也。」賜良馬十匹，黄金百兩。仁恭遂進軍，至新城，賊數萬背城結陣，仁恭率勁騎一千擊破之。賊嬰城拒守，仁恭四面攻圍。帝聞而大悦，遣舍人詣軍勞問，賜以珍物。進授光祿大夫，賜絹五千匹。會楊玄感作亂，其兄子武賁郎將仲伯預焉，仁恭由是坐免。

尋而突厥屢爲寇患，帝以仁恭宿將，頻有戰功，詔復本官，領馬邑太守。其年，始畢可汗率騎數萬來寇馬邑，復令二特勤將兵南過。時郡兵不滿三千，仁恭簡精鋭逆擊，破之。其二特勤衆亦潰，仁恭縱兵乘之，獲數千級，并斬二特勤。帝大悦，賜縑三千匹。其後突厥復入定襄，仁恭率兵四千掩擊，斬千餘級，大獲六畜而歸。

于時天下大亂，百姓饑餒，道路隔絶，仁恭頗改舊節，受納貨賄，又不敢輒開倉廩，賑卹百姓。其麾下校尉劉武周與仁恭侍婢姦通，恐事泄，將爲亂，每宣言郡中曰：「父老妻子凍餒，填委溝壑，而王府君閉倉不救百姓，是何理也！」以此激怒衆，吏民頗怨之。其後仁恭正坐廳事，武周率其徒數十人大呼而入，因害之，時年六十。武周於是開倉賑給，郡內皆從之，自稱天子，署置百官，轉攻傍郡。

權武

權武字武拼，天水人也。祖超，魏秦州刺史。父襲慶，周開府，從武元皇帝與齊師戰于并州，被圍百餘重。襲慶力戰矢盡，短兵接戰，殺傷甚衆，刀矟皆折，脱胄擲地，向賊大罵曰：「何不來斫頭也！」賊遂殺之。武以忠臣子，起家拜開府，襲爵齊郡公，邑千二百户。

武少果勁，勇力絶人，能重甲上馬。嘗倒投於井，未及泉，復躍而出，其拳捷如此。從王謙破齊服龍等五城，增邑八百户。平齊之役，攻陷邵州，別下六城，以功增邑三百户。宣帝時，拜勁捷左旅上大夫，進位上開府。

高祖爲丞相，引置左右。及受禪，增邑五百户。後六歲，拜淅州刺史。伐陳之役，以行軍總管從晉王出六合，還拜豫州刺史。在職數年，以創業之舊，進位大將軍，檢校潭州總管。其年，桂州人李世賢作亂〔二〕，武以行軍總管與武候大將軍虞慶則擊平之。慶則以罪誅，功竟不録，復還于州。多造金帶，遺嶺南酋領，其人復答以寶物，武皆納之，由是致富。後武晚生一子，與親客宴集，酒酣，遂擅赦所部内獄囚。武常以南越邊遠，治從其俗，務適便宜，不依律令，而每言當今法急，官不可爲。上令有司案其事，皆驗。上大怒，命斬之。武於獄中上書，言其父爲武元皇帝戰死於馬前，以此求哀。由是除名爲民。仁壽中，復拜大將軍，封邑如舊。未幾，授太子右衛率。

煬帝即位，拜右武衛大將軍，坐事免，授桂州刺史。俄轉始安太守。久之，徵拜右屯衛大將軍，尋坐事除名。卒于家。有子弘。

吐萬緒

吐萬緒字長緒，代郡鮮卑人也。父通，周郢州刺史。緒少有武略，在周，起家撫軍將軍，襲爵元壽縣公。數從征伐，累遷大將軍、少司武〔三〕。高祖受禪，拜襄州總管，進封穀城郡公，邑二千五百户。尋轉青州總管，頗有治名。歲餘，突厥寇邊，朝廷以緒有威略，徙爲朔州總管，甚爲北夷所憚。其後高祖潛有吞陳之志，轉徐州總管，令修戰具。及大舉濟江，以緒領行軍總管，與西河公紇豆陵洪景屯兵江北。及陳平，拜夏州總管。

晉王廣之在藩也，頗見親遇，及爲太子，引爲左虞候率。煬帝嗣位，漢王諒時鎮并州，帝恐其爲變，拜緒晉、絳二州刺史，馳傳之官。緒未出關，諒已遣兵據蒲坂，斷河橋，緒不得進。詔緒率兵從楊素擊破之，拜左武候將軍。大業初，轉光禄卿。賀若弼之遇讒也，引緒爲證，緒明其無罪，由是免官。歲餘，守東平太守。未幾，帝幸江都，路經其境，迎謁道傍。帝命升龍舟，緒因頓首陳謝往事。帝大悦，拜金紫光禄大夫，太守如故。遼東之役，請爲先鋒，帝嘉之，拜左屯衞大將軍，率馬步數萬指蓋馬道。及班師，留鎮懷遠，進位左光禄大夫。

時劉元進作亂江南，以兵攻潤州，帝徵緒討之。緒率衆至楊子津，元進自茅浦將度江，緒勒兵擊走。緒因濟江，背水爲栅。明旦，元進來攻，又大挫之，賊解潤州圍而去。緒進屯曲阿，元進復結栅拒。緒挑之，元進出戰，陣未整，緒以騎突之，賊衆遂潰，赴江水而死者數萬。元進挺身夜遁，歸保其壘。僞署僕射朱燮、管崇等屯於毗陵，連營百餘里。緒乘勢進擊，復破之，賊退保黄山。緒進軍圍之，賊窮蹙請降，元進、朱燮僅以身免。於陣斬管崇及其將軍陸顗等五千餘人，收其子女三萬餘口，送江都宫。進解會稽圍。元進復據建安，帝令進討之，緒以士卒疲敝，請息甲待至來春。帝不悅，密令求緒罪失，有司奏緒怯懦違詔，於是除名爲民，配防建安。尋有詔徵詣行在所，緒鬱鬱不得志，還至永嘉，發疾而卒。

董純

董純字德厚，隴西成紀人也。祖和，魏太子左衞率。父昇，周柱國。純少有膂力，便弓馬。在周，仕歷司御上士、典馭下大夫，封固始縣男，邑二百户。從武帝平齊，以功拜儀同，進爵大興縣侯，增邑通前八百户。

高祖受禪，進爵漢曲縣公，累遷驃騎將軍。後以軍功，進位上開府。開皇末，以勞舊擢拜左衞將軍，尋改封順政縣公。漢王諒作亂并州，以純爲行軍總管、河北道安撫副使，從楊素擊平之。以功拜柱國，進爵爲郡公，增邑二千户〔三〕。轉左備身將軍，賜女妓十人，縑綵五千匹。數年，轉左驍衞將軍、彭城留守。

齊王暕之得罪也，純坐與交通，帝庭譴之曰：「汝階緣宿衞，以至大官，何乃附傍吾兒，欲相離間也？」純曰：「臣本微賤下才，過蒙獎擢，先帝察臣小心，寵踰涯分，陛下重加收採，位至將軍。欲竭餘年，報國恩耳。比數詣齊王者，徒以先帝、先后往在仁壽宮，置元德太子及齊王於膝上，謂臣曰：『汝好看此二兒，勿忘吾言也。』臣奉詔之後，每於休暇出入〔二四〕，未嘗不詣王所。臣誠不敢忘先帝之言。于時陛下亦侍先帝之側。」帝改容曰：「誠有斯旨。」於是捨之。後數日，出爲汶山太守。

歲餘，突厥寇邊，朝廷以純宿將，轉爲榆林太守。虜有至境，純輒擊却之。會彭城賊帥張大彪、宗世模等衆至數萬，保懸薄山，寇掠徐、兗。帝令純討之。純初閉營不與戰，賊屢挑之不出，賊以純爲怯，不設備，縱兵大掠。純選精鋭擊之，合戰於昌慮，大破之，斬首萬餘級，築爲京觀。賊魏騏驎衆萬餘人，據單父，純進擊，又破之〔二五〕。及帝重征遼東，復以純爲彭城留守。東海賊彭孝才衆數千，掠懷仁縣，轉入沂水，保五不及山。純以精兵擊之，擒孝才於陣，車裂之，餘黨各散。

時百姓思亂，盜賊日益，純雖頻戰克捷，所在蜂起。有人譖純怯懦，不能平賊，帝大怒，遣使鎖純詣東都。有司見帝怒甚，遂希旨致純死罪，竟伏誅。

趙才

趙才字孝才，張掖酒泉人也。祖隗，魏銀青光禄大夫、樂浪太守。父壽，周順政太守。

才少驍武，便弓馬，性麁悍，無威儀。周世爲輿正上士。高祖受禪，屢以軍功遷上儀同三司，配事晉王。及王爲太子，拜右虞候率。煬帝即位，轉左備身驃騎，後遷右驍衞將軍。帝以才藩邸舊臣，漸見親待。才亦恪勤匪懈，所在有聲。歲餘，轉右候衞將軍。從征吐谷渾，以爲行軍總管，率衞尉卿劉權、兵部侍郎明雅等出合河道，與賊相遇，擊破之。以功進位金紫光祿大夫。及遼東之役，再出碣石道，還授左候衞將軍。俄遷右候衞大將軍。時帝每有巡幸，才恒爲斥候，肅遏姦非，無所迴避。在塗遇公卿妻子有違禁者，才輒醜言大罵，多所援及。時人雖患其不遜，然才守正，無如之何。十年，駕幸汾陽宮，以才留守東都。

十二年，帝在洛陽，將幸江都。才見四海土崩，恐爲社稷之患。自以荷恩深重，無容坐看亡敗，於是入諫曰：「今百姓疲勞，府藏空竭，盜賊蜂起，禁令不行。願陛下還京師，安兆庶，臣雖愚蔽，敢以死請。」帝大怒，以才屬吏，旬日，帝意頗解，乃令出之。帝遂幸江都，待遇踰昵。時江都糧盡，將士離心，內史侍郎虞世基、祕書監袁充等多勸帝幸丹陽。帝廷議其事，才極陳入京之策，世基盛言度江之便。帝默然無言，才與世基相忿而出。宇文化及弒逆之際，才時在苑北，化及遣驍果席德方矯詔追之。才聞詔而出，德方命其徒執之，以詣化及。化及謂才曰：「今日之事，祇得如此，幸勿爲懷。」才嘿然不對。化及忿才無言，將殺之，三日乃釋。以本官從事，鬱鬱不得志。才嘗對化及宴飲，請勸其同謀逆者一十八人楊士覽等酒，化及許之。才執杯曰：「十八人止可一度作，勿復餘處更爲。」諸人默然不對。行至聊城，遇疾。俄而化及爲竇建德所破，才復見虜。心彌不平，數日而卒，時年七十三。

仁壽、大業間，有蘭興浴、賀蘭蕃，俱爲武候將軍，剛嚴正直，不避强禦，咸以稱職知名。

史臣曰：羅睺、法尚、李景、世雄、慕容三藏並以驍武之姿，當有事之日，致茲富貴，自取之也。仁恭初在汲郡，以清能顯達，後居馬邑，以貪悋敗亡，鮮克有終，惜矣！吐萬緒、董純各以立效當年，取斯高秩。緒請息兵見責，純遭譖毁被誅。大業之季，盜可盡乎！淫刑暴逞，能不及焉！趙才雖人而無儀，志在强直，固拒世基之議，可謂不苟同矣。權武素無行檢，不拘刑憲，終取黜辱，宜哉。

校勘記

〔一〕法尚遣部曲督韓明詐爲背己奔于陳　「韓明」，北史卷七六周法尚傳、通鑑卷一七三陳紀七宣帝太建十一年作「韓朗」。

〔二〕戰數合　至順本「數」下有「十」字。

〔三〕法尚覺其詐　「詐」，册府卷四五〇將帥部失守作「計」。

〔四〕桂州人李光仕舉兵作亂　「李光仕」，周法尚墓誌作「李光士」。

〔五〕令法尚與上柱國王世積討之　「世」字原闕，據宋甲本、北監本、汲本、殿本補。按，北史卷七六周法尚傳、册府卷三五六將帥部立功、隋書詳節卷一六周法尚傳亦作「王世積」。

〔六〕獲其渠帥數千人　「千」，北監本、汲本、殿本作「十」。

〔七〕黔安夷向思多反　「向思多」，周法尚墓誌作「向多思」。

〔八〕賜物三千段　「三千」，宋甲本、至順本、汲本、殿本作「二千」。

〔九〕崩毁相繼　「崩毁」，宋本册府卷四〇〇將帥部固守作「摧毁」，明本册府作「摧攻」；册府卷四二一將帥部失守作「摧毁」。

〔一〇〕儀同三司侯莫陳乂多謀畫　「侯莫陳乂」，原作「侯莫陳又」，據北史卷七六李景傳、册府卷四二一將帥部任謀、卷四二二將帥部推誠、通鑑卷一八〇隋紀四文帝仁壽四年改。

〔一一〕工拒守之術　「工」，册府卷四二一將帥部失守、卷四二二將帥部推誠作「上」。

〔一二〕賜奴婢八十口　「八十」，册府卷三八三將帥部褒異作「六十」。

〔一三〕攻高麗武厲城　「武厲城」，北史卷七六李景傳、册府卷三八三將帥部褒異作「武列城」。

〔一四〕賜爵苑丘侯　「苑丘侯」，册府卷三八三將帥部褒異作「宛丘侯」。按，本書卷三〇地理志中淮陽郡屬縣有宛丘。

〔一五〕據京師　「京師」，宋甲本、至順本、北監本、汲本、殿本作「京都」。按，北史卷七六李景傳、册府卷九九帝王部親信亦作「京都」。

〔一六〕後爲高開道所圍　「高開道」，原作「高開國」，據宋甲本、至順本、北監本、汲本、殿本改。按，北史卷七六李景傳、册府卷四〇〇將帥部固守亦作「高開道」。

〔一七〕大業七年卒　「七年」，當作「九年」。按，慕容三藏墓誌：「大業九年六月十一日，薨於私第，春秋六十有八。」

〔一八〕將兵指蹋頓道　「將」字原闕，據宋甲本、至順本補。

〔一九〕拜吕州刺史　「吕州」，北史卷七八王仁恭傳、册府卷三八四將帥部褒異作「吕衛二州」。

〔二〇〕復以軍將指扶餘道　「以軍將」，册府卷三八四將帥部褒異作「爲前軍」。

〔二一〕其年桂州人李世賢作亂　前承權武檢校潭州總管事。本書卷二高祖紀下，開皇十二年十一月「庚申，以豫州刺史權武爲潭州總管」。十七年「秋七月丁丑，桂州人李代賢反」。李代賢（或作李賢）即李世賢，唐人諱改。本書卷四〇虞慶則傳亦繫李賢反於開皇十七年。此繫於權武任潭州總管下，稱「其年」，疑誤。

〔二二〕少司武　「少」，北史卷七八吐萬緒傳、通志卷一六四吐萬緒傳作「小」。

〔三〕增邑二千户　册府卷三八四將帥部褒異無「二」字。

〔四〕每於休暇出入　「暇」，宋甲本作「下」。按，「休下」意同休暇。

〔五〕斬首萬餘級築爲京觀賊魏騏驎衆萬餘人據單父純進擊又破之　此二十六字原闕，據宋甲本、至順本、殿本補。按，册府卷三五七將帥部立功亦有此二十六字。

隋書卷六十六

列傳第三十一

李諤

李諤字士恢，趙郡人也。好學，解屬文。仕齊爲中書舍人，有口辯，每接對陳使。周武帝平齊，拜天官都上士。諤見高祖有奇表，深自結納。及高祖爲丞相，甚見親待，訪以得失。于時兵革屢動，國用虛耗，諤上重穀論以諷焉。高祖深納之。及受禪，歷比部、考功二曹侍郎，賜爵南和伯。諤性公方，明達世務，爲時論所推。遷治書侍御史。上謂羣臣曰：「朕昔爲大司馬，每求外職，李諤陳十二策，苦勸不許，朕遂決意在内。今此事業，諤之力也。」賜物二千段。

諤見禮教凋敝，公卿薨亡，其愛妾侍婢，子孫輒嫁賣之，遂成風俗。諤上書曰：「臣聞追遠慎終，民德歸厚，三年無改，方稱爲孝。如聞朝臣之内，有父祖亡没，日月未久，子孫無賴，便分其妓妾，嫁賣取財。有一於茲，實損風化。妾雖微賤，親承衣履，服斬三年，古今通式。豈容遽褫縗絰，强傅鉛華，泣辭靈几之前，送付佗人之室。凡在見者，猶致傷心，況乎人子，能堪斯忍？復有朝廷重臣，位望通貴〔一〕，平生交舊，情若弟兄。及其亡没，杳同行路，朝聞其死，夕規其妾，方便求娉，以得爲限，無廉恥之心，棄友朋之義。且居家理治〔二〕，可移於官，既不正私，何能贊務？」上覽而嘉之。五品以上妻妾不得改醮，始於此也。

諤又以屬文之家，體尚輕薄，遞相師效，流宕忘反，於是上書曰：

臣聞古先哲王之化民也，必變其視聽，防其嗜欲，塞其邪放之心，示以淳和之路。五教六行爲訓民之本，詩、書、禮、易爲道義之門。故能家復孝慈，人知禮讓，正俗調風，莫大於此。其有上書獻賦，制誄鐫銘，皆以褒德序賢，明勳證理。苟非懲勸，義不徒然。降及後代，風教漸落。魏之三祖，更尚文詞，忽君人之大道，好雕蟲之小藝。下之從上，有同影響，競騁文華，遂成風俗。江左齊、梁，其弊彌甚，貴賤賢愚，唯務吟詠。遂復遺理存異，尋虚逐微，競一韻之奇，爭一字之巧。連篇累牘，不出月露之形，積案盈箱，唯是風雲之狀。世俗以此相高，朝廷據茲擢士。禄利之路既開，愛尚之情愈篤。於是閭里童昏，貴遊總丱，未窺六甲，先製五言。至如羲皇、舜、禹之典，伊、傅、周、孔之説，不復關心，何嘗入耳。以傲誕爲清虚，以緣情爲勳績，指儒素爲古拙，用詞賦爲君子。故文筆日繁，其政日亂，良由棄大聖之軌模，構無用以爲用也。捐本逐末〔三〕，流徧華壤，遞相師祖，久而愈扇。

及大隋受命，聖道聿興，屏黜輕浮〔四〕，遏止華僞。自非懷經抱質，志道依仁，不得引預搢紳，參廁纓冕。開皇四年，普詔天下，公私文翰，並宜實録。其年九月，泗州刺史司馬幼之文表華豔，付所司治罪。自是公卿大臣咸知正路，莫不鑽仰墳集，棄絶華綺，擇先王之令典，行大道於茲世。如聞外州遠縣，仍踵敝風，選吏舉人，未遵典則。至有宗黨稱孝，鄉曲歸仁，學必典謨，交不苟合，則擯落私門，不加收齒；其學不稽古，逐俗隨時，作輕薄之篇章，結朋黨而求譽，則選充吏職，舉送天朝。蓋由縣令、刺史未行風教，猶挾私情，不存公道。臣既忝憲司，職當糾察。若聞風即劾，恐挂網者多，請勒諸司，普加搜訪，有如此者，具狀送臺。

諤又以當官者好自矜伐，復上奏曰：

臣聞舜戒禹云：「汝惟不矜，天下莫與汝爭能，汝惟不伐，天下莫與汝爭功。」言偃又云：「事君數，斯辱矣，朋友數，斯疏矣。」此皆先哲之格言，後王之軌轍。然則人臣之道，陳力濟時，雖勤比大禹，功如師望，亦不得厚自矜伐，上要君父。況復功無足紀，勤不補過，而敢自陳勳績，輕干聽覽！

世之喪道，極於周代，下無廉恥，上使之然。用人唯信其口，取士不觀其行，矜誇自大，便以幹濟蒙擢，謙恭靜退，多以恬嘿見遺。是以通表陳誠，先論己之功狀，承顏敷奏，亦道臣最用心。自衒自媒，都無慙恥之色，强干橫請，唯以乾沒爲能。自隋受命，此風頓改，耕夫販婦，無不革心，況乃大臣，仍遵敝俗！如聞刺史入京朝覲，乃有自陳勾檢之功，諠訴堦墀之側，言辭不遜，高自稱譽，上黷冕旒，特爲難恕。凡如此輩，具狀送臺，明加罪黜，以懲風軌。

上以諤前後所奏頒示天下，四海靡然向風，深革其弊。諤在職數年，務存大體，不尚嚴猛，由是無剛謇之譽，而潛有匡正多矣。

邳公蘇威以臨道店舍，乃求利之徒，事業汙雜，非敦本之義。遂奏高祖，約遣歸農，有願依舊者，所在州縣録附市籍，仍撤毀舊店，並令遠道，限以時日。正值冬寒，莫敢陳訴。諤因別使，見其如此，以爲四民有業，各附所安，逆旅之與旗亭，自古非同一槩，即附市籍，於理不可。且行旅之所依託，豈容一朝而廢，徒爲勞擾，於事非宜。遂專決之，並令依舊。使還詣闕，然後奏聞。高祖善之曰：「體國之臣，當如此矣。」

以年老，出拜通州刺史，甚有惠政，民夷悦服。後三歲，卒官。有子四人。大體、大鈞，並官至尚書郎。世子大方襲爵，最有材品，大業初，判内史舍人。帝方欲任之，遇卒。

鮑宏

鮑宏字潤身，東海郯人也。父機，以才學知名。事梁，官至治書侍御史。宏七歲而孤，爲兄泉之所愛育。年十二，能屬文，嘗和湘東王繹詩，繹嗟賞不已，引爲中記室。遷鎮南府諮議、尚書水部郎，轉通直散騎侍郎。江陵既平，歸于周〔五〕。明帝甚禮之，引爲麟趾殿學士。累遷遂伯下大夫，與杜子暉聘于陳，謀伐齊也。陳遂出兵江北以侵齊。帝嘗問宏取齊之策，宏對云：「我强齊弱，勢不相侔。齊主昵近小人，政刑日紊，至尊仁惠慈恕，法令嚴明。事等建瓴，何憂不剋。但先皇往日出師洛陽，彼有其備，每不剋捷。如臣計者，進兵汾、潞，直掩晉陽，出其不虞，以爲上策。」帝從之。及定山東，除少御正，賜爵平遥縣伯，邑六百户，加上儀同。

高祖作相，奉使山南。會王謙舉兵於蜀，路次潼州，爲謙將達奚惎所執，逼送成都，竟不屈節。謙敗之後，馳傳入京，高祖嘉之，賜以金帶。及受禪，加開府，除利州刺史，進爵爲公。轉邛州刺史，秩滿還京。時有尉義臣者，其父崇不從尉迥，後復與突厥戰死。上嘉之，將賜姓爲金氏，訪及羣下。宏對曰：「昔項伯不同項羽，漢高賜姓劉氏，秦真父能死難，魏武賜姓曹氏。如臣愚見，請賜以皇族。」高祖曰：「善。」因賜義臣姓爲楊氏。

後授均州刺史，以目疾免，卒於家，時年九十六。初，周武帝勑宏修皇室譜一部，分爲帝緒、疎屬、賜姓三篇。有集十卷，行於世。

裴政

裴政字德表，河東聞喜人也。高祖壽孫，從宋武帝徙家于壽陽，歷前軍長史、廬江太守。祖邃，梁侍中、左衞將軍、豫州大都督。父之禮，廷尉卿。政幼明敏，博聞强記，達於時政，爲當時所稱。年十五，辟邵陵王府法曹參軍事，轉起部郎、枝江令。湘東王之臨荆州也，召爲宣惠府記室，尋除通直散騎侍郎。侯景作亂，加壯武將軍，帥師隨建寧侯王琳進討之。擒賊率宋子仙，獻于荆州。及平侯景，先鋒入建鄴，以軍功連最，封夷陵侯。徵授給事黄門侍郎，復帥師副王琳，拒蕭紀，破之於硤口。加平越中郎將、鎮南府長史。及周師圍荆州，琳自桂州來赴難，次于長沙。政請從間道，先報元帝。至百里洲，爲周人所獲，蕭詧謂政曰：「我，武皇帝之孫也，不可爲爾君乎？爾亦何煩殉身於七父？若從我計，則貴及子孫；如或不然，分腰領矣。」政詭曰：「唯命。」詧鏁之，送至城下，使謂元帝曰：「王僧辯聞臺城被圍，已自爲帝。王琳孤弱，不復能來。」政許之。既而告城中曰：「援兵大至，各思自勉。吾以間使被擒，當以碎身報國。」監者擊其口，終不易辭。詧怒，命趣行戮。蔡大業諫曰：「此民望也。若殺之，則荆州不可下矣。」因得釋。會江陵陷，與城中朝士俱送于京師。

周文帝聞其忠，授員外散騎侍郎，引事相府。命與盧辯依周禮建六卿，設公卿大夫士，并撰次朝儀，車服器用，多遵古禮，革漢、魏之法，事並施行。尋授刑部下大夫，轉少司憲。政明習故事，又參定周律。能飲酒，至數斗不亂。簿案盈几〔六〕，剖決如流，用法寬平，無有冤濫。囚徒犯極刑者，乃許其妻子入獄就之，至冬，將行決，皆曰：「裴大夫致我於死，死無所恨。」其處法詳平如此。又善鍾律，嘗與長孫紹遠論樂，語在音律志〔七〕。宣帝時，以忤旨免職。

高祖攝政，召復本官。開皇元年，轉率更令，加位上儀同三司。詔與蘇威等修定律令。政採魏、晉刑典，下至齊、梁，沿革輕重，取其折衷。同撰著者十有餘人，凡疑滯不通，皆取決於政。

進位散騎常侍，轉左庶子，多所匡正，見稱純慤。東宮凡有大事，皆以委之。右庶子劉榮，性甚專固。時武職交番，通事舍人趙元愷作辭見帳，未及成。太子有旨，再三催促。榮語元愷云：「但爾口奏，不須造帳。」及奏，太子問曰：「名帳安在？」元愷曰：「稟承劉榮，不聽造帳。」太子即以詰榮，榮便拒諱，云無此語。太子付政推問。未及奏狀，有附榮者先言於太子曰：「政欲陷榮，推事不實。」太子召責之，政奏曰：「凡推事有兩，一察情，一據證，審其曲直，以定是非。臣察劉榮，位高任重，縱令實語元愷，蓋是纖介之愆。計理而論，不須隱諱。又察元愷受制於榮，豈敢以無端之言妄相點累。二人之情，理正相似。元愷引左衞率崔蒨等爲證，蒨等款狀悉與元愷符同。察情既敵，須以證定。臣謂榮語元愷，事必非虛。」太子亦不罪榮，而稱政平直。

政好面折人短，而退無後言。時雲定興數入侍太子，爲奇服異器，進奉後宮，又緣女寵，來往無節。政數切諫，太子不納。政因謂定興曰：「公所爲者，不合禮度。又元妃暴薨，道路籍籍，此於太子非令名也。願公自引退，不然將及禍。」定興怒，以告太子，太子益疎政，由是出爲襄州總管。妻子不之官，所受秩奉，散給僚吏。民有犯罪者，陰悉知之，或竟歲不發，至再三犯，乃因都會時，於衆中召出，親案其罪，五人處死，流徙者甚衆。合境惶懾，令行禁止，小民蘇息，稱爲神明。爾後不修囹圄，殆無爭訟。卒官，年八十九。著承聖降録十卷〔八〕。及太子廢，高祖追憶之曰：「向遣裴政、劉行本在，共匡弼之，猶應不令至此。」子南金，仕至膳部郎。

柳莊

柳莊字思敬，河東解人也。祖季遠，梁司徒從事中郎。父遐，霍州刺史。莊少有遠量，博覽墳籍，兼善辭令。濟陽蔡大寶有重名於江左，時爲岳陽王蕭詧諮議，見莊便歎曰：「襄陽水鏡，復在於兹矣。」大寶遂以女妻之。俄而詧辟爲參軍，轉法曹。及詧稱帝，還署中書舍人，歷給事黄門侍郎、吏部郎中、鴻臚卿。

及高祖輔政，蕭巋令莊奉書入關。時三方搆難，高祖懼巋有異志，及莊還，謂莊曰：「孤昔以開府從役江陵，深蒙梁主殊眷。今主幼時艱，猥蒙顧託，中夜自省，實懷慙懼。梁主奕葉重光，委誠朝廷，而今已後，方見松筠之節。君還本國，幸申孤此意於梁主也。」遂執莊手而别。時梁之將帥咸潛請興師，與尉迥等爲連衡之勢，進可以盡節於周氏，退可以席卷山南。唯巋疑爲不可。會莊至自長安，具申高祖結託之意，遂言於巋曰：「昔袁紹、劉表、王淩、諸葛誕之徒，並一時之雄傑也。及據要害之地，擁哮闞之羣，功業莫建，而禍不旋踵者，良由魏武、晉氏挾天子，保京都，仗大義以爲名，故能取威定霸。今尉迥雖曰舊將，昏耄已甚，消難、王謙，常人之下者，非有匡合之才。況山東、庸、蜀從化日近，周室之恩未洽。在朝將相，多爲身計，競効節於楊氏。以臣料之，迥等終當覆滅，隋公必移周國。未若保境息民，以觀其變。」巋深以爲然，衆議遂止。未幾，消難奔陳，迥及謙相次就戮，巋謂莊曰：「近者若從衆人之言，社稷已不守矣。」

高祖踐阼，莊又入朝，高祖深慰勉之。及爲晉王廣納妃于梁，莊因是往來四五反，前後賜物數千段。蕭琮嗣位，遷太府卿。及梁國廢，授開府儀同三司，尋除給事黄門侍郎，并賜以田宅。莊明習舊章，雅達政事，凡所駁正，帝莫不稱善。蘇威爲納言，重莊器識，常奏帝云：「江南人有學業者，多不習世務，習世務者，又無學業。能兼之者，不過於柳莊。」高熲亦與莊甚厚。莊與陳茂同官，不能降意，茂見上及朝臣多屬意於莊，心每不平，常謂莊爲輕己。帝與茂有舊，曲被引召，數陳莊短。經歷數載，譖愬頗行。尚書省嘗奏犯罪人依法合流，而上處以大辟，莊奏曰：「臣聞張釋之有言，法者天子所與天下共也。今法如是，更重之，是法不信於民心。方今海内無事，正是示信之時，伏願陛下思釋之之言，則天下幸甚。」帝不從，由是忤旨。俄屬尚藥進丸藥不稱旨，茂因密奏莊不親監臨，帝遂怒。

十一年，徐璒等反於江南，以行軍總管長史隨軍討之。璒平，即授饒州刺史，甚有治名。後數載卒官，年六十二。

源師

源師字踐言，河南洛陽人也。父文宗，有重名於齊。開皇初，終於莒州刺史。師早有聲望，起家司空府參軍事，稍遷尚書左外兵郎中，又攝祠部。後屬孟夏，以龍見請雩。時高阿那肱爲相，謂真龍出見，大驚喜，問龍所在，師整容報曰：「此是龍星初見，依禮當雩祭郊壇，非謂真龍別有所降。」阿那肱忿然作色曰：「何乃干知星宿！」祭竟不行。師出而竊歎曰：「國家大事，在祀與戎。禮既廢也，何能久乎？齊亡無日矣。」七年，周武帝平齊，授司賦上士。

高祖受禪，除魏州長史，入爲尚書考功侍郎，仍攝吏部。朝章國憲，多所參定。十七年，歷尚書左右丞，以明幹著稱。時蜀王秀頗違法度，乃以師爲益州總管司馬。俄而秀被徵，秀恐京師有變，將謝病不行。師數勸之，不可違命，秀作色曰：「此自我家事，何預卿也！」師垂涕對曰：「師荷國厚恩，忝參府幕，僚吏之節，敢不盡心。但比年以來，國家多故，秦孝王寢疾，奄至薨殂，庶人二十年太子，相次淪廢。聖上之情，何以堪處！而有勑追王，已淹時月，今乃遷延未去，百姓不識王心，儻生異議，內外疑駭，發雷霆之詔，降一介之使，王何以自明？願王自計之〔九〕。」秀乃從徽。秀廢之後，益州官屬多相連坐，師以此獲免。後加儀同三司。

煬帝即位，拜大理少卿。帝在顯仁宫，勑宫外衛士不得輒離所守。有一主帥，私令衛士出外，帝付大理繩之。師據律奏徒，帝令斬之，師奏曰：「此人罪誠難恕，若陛下初便殺之，自可不關文墨。既付有司，義歸恒典，脱宿衛近侍者更有此犯，將何以加之？」帝乃止。轉刑部侍郎。師居職强明，有口辯，而無廉平之稱。未幾，卒官。有子峴玉。

郎茂

郎茂字蔚之，恒山新市人也。父基，齊潁川太守。茂少敏慧，七歲誦騷、雅，日千餘言。十五師事國子博士河間權會，受詩、易、三禮及玄象、刑名之學。又就國子助教長樂張率禮受三傳羣言，至忘寢食。家人恐茂成病，恒節其燈燭。及長，稱爲學者，頗解屬文。年十九，丁父憂，居喪過禮。仕齊，解褐司空府行參軍。會陳使傅縡來聘，令茂接對之。後奉詔於祕書省刊定載籍。遷保城令，有能名，百姓爲立清德頌。及周武平齊，上柱國王誼薦之，授陳州户曹。屬高祖爲亳州總管，見而悦之，命掌書記。時周武帝爲象經，高祖從容謂茂曰：「人主之所爲也，感天地，動鬼神，而象經多糾法，將何以致治？」茂竊歎曰：「此言豈常人所及也！」乃陰自結納，高祖亦親禮之。後還家爲州主簿。

高祖爲丞相，以書召之，言及疇昔，甚歡。授衞州司録，有能名。尋除衞國令。時有繫囚二百，茂親自究審數日，釋免者百餘人。歷年辭訟，不詣州省。魏州刺史元暉謂茂曰：「長史言衞國民不敢申訴者，畏明府耳。」茂進曰：「民猶水也，法令爲隄防。隄防不固，必致奔突，苟無決溢，使君何患哉？」暉無以應之。有民張元預，與從父弟思蘭不睦，丞尉請加嚴法，茂曰：「元預兄弟，本相憎疾，又坐得罪，彌益其忿，非化民之意也。」於是遣縣中耆舊更往敦諭，道路不絕。元預等各生感悔，詣縣頓首請罪。茂曉之以義，遂相親睦，稱爲友悌。

茂自延州長史轉太常丞，遷民部侍郎。時尚書右僕射蘇威立條章，每歲責民間五品不遜。或答者乃云：「管内無五品之家。」不相應領，類多如此。又爲餘糧簿，擬有無相贍。茂以爲繁紆不急，皆奏罷之。數歲，以母憂去職。未朞，起令視事。又奏身死王事者，子不退田，品官年老不減地〔一〇〕，皆發於茂。茂性明敏，剖决無滯，當時以吏幹見稱。仁壽初，以本官領大興令。

煬帝即位，遷雍州司馬，尋轉太常少卿。後二歲，拜尚書左丞，參掌選事。茂尤工法理〔一一〕，爲世所稱。時工部尚書宇文愷、右翊衞大將軍于仲文競河東銀窟。茂奏劾之曰：「臣聞貴賤殊禮，士農異業，所以人知局分，家識廉恥。宇文愷位望已隆，禄賜優厚，拔葵去織，寂爾無聞，求利下交，曾無愧色。于仲文大將，宿衞近臣，趨侍階庭，朝夕聞道。虞、芮之風，抑而不慕，分銖之利，知而必爭。何以貽範庶寮，示民軌物！若不糾繩，將虧政教。」愷與仲文竟坐得罪。茂撰州郡圖經一百卷奏之，賜帛三百段，以書付祕府。

于時帝每巡幸，王綱已紊，法令多失。茂既先朝舊臣，明習世事，然善自謀身，無謇諤之節。見帝忌刻，不敢措言，唯竊歎而已。以年老，上表乞骸骨，不許。會帝親征遼東，以茂爲晉陽宮留守。其年，恒山贊治王文同與茂有隙，奏茂朋黨，附下罔上。詔遣納言蘇威、御史大夫裴藴雜治之。茂素與二人不平，因深文巧詆，成其罪狀。帝大怒，及其弟司隸別駕楚之，皆除名爲民，徙且末郡。茂怡然受命〔一二〕，不以爲憂。在途作登壠賦以自慰，詞義可觀。復附表自陳，帝頗悟。十年，追還京兆，歲餘而卒，時年七十五。有子知年。

高構

高構字孝基，北海人也。性滑稽，多智，辯給過人，好讀書，工吏事。弱冠，州補主簿。

仕齊河南王參軍事，歷徐州司馬、蘭陵、平原二郡太守。齊滅後，周武帝以爲許州司馬。

高祖受禪，轉冀州司馬，甚有能名。徵拜比部侍郎，尋轉民部。時内史侍郎晉平東與兄子長茂爭嫡，尚書省不能斷，朝臣三議不決。構斷而合理，上以爲能，召入内殿，勞之曰：「我聞尚書郎上應列宿，觀卿才識，方知古人之言信矣。嫡庶者，禮教之所重，我讀卿判數徧，詞理愜當，意所不能及。」賜米百石。由是知名。尋遷雍州司馬，以明斷見稱。歲餘，轉吏部侍郎，號爲稱職。復徙雍州司馬，坐事左轉盩厔令，甚有治名。上善之，復拜雍州司馬。仁壽初，又爲吏部侍郎〔一三〕，以公事免。

煬帝立，召令復位。時爲吏部者，多以不稱職去官，唯構最有能名，前後典選之官，皆出其下。時人以構好劇談，頗謂輕薄，然其内懷方雅，特爲吏部尚書牛弘所重。後以老病解職，弘時典選，凡將有所擢用，輒遣人就第問其可不。河東薛道衡才高當世，每稱構有清鑒，所爲文筆，必先以草呈構，而後出之。構有所詆訶，道衡未嘗不嗟伏。大業七年，終于家，時年七十二。所舉杜如晦、房玄齡等，後皆自致公輔，論者稱構有知人之鑒。

開皇中〔一四〕，昌黎豆盧寔爲黄門侍郎，稱爲慎密。河東裴術爲右丞，多所糾正。河内士燮〔一五〕、平原東方舉、安定皇甫聿道，俱爲刑部，並執法平允。弘農劉士龍、清河房山基爲考功，河東裴鏡民爲兵部，並稱明幹。京兆韋焜爲民曹，屢進讜言。南陽韓則爲延州長史，甚有惠政。此等事行遺闕，皆有吏幹，爲當時所稱。

張虔威

張虔威字元敬〔一六〕，清河東武城人也。父晏之，齊北徐州刺史。虔威性聰敏，涉獵羣書。其世父暠之謂人曰：「虔威，吾家千里駒也。」年十二，州補主簿。十八爲太尉中兵參軍，後累遷太常丞。及齊亡，仕周爲宣納中士。

高祖得政，引爲相府典籤。開皇初，晉王廣出鎮并州，盛選僚佐，以虔威爲刑獄參軍，累遷爲屬。王甚美其才，與河内張衡甚見禮重〔一七〕，晉邸稱爲「二張」焉。及王爲太子，遷員外散騎侍郎、太子内舍人。

煬帝即位，授内史舍人、儀同三司。尋以藩邸之舊，加開府。尋拜謁者大夫，從幸江都，以本官攝江都贊治，稱爲幹理。虔威嘗在塗，見一遺囊，恐其主求失，因令左右負之而行。後數日，物主來認，悉以付之。淮南太守楊綝，嘗與十餘人同來謁見，帝問虔威曰：「其首立者爲誰？」虔威下殿就視而答曰：「淮南太守楊綝。」帝謂虔威曰：「卿爲謁者大夫，而乃不識參見人，何也？」虔威對曰：「臣非不識楊綝，但慮不審，所以不敢輕對。」石建數馬足，蓋慎之至也。」帝甚嘉之。其廉慎皆此類也。于時帝數巡幸，百姓疲敝，虔威因上封事以諫。帝不悦，自此見疎。未幾，卒官。有子爽，仕至蘭陵令。

虔威弟虔雄，亦有才器。秦孝王俊爲秦州總管，選爲法曹參軍。王嘗親案囚徒，虔雄誤不持狀，口對百餘人，皆盡事情，同輩莫不歎服。後歷壽春、陽城二縣令，俱有治績。

榮毗 兄建緒

榮毗字子諶，北平無終人也。父權，魏兵部尚書。毗少剛鯁，有局量，涉獵羣言。仕周，釋褐漢王記室，轉内史下士。

開皇中，累遷殿内監〔一八〕。時以華陰多盜賊，妙選長吏，楊素薦毗爲華州長史，世號爲能。素之田宅，多在華陰，左右放縱，毗以法繩之，無所寬貸。毗因朝集，素謂之曰：「素之舉卿，適以自罰也。」毗答曰：「奉法一心者，但恐累公所舉。」素笑曰：「前者戲耳。卿之奉法，素之望也。」時晉王在揚州，每令人密覘京師消息。遣張衡於路次往往置馬坊，以畜牧爲辭，實給私人也。州縣莫敢違，毗獨遏絶其事。上聞而嘉之，賚絹百匹，轉蒲州司馬。

漢王諒之反也，河東豪傑以城應諒。刺史丘和覺變〔一九〕，遁歸關中。長史渤海高義明謂毗曰：「河東要害，國之東門，若失之，則爲難不細。城中雖復恟恟，非悉反也。但收桀黠者十餘人斬之，自當立定耳。」毗然之。義明馳馬追和，將與協計。至城西門，爲反者所殺，毗亦被執。及諒平，拜治書侍御史，帝謂之曰：「今日之舉，馬坊之事也。無改汝心。」帝亦敬之。毗在朝侃然正色，爲百寮所憚。後以母憂去職。歲餘，起令視事。尋卒官。贈鴻臚少卿。

毗兄建緒，性甚亮直，兼有學業。仕周爲載師下大夫、儀同三司。及平齊之始，留鎮鄴城，因著齊紀三十卷。建緒與高祖有舊，及爲丞相，加位開府，拜息州刺史。將之官，時高祖陰有禪代之計，因謂建緒曰：「且躊躇，當共取富貴。」建緒自以周之大夫，因義形於色曰：「明公此旨，非僕所聞。」高祖不悅。建緒遂行。開皇初來朝，上謂之曰：「卿亦悔不？」建緒稽首曰：「臣位非徐廣，情類楊彪。」上笑曰：「朕雖不解書語，亦知卿此言不遜也。」歷始、洪二州刺史，俱有能名。

陸知命

陸知命字仲通，吴郡富春人也。父敖，陳散騎常侍。知命性好學，通識大體，以貞介自持。釋褐陳始興王行參軍，後歷太學博士、南獄正。及陳滅，歸于家。會高智慧等作亂于江左，晉王廣鎮江都，以其三吴之望，召令諷諭反者。知命説下賊十七城，得其渠帥陳正緒、蕭思行等三百餘人。以功拜儀同三司，賜以田宅，復用其弟恪爲汧陽令。知命以恪非百里才，上表陳讓，朝廷許之。

時見天下一統，知命勸高祖都洛陽，因上太平頌以諷焉。文多不載。數年不得調，詣朝堂上表，請使高麗，曰：「臣聞聖人當扆，物色錙蕘，匹夫奔踶，或陳狂瞽。伏願蹔輟旒纊，覽臣所謁。昔軒轅馭曆，既緩夙沙之誅，虞舜握圖，猶稽有苗之伐。陛下當百代之末，膺千載之期，四海廓清，三邊底定，唯高麗小豎，狼顧燕垂。王度含弘，每懷遵養者，良由惡殺好生，欲諭之以德也。臣請以一節，宣示皇風，使彼君臣面縛闕下。」書奏，天子異之。歲餘，授普寧鎮將。人或言其正直者，由是待詔於御史臺。

煬帝嗣位，拜治書侍御史，侃然正色，爲百寮所憚。帝甚敬之。後坐事免。歲餘，復職。時齊王暕頗驕縱，暱近小人，知命奏劾之，暕竟得罪，百寮震慄。遼東之役，爲東暆道受降使者，卒於師，時年六十七。贈御史大夫。

房彥謙

房彥謙字孝沖，本清河人也。七世祖諶，仕燕太尉掾，隨慕容氏遷于齊，子孫因家焉。世爲著姓。高祖法壽，魏青、冀二州刺史，壯武侯。曾祖伯祖，齊郡、平原二郡太守，祖翼，宋安太守，並世襲爵壯武侯。父熊，釋褐州主簿，行清河、廣川二郡守。彥謙早孤，不識父，爲母兄之所鞠養。長兄彥詢〔一〇〕，雅有清鑒〔一一〕，以彥謙天性穎悟，每奇之，親教讀書。年七歲，誦數萬言，爲宗黨所異。十五，出後叔父子貞，事所繼母，有踰本生，子貞哀之，撫養甚厚。後丁所繼母憂，勺飲不入口者五日。事伯父樂陵太守豹，竭盡心力，每四時珍果，口弗先嘗。遇期功之戚，必蔬食終禮，宗從取則焉。其後受學于博士尹琳，手不釋卷，遂通涉五經。解屬文，工草隸，雅有詞辯，風槩高人。年十八，屬廣寧王孝珩爲齊州刺史，辟爲主簿。時禁網疎闊，州郡之職尤多縱弛。及彥謙在職，清簡守法，州境肅然，莫不敬憚。及周師入鄴，齊主東奔，以彥謙爲齊州治中。彥謙痛本朝傾覆，將糾率忠義，潛謀匡輔。事不果而止。齊亡，歸于家。周帝遣柱國辛遵爲齊州刺史，爲賊帥輔帶劍所執。彥謙以書諭之，帶劍慙懼，送遵還州，諸賊並各歸首。

及高祖受禪之後，遂優遊鄉曲，誓無仕心。開皇七年，刺史韋藝固薦之，不得已而應命。吏部尚書盧愷一見重之，擢授承奉郎，俄遷監察御史。後屬陳平，奉詔安撫泉、括等十州，以銜命稱旨，賜物百段，米百石，衣一襲，奴婢七口。遷秦州總管録事參軍。嘗因朝集，時左僕射高熲定考課，彥謙謂熲曰：「書稱三載考績，黜陟幽明，唐、虞以降，代有其法。黜陟合理，褒貶無虧，便是進必得賢，退皆不肖。如或舛謬，法乃虛設。比見諸州考校，執見不同，進退多少，參差不類。況復愛憎肆意，致乖平坦，清介孤直，未必高名，卑諂巧官，翻居上等。直爲真僞混淆，是非瞀亂。宰貴既不精練，斟酌取捨，曾經驅使者，多以蒙識獲成，未歷臺省者，皆爲不知被退。又四方懸遠，難可詳悉，唯量準人數，半破半成。徒計官員之少多，莫顧善惡之衆寡，欲求允當，其道無由。明公鑒達幽微，平心遇物，今所考校，必無阿枉。脱有前件數事，未審何以裁之？唯願遠布耳目，精加採訪，褒秋毫之善，貶纖介之惡。非直有光至治，亦足標奬賢能。」詞氣侃然，觀者屬目。熲爲之動容，深見嗟賞，因歷問河西、隴右官人景行，彥謙對之如響。熲顧謂諸州總管、刺史曰：「與公言，不如獨與秦州考使語。」後數日，熲言於上，上弗能用。以秩滿，遷長葛令，甚有惠化，百姓號爲慈父。仁壽中，上令持節使者巡行州縣，察長吏能不，以彥謙爲天下第一，超授鄀州司馬。吏民號哭相謂曰：「房明府今去，吾屬何用生爲！」其後百姓思之，立碑頌德。

鄀州久無刺史，州務皆歸彥謙，名有異政。

內史侍郎薛道衡，一代文宗，位望清顯，所與交結，皆海內名賢。重彥謙爲人，深加友敬，及爲襄州總管〔三〕，辭翰往來，交錯道路。煬帝嗣位，道衡轉牧番州，路經彥謙所，留連數日，屑涕而別。黃門侍郎張衡，亦與彥謙相善。于時帝營東都，窮極侈麗，天下失望。又漢王構逆，罹罪者多。彥謙見衡當塗而不能匡救，以書諭之曰：

竊聞賞者所以勸善，刑者所以懲惡，故疎賤之人，有善必賞，尊貴之戚，犯惡必刑。未有罰則避親，賞則遺賤者也。今諸州刺史，受委宰牧，善惡之間，上達本朝，懾憚憲章，不敢怠慢。國家祇承靈命，作民父母，刑賞曲直，升聞於天，夤畏照臨，亦宜謹肅。故文王云：「我其夙夜，畏天之威。」以此而論，雖州國有殊，高下懸邈，然憂民慎法，其理一也。

至如并州釁逆，須有甄明。若楊諒實以詔命不通，慮宗社危逼，徵兵聚衆，非爲干紀，則當原其本情，議其刑罰，上副聖主友于之意，下曉愚民疑惑之心。若審知內外無虞，嗣后纂統，而好亂樂禍，妄有覬覦，則管、蔡之誅，當在於諒，同惡相濟，無所逃罪，梟懸孥戮，國有常刑。其間乃有情非協同，力不自固，或被擁逼，淪陷凶威，遂使籍没流移，恐爲冤濫。恢恢天網，豈其然乎？罪疑從輕，斯義安在？昔叔向寘鬻獄之死，晉國所嘉，釋之斷犯蹕之刑，漢文稱善。羊舌寧不愛弟，廷尉非苟違君，但以執法無私，不容輕重。

且聖人大寶，是曰神器，苟非天命，不可妄得。故蚩尤、項籍之驍勇，伊尹、霍光之權勢，李老、孔丘之才智，呂望、孫武之兵術，吳、楚連磐石之據，產、祿承母后之基，不應歷運之兆，終無帝王之位。況乎蕞爾一隅，蜂扇蟻聚，楊諒之愚鄙，羣小之凶慝，而欲憑陵畿甸，覬幸非望者哉！開闢以降，書契云及，帝皇之跡，可得而詳。自非積德累仁，豐功厚利，孰能道洽幽顯，義感靈祇。是以古之哲王，昧旦丕顯，履冰在念，御朽兢懷。逮叔世驕荒，曾無戒懼，肆於民上，騁嗜奔慾，不可具載，請略陳之。

曩者齊、陳二國，並居大位，自謂與天地合德，日月齊明，罔念憂虞，不恤刑政。近臣懷寵，稱善而隱惡，史官曲筆，掩瑕而録美。是以民庶呼嗟，終閉塞於視聽，公卿虛譽，日敷陳於左右。法網嚴密，刑辟日多，徭役煩興，老幼疲苦。昔鄭有子產，齊有晏嬰，楚有叔敖，晉有士會。凡此小國，尚足名臣，齊、陳之疆，豈無良佐？但以執政壅蔽，懷私徇軀，忘國憂家，外同内忌。設有正直之士，才堪幹持〔一三〕，於己非宜，即加擯壓；倘遇諂佞之輩，行多穢匿，於我有益，遽蒙薦舉。以此求賢，何從而至！夫賢材者，非尚膂力，豈繫文華，唯須正身負戴，確乎不動。譬棟之處屋，如骨之在身，所謂棟梁骨鯁之材也。齊、陳不任骨鯁，信近讒諛，天高聽卑，監其淫僻，故總收神器，歸我大隋。向使二國祇敬上玄，惠恤鰥寡，委任方直，斥遠浮華，卑菲爲心，惻隱是務〔一四〕，河朔彊富，江湖險隔，各保其業，民不思亂，泰山之固，弗可動也。然而寢臥積薪，宴安鴆毒，遂使禾黍生廟，霧露沾衣，弔影撫心，何嗟及矣！故詩云：「殷之未喪師，克配上帝。宜鑒于殷，駿命不易。」萬機之事，何者不須熟慮哉！

伏惟皇帝望雲就日，仁孝夙彰，錫社分珪，大成規矩。及總統淮海，盛德日新，當璧之符，遐邇僉屬。纘歷甫爾〔一五〕，寬仁已布，率土蒼生，翹足而喜。并州之亂，變起倉卒，職由楊諒詭惑，詿誤吏民，非有構怨本朝，棄德從賊者也。而有司將帥，稱其願反，非止誣陷良善，亦恐大黠皇猷。足下宿當重寄，早預心膂，粵自藩邸，柱石見知。方當書名竹帛，傳芳萬古，稷、契、伊、呂，彼獨何人？既屬明時，須存謇諤，立當世之大誡，作將來之憲範。豈容曲順人主，以愛虧刑，又使脅從之徒，橫貽罪譴？忝蒙眷遇，輒寫微誠，野人愚瞽，不知忌諱。

衡得書歎息，而不敢奏聞。

彥謙知王綱不振，遂去官隱居不仕，將結構蒙山之下，以求其志。會置司隸官，盛選天下知名之士。朝廷以彥謙公方宿著，時望所歸，徵授司隸刺史。彥謙亦慨然有澄清天下之志，凡所薦舉，皆人倫表式。其有彈射，當之者曾無怨言。司隸別駕劉炫，陵上侮下，訐以爲直，刺史憚之，皆爲之拜。唯彥謙執志不撓，亢禮長揖，有識嘉之。炫亦不敢爲恨。

大業九年，從駕度遼，監扶餘道軍。其後隋政漸亂，朝廷靡然，莫不變節。彥謙直道守常，介然孤立，頗爲執政者之所嫉。出爲涇陽令。未幾，終于官，時年六十九。

彥謙居家，每子姪定省，常爲講說督勉之，亹亹不倦。家有舊業，資產素殷，又前後居官，所得俸祿，皆以周恤親友，家無餘財，車服器用，務存素儉。自少及長，一言一行，未嘗涉私，雖致屢空，怡然自得。嘗從容獨笑，顧謂其子玄齡曰：「人皆因祿富，我獨以官貧。所遺子孫，在於清白耳。」所有文筆，恢廓閑雅，有古人之深致。又善草隸，人有得其尺牘者，皆寶翫之。太原王劭，北海高構，蓨縣李綱，河東柳彧、薛孺，皆一時知名雅澹之士，彥謙並與爲友。雖冠蓋成列，而門無雜賓。體資文雅，深達政務，有識者咸以遠大許之。初，開皇中，平陳之後，天下一統，論者咸云將致太平。彥謙私謂所親趙郡李少通曰：「主上性多忌剋，不納諫爭。太子卑弱，諸王擅威，在朝唯行苛酷之政，未施弘大之體。天下雖安，方憂危亂。」少通初謂不然，及仁壽、大業之際，其言皆驗。大唐馭宇，追贈徐州都督、臨淄縣公。謚曰定。

史臣曰：大夏云構，非一木之枝，帝王之功，非一士之略。長短殊用，大小異宜，榕棁棟梁，莫可棄也。李諤等或文能遵義，或才足幹時，識用顯於當年，故事留於臺閣。參之有隋多士，取其開物成務，皆廊廟之榱桷，亦北辰之衆星也。

校勘記

〔一〕位望通貴　「貴」，文苑英華卷六八六李諤論妓妾改嫁書作「顯」。

〔二〕且居家理治　「理治」，文苑英華卷六八六李諤論妓妾改嫁書作「治理」，注稱：「一作『理務』。」

〔三〕捐本逐末　「捐」，原作「損」，據宋甲本改。按，北史卷七七李諤傳、通典卷一六選舉四雜議論上、册府卷四七三臺省部奏議、通志卷一六三李諤傳亦作「捐」。

〔四〕屏黜輕浮　「黜」，原作「出」，據宋甲本、至順本改。按，北史卷七七李諤傳、通典卷一六選舉四雜議論上、册府卷四七三臺省部奏議、隋書詳節卷一六李諤傳亦作「黜」。

〔五〕江陵既平歸于周　攻克江陵在西魏恭帝元年。三年，恭帝禪位宇文覺後，始改國號爲周。

〔六〕簿案盈几　「几」，原作「机」，據北監本、殿本改。

〔七〕語在音律志　按，本書無「音律志」，音樂志亦無裴政與長孫紹遠論音樂的内容。北史卷七七裴政傳稱「事在紹遠傳」，周書卷二六長孫紹遠傳、北史卷二二長孫道生傳附長孫紹遠傳俱載此事。

〔八〕著承聖降録十卷　「承聖降録」，北史卷七七裴政傳、通志卷一六三裴政傳作「承聖實録」。

〔九〕願王自討之　「自」，宋甲本、至順本、汲本作「熟」。按，册府卷七二三幕府部規諷、通鑑卷一七九隋紀三文帝仁壽二年亦作「熟」。

〔一〇〕品官年老不減地　「年老」，北史卷五五郎基傳附郎茂傳、通志卷一六三郎茂傳作「左貶」。

〔一一〕茂尤工法理　「尤」字原闕，據宋甲本、至順本補。按，北史卷五五郎基傳附郎茂傳、册府卷五二〇憲官部彈劾、通志卷一六三郎茂傳亦有「尤」字。

〔一二〕茂怡然受命　「受」，宋甲本、至順本作「任」。按，北史卷五五郎基傳附郎茂傳、册府卷八九五總録部達命、通志卷一六三郎茂傳亦作「任」。

〔一三〕仁壽初又爲吏部侍郎　「仁壽初」三字原闕，據宋甲本、至順本、汲本補。按，北史卷七七高構傳、册府卷六三七銓選部公望亦有此三字。

〔一四〕開皇中　「開皇」，原作「開元」，據宋甲本、至順本改。按，北史卷七七高構傳、通志卷一六三高構傳、隋書詳節卷一六高構傳亦作「開皇」。

〔一五〕河内士燮　「河内」，原作「河東」，據宋甲本、至順本、南監本、北監本、汲本、殿本改。按，北史卷七七高構傳、冊府卷四六七臺省部舉職、通志卷一六三高構傳、隋書詳節卷一六高構傳亦作「河内」。

〔一六〕張虔威字元敬　「張虔威」，北史卷四三張彝傳附張乾威傳作「張乾威」。下文「虔雄」，北史作「乾雄」，不另出校。

〔一七〕與河内張衡甚見禮重　「甚」，宋甲本、至順本、汲本作「俱」。按，北史卷四三張彝傳附張乾威傳亦作「俱」。

〔一八〕累遷殿内監　「殿内監」，北史卷七七榮毗傳作「殿内局監」，冊府卷三二四宰輔部薦賢、通志卷一六三榮毗傳作「殿中局監」。按，隋門下省有殿中局，「内」字諱改。

〔一九〕刺史丘和覺變　「變」字原闕，據宋甲本、至順本、汲本補。按，北史卷七七榮毗傳亦有「變」字。

〔二〇〕長兄彦詢　「彦詢」，原作「彦雅」，據宋甲本、至順本改。按，北史卷三九房法壽傳附房彦謙傳、冊府卷八一九總録部知子亦作「彦詢」。

〔二一〕雅有清鑒　「雅」，原作「雖」，據宋甲本、殿本改。按，北史卷三九房法壽傳附房彦謙傳、冊府卷八一九總録部知子亦作「雅」。

〔二二〕及爲襄州總管　「爲」，原作「兼」，據宋甲本、至順本、汲本改。按，北史卷三九房法壽傳附房彦謙傳、冊府卷八八二總録部交友、隋書詳節卷一六房彦謙傳亦作「爲」。

〔三〕才堪幹持　「持」，宋甲本、至順本、汲本作「時」。按，北史卷三九房法壽傳附房彦謙傳、册府卷八三二總録部規諷亦作「時」。

〔四〕惻隱是務　「是」，原作「爲」，據宋甲本、至順本、汲本改。按，北史卷三九房法壽傳附房彦謙傳、册府卷八三二總録部規諷亦作「是」。

〔五〕纘歷甫爾　「纘」，原作「讃」，據汲本改。按，北史卷三九房法壽傳附房彦謙傳、册府卷八三二總録部規諷亦作「纘」。